내가 뽑은 원픽! | 최신 출제경향에 맞춘 최고의 수험서

2025 귀화시험

사회통합프로그램

사전평가

모의고사

대한민국귀화시험자격연구소 편저

예문에듀 EDU

가이드 INFORMATION

- ■ **사회통합프로그램**(KIIP ; Korea Immigration & Integration Program)

  이민자가 우리말과 우리문화를 빠르게 익히고, 지역사회에 쉽게 융화될 수 있도록 지원하는 프로그램이다. 사회통합정보망(www.socinet.go.kr)에서 온라인으로만 신청 가능하다.

- ■ **단계별 진행**

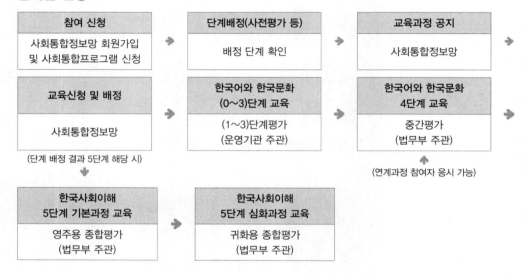

참여 신청	단계배정(사전평가 등)	교육과정 공지
사회통합정보망 회원가입 및 사회통합프로그램 신청	배정 단계 확인	사회통합정보망

교육신청 및 배정	한국어와 한국문화 (0~3)단계 교육	한국어와 한국문화 4단계 교육
사회통합정보망	(1~3)단계평가 (운영기관 주관)	중간평가 (법무부 주관)

(단계 배정 결과 5단계 해당 시)

(연계과정 참여자 응시 가능)

한국사회이해 5단계 기본과정 교육	한국사회이해 5단계 심화과정 교육
영주용 종합평가 (법무부 주관)	귀화용 종합평가 (법무부 주관)

- ■ **과정 및 이수시간**

단계	한국어와 한국문화					한국사회이해	
단계	0단계	1단계	2단계	3단계	4단계	5단계	
과정	기초	초급1	초급2	중급1	중급2	기본	심화
교육시간	15	100	100	100	100	70	30
평가	없음	1단계평가	2단계평가	3단계평가	중간평가	영주용 종합평가	귀화용 종합평가

■ 사전평가

- 평가 대상 : 사회통합프로그램 참여 희망자 및 영주 신청자 대상 종합평가 응시 희망자
- 평가 내용 : 한국어 능력 등 기본소양 정도
- 평가 방법

필기시험	구술시험
50문항(60분)	5문항(10분)
객관식(48) + 단답형(2)	읽기, 이해하기, 대화하기, 듣고 말하기 등

※ 2022년부터 CBT(컴퓨터 기반 평가) 실시

- 2024년 사회통합프로그램 사전평가 일정

차수	신청 기간	시험일	결과 발표일
1차	23.12.26.~23.12.30.	24.01.13.	24.01.26.
2차	24.01.30.~24.02.03.	24.02.17.	24.02.29.
3차	24.03.12.~24.03.16.	24.03.30.	24.04.12.
4차	24.04.23.~24.04.27.	24.05.11.	24.05.24.
5차	24.06.04.~24.06.08.	24.06.22.	24.07.05.
6차	24.07.16.~24.07.20.	24.08.03.	24.08.16.
7차	24.10.01.~24.10.05.	24.10.19.	24.11.01.
8차	24.11.12.~24.11.16.	24.11.30.	24.12.13.

※ 평가 일정은 응시 수요 등에 따라 변경되거나 추가될 수 있습니다.

도서의 활용 FEATURE

01 STEP

학습 전 HIDDEN CARD로 출제 흐름 파악&기초실력 평가

- 학습 시작 전 출제 흐름을 파악하고 기초실력을 평가할 수 있도록 법무부에서 공개한 견본 문항을 수정·보완하여 수록하였습니다.
- 빠르고 효율적인 학습이 가능하도록 문제 바로 아래 해설이 오도록 구성하였습니다.

02 STEP

반드시 알아야 할 핵심이론으로 사전평가 대비

- 최신 출제 경향을 분석하여 단원별 중요 개념을 깔끔하게 압축·정리하였습니다.
- 효과적인 학습이 이루어질 수 있도록 날개 부분에 어려운 단어에 대한 쉽고 자세한 풀이를 수록하였습니다.

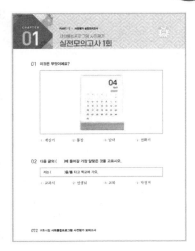

최신 출제 경향에 맞춘
실전모의고사 5회분

- 공개된 샘플 문항의 유형과 난이
  도를 완벽하게 반영한 실전모의
  고사 5회분을 수록하였습니다.
- 핵심이론으로 학습한 내용을 복습
  하고 실제 시험에 확실하게 대비
  할 수 있도록 구성하였습니다.

사전이 필요 없는
완벽한 해설

- 정답뿐 아니라 오답에 대한 상세
  한 해설과 문제에 나온 단어에 대
  한 뜻풀이 및 예시를 수록하여 학
  습 효과를 높일 수 있도록 구성하
  였습니다.
- 실전모의고사 5회분에 대한 OMR
  카드를 수록하여 실제 시험처럼
  최종 점검을 할 수 있도록 하였습
  니다.

차례 CONTENTS

HIDDEN CARD 기초실력 평가

사전평가 견본 문항 008

PART 01 핵심이론

CHAPTER 01 | 한국어 036
CHAPTER 02 | 대한민국 일반 050
CHAPTER 03 | 지리와 기후 055
CHAPTER 04 | 사회 060
CHAPTER 05 | 문화 063
CHAPTER 06 | 역사 065
CHAPTER 07 | 법과 정치 067
CHAPTER 08 | 경제 069

PART 02 사전평가 실전모의고사

CHAPTER 01 | 사전평가 실전모의고사 1회 072
CHAPTER 02 | 사전평가 실전모의고사 2회 089
CHAPTER 03 | 사전평가 실전모의고사 3회 106
CHAPTER 04 | 사전평가 실전모의고사 4회 123
CHAPTER 05 | 사전평가 실전모의고사 5회 140

PART 03 사전평가 실전모의고사 정답 및 해설

CHAPTER 01 | 사전평가 실전모의고사 1회 정답 및 해설 158
CHAPTER 02 | 사전평가 실전모의고사 2회 정답 및 해설 182
CHAPTER 03 | 사전평가 실전모의고사 3회 정답 및 해설 201
CHAPTER 04 | 사전평가 실전모의고사 4회 정답 및 해설 222
CHAPTER 05 | 사전평가 실전모의고사 5회 정답 및 해설 245

HIDDEN CARD
기초실력 평가

사회통합프로그램 사전평가 견본 문항
필기시험

※ 법무부에서 제공하는 견본 문항을 수정 · 보완하여 수록함

[01~02] 다음 질문에 답하시오.

01 이것은 무엇이에요?

① 우산   ② 가방   ③ 지도   ④ 시계

02 다음 (   )에 들어갈 알맞은 것은?

> 자야 씨는 몽골(   ) 왔어요.

① 이   ② 을   ③ 에서   ④ 하고

 '–에서'는 앞말이 어떤 일의 출처나 근거임을 나타내는 격 조사이다.
① –이 : 어떤 상태를 보이는 대상이나 어떤 동작을 하는 주체임을 나타내는 격 조사
② –을 : 동작이 미친 직접적 대상을 나타내거나 행동의 간접적인 대상임을 나타내는 격 조사
④ –하고 : 다른 것과 비교하거나 기준으로 삼는 대상임을 나타내는 격 조사

정답   **01** ①   **02** ③

[03~04] 다음 밑줄 친 부분과 의미가 <u>반대</u>인 것을 고르시오.

〈보기〉
가 : 방에 책상이 <u>있어요</u>?
나 : 아니요, (   ).
❶ 없어요   ② 많아요   ③ 적어요   ④ 좋아요

03

가 : 설날에 식당 문을 <u>열어요</u>?
나 : 아니요, (   ).

① 줘요   ② 닫아요   ③ 기다려요   ④ 만나요

해설 '열다'가 '닫히거나 잠긴 것을 트거나 벗기다.'를 뜻하는 말로 사용될 때 이와 반대의 의미
를 나타내는 단어는 '닫다'이다.
① 주다 : 물건 따위를 남에게 건네어 가지거나 누리게 하다.
③ 기다리다 : 어떤 사람이나 때가 오기를 바라다.
④ 만나다 : 선이나 길, 강 따위가 서로 마주 닿다.

04

회사에서 <u>상사</u>의 지시를 알아들을 수 없어서 힘들어요.

① 부하 직원   ② 직장 동료   ③ 선배   ④ 동창

해설 '상사'는 '자기보다 지위가 위인 사람'을 나타내는 말로 이와 반대의 의미를 나타내는 단어
는 '부하 직원'이다.
② 직장 동료 : 같은 직장에서 일하는 사람
③ 선배 : 같은 분야에서, 지위나 나이 따위가 자기보다 많거나 앞선 사람
④ 동창 : 같은 학교에서 공부를 한 사이

정답 **03** ②   **04** ①

[05~06] 다음 ( )에 알맞은 것을 고르시오.

05

> 저는 아침에 ( )을/를 마셔요.

① 밥   ② 우유   ③ 빵   ④ 사과

 '마시다'는 물 따위의 액체를 목구멍으로 넘기는 것을 말한다. 따라서 빈칸에는 액체인 우유가 들어가는 것이 가장 적절하다.

06

> 저는 주말에는 ( ) 가족들하고 시간을 보내요.

① 보통   ② 금방   ③ 아까   ④ 이따가

 '보통'은 '일반적으로, 흔히'의 의미와 같다.
② 금방 : 말하고 있는 시점보다 바로 조금 전을 나타내는 말로 '방금'의 의미와 같다.
③ 아까 : '조금 전, 조금 전에'의 의미와 같다.
④ 이따가 : '조금 지난 뒤에'라는 뜻으로 '이따'의 의미와 같다.

[07~08] 다음 밑줄 친 부분과 의미가 <u>반대</u>인 것을 고르시오.

07

> 가 : 대학교를 <u>졸업하면</u> 취직할 거예요?
> 나 : 아니요. 저는 대학원에 (   ) 거예요.

① 이용할   ② 입학할   ③ 참가할   ④ 양보할

 '졸업하다'는 '학생이 교과 과정을 마치다.'를 뜻하는 말로, 이와 반대 의미를 나타내는 단어는 '입학하다'이다.
① 이용하다 : 다른 사람이나 대상을 필요에 따라 이롭게 쓰다.
③ 참가하다 : 모임, 단체 또는 일에 들어가다.
④ 양보하다 : 길이나 자리, 물건을 남에게 미루어 주다.

08

> 가 : <u>따뜻한</u> 차 드릴까요?
> 나 : 아니요. 그냥 (   ) 물 한 잔 주세요.

① 추운   ② 맑은   ③ 차가운   ④ 미끄러운

 '따뜻하다'는 '덥지 않을 정도로 온도가 알맞게 높다.'를 뜻하는 말로, 반대의 의미를 나타내는 단어는 '차갑다'이다.
① 춥다 : 기온이 낮아 몸에 느끼는 기운이 차다.
② 맑다 : 구름이나 안개가 없어 햇빛이 밝다.
④ 미끄럽다 : 저절로 밀려 나갈 정도로 반들반들하다.

정답 **07** ② **08** ③

[09~10] 다음 (　) 에 알맞은 것을 고르시오.

09

> 결혼을 하면 주민센터나 구청에 가서 (　) 를 해야 해요.

① 출생 신고　　② 혼인 신고　　③ 개명 신고　　④ 분실 신고

 '혼인 신고'는 결혼한 사실을 행정 관청(구청)에 신고하는 일을 말한다.
① 출생 신고 : 사람이 태어났음을 관청에 알리는 일
③ 개명 신고 : 이름을 고침을 관청에 알리는 일
④ 분실 신고 : 분실한 사실을 관공서에 알리는 일

10

> 그 회사에 지원하려면 이번 주 금요일까지 인터넷으로 서류를 (　) 해요.

① 모집해야　　② 개발해야　　③ 복사해야　　④ 접수해야

 '접수하다'는 '신청이나 신고를 문서로 받다.'를 뜻하는 말이다. 이 문장에서는 지원 신청을 하기 위해 회사에 서류를 보내므로 '접수해야'라고 써야 옳다.
① 모집하다 : 사람이나 물건을 일정한 조건을 정하여 뽑아 모으다.
② 개발하다 : 지식, 재능을 발달하게 하거나 산업, 경제를 발전하게 하다.
③ 복사하다 : 문서나 그림, 사진을 복사기를 이용하여 같은 크기 또는 확대·축소하여 복제하다.

[11~12] 다음 (   )에 알맞은 것을 고르시오.

11

> 한국에 처음 왔을 때는 허리를 굽혀 인사하는 것이 어색했는데 이제는 (   ).

① 익숙해요　　　② 지루해요　　　③ 시원해요　　　④ 아쉬워요

 '익숙하다'는 '어떤 일을 여러 번 하여 서투르지 않은 상태에 있다.'를 뜻하는 말이다. 이 문장에서는 허리를 굽혀 인사하는 것이 처음에는 어색하였으나 이제는 자연스럽다는 의미를 나타내므로 '익숙해요'를 써야 옳다.
② 지루하다 : 시간이 오래 걸리거나 같은 상태가 오래 계속되어 싫증이 나다.
③ 시원하다 : 덥거나 춥지 않고 알맞게 서늘하다.
④ 아쉽다 : 필요할 때 없거나 모자라서 만족스럽지 못하다.

12

> 옷을 입을 때 너무 유행을 따르지 말고 자신만의 (   )을 살리는 것이 좋다.

① 자격　　　② 개성　　　③ 규칙　　　④ 적성

 '개성'은 '다른 사람과 구별되는 고유한 특성이나 취향'을 뜻하는 말이다. 특정한 행동이나 취향을 일시적으로 많은 사람들이 좋아해서 널리 퍼짐을 의미하는 '유행'과 구별된다.
① 자격 : 일정한 신분이나 지위
③ 규칙 : 여러 사람이 다 같이 지키기로 정한 법칙이나 질서
④ 적성 : 어떤 일에 알맞은 성질이나 성격

정답 　**11** ①　　**12** ②

[13~14] 다음 밑줄 친 부분과 의미가 비슷한 것을 고르시오.

〈보기〉

가 : 와! 단풍이 <u>예쁘네요</u>.
나 : 네. 가을이어서 경치가 정말 (　　　　　).
① 나빠요　　　　② 어두워요　　　　③ 비슷해요　　　❹ 아름다워요

13 옛날 어른들은 남자가 <u>집안일</u>을 하면 안 된다고 생각했어요.

① 혼인　　　　　② 육아　　　　　③ 취업　　　　　④ 가사

 '집안일'은 살림을 꾸려 나가면서 하여야 하는 여러 가지 일. 빨래, 밥하기, 청소 따위를 말한다. '가사'는 살림살이에 관한 일을 뜻하며 '집안일'과 비슷한 의미이다.
① 혼인 : 남자와 여자가 부부가 되는 일
② 육아 : 어린아이를 기름
③ 취업 : 일정한 직업을 잡아 직장에 나감

14

가 : 교통사고가 났을 때 어떻게 하면 <u>빠르게</u> 해결할 수 있어요?
나 : 보험회사에 전화하면 (　　　　　) 처리해 줄 거예요.

① 공정하게　　　　② 심각하게　　　　③ 정직하게　　　　④ 신속하게

 '빠르다'는 어떤 일이 이루어지는 과정이나 기간이 짧다는 의미이다. '신속하다'는 움직임이나 일의 진행이 매우 빠르다는 뜻이다.
① 공정하다 : 공평하고 올바르다.
② 심각하다 : 상태나 정도가 매우 중대하거나 절박하다.
③ 정직하다 : 마음에 거짓이나 꾸밈이 없이 바르고 곧다.

[15~18] 다음 (　)에 알맞은 것을 고르시오.

15

> 가 : 오늘 오후에 뭐 해요?
> 나 : 친구하고 공원에서 자전거를 (　　　　　).

① 타세요 　　　　② 탔어요 　　　　③ 탈 거예요 　　　　④ 타지 마세요

 '-ㄹ 것이다'라는 표현은 어떤 행동을 할 것을 약속하거나 추측하는 것을 나타낸다. 따라서 오늘 오후에 어떤 일정이 있는지 물어보는 질문에 대한 답으로는 자전거를 탈 행동을 추측하는 '탈 거예요'가 옳다.
　① -으세요/세요 : 다른 사람에게 제안하거나 어떤 행동을 하도록 시키는 말임을 나타낸다.
　② -았- : 과거에 행동이 이미 일어났음을 나타낸다.
　④ -지 말다 : 다른 사람에게 어떤 행동을 하지 못하도록 시키는 말임을 나타낸다.

16

> 가 : 안녕하세요? 비자를 (　　　　　) 왔는데요.
> 나 : 네. 여기 신청서부터 써 주세요.

① 연장했고 　　　　② 연장하러 　　　　③ 연장해서 　　　　④ 연장했으니까

 '연장하다'는 일정 기준보다 늘린다는 의미이고, '-(으)러 가다/오다'는 이동하는 목적을 나타낸다. 비자의 유효 기간을 늘릴 목적으로 온 것이기 때문에 '연장하러'가 옳다.
　① -았/었- : 과거에 행동이 이미 일어났음을 나타낸다.
　③ -해서 : 밀접한 관계를 가지고 있는 두 행동을 시간에 따라 연결하는 말이다.
　④ -았/었으니까 : 과거의 이유나 원인을 나타낸다.

17

> 가 : 버스를 타고 갈까요? 지하철을 타고 갈까요?
> 나 : 아침에는 차가 많이 (　　　　　　) 지하철을 탑시다.

① 막히고 　　　　② 막히지만 　　　　③ 막히니까 　　　　④ 막히거나

 '막히다'는 길이나 통로가 어떤 장애로 오고가지 못하는 것을 의미하고, '–(으)니까'는 이
유나 근거, 원인을 나타낸다. 차가 많이 막히기 때문에 버스 대신 지하철을 타자고 제안
하는 상황이므로 '막히니까'가 옳다.
① –고 : 앞의 말에 덧붙이거나 행위나 상태에 대한 사실을 나열할 때 사용한다.
② –지만 : 앞말과 뒷말이 서로 반대임을 나타낼 때 사용한다.
④ –거나 : 둘 이상의 행동이나 사실 중 하나를 선택함을 나타낸다.

18

> 가 : 내일 친구 결혼식이 있는데 무슨 옷을 입어야 돼요?
> 나 : 한국에서는 결혼식에 (　　　　) 보통 정장을 입어요.

① 갈 때 　　　　② 가고 　　　　③ 가지만 　　　　④ 간 후에

 '–(으)ㄹ 때'는 어떤 행동이나 상황이 일어나는 순간이나 지속되는 동안을 의미하며, 특
정한 상황을 나타낼 때 사용한다. 결혼식에 가는 특정한 상황에서 정장을 입는다는 의미
이므로 '갈 때'가 옳다.
② –고 : 앞의 말에 덧붙이거나 행위나 상태에 대한 사실을 나열할 때 사용한다.
③ –지만 : 앞말과 뒷말의 반대를 나타낸다.
④ –(으)ㄴ 후에 : 앞의 행동이 뒤의 행동보다 시간상 앞섬을 나타낸다.

[19~22] 다음 (   )에 알맞은 것을 고르시오.

19

> 가 : 지금 뭐 해요?
> 나 : 책(   ) 읽어요.

① 이   ② 에   ③ 에서   ④ 을

 '-을'은 동작이 미친 직접적 대상을 나타낸다. 따라서 지금 읽고 있는 대상이 책이므로 그 뒤에 들어갈 가장 알맞은 것은 '을'이다.
① -이 : 어떤 상태를 보이는 대상이나 일정한 상태나 상황을 겪는 경험주 또는 일정한 동작의 주체임을 나타내는 격 조사
② -에 : 앞말이 처소의 부사어임을 나타내는 격 조사
③ -에서 : 앞말이 어떤 일의 출처임을 나타내는 격 조사

20

> 가 : 오늘 모임에 좀 늦게 (   )?
> 나 : 아니요. 일찍 오세요.

① 가도 돼요   ② 갔어요
③ 가게 되었어요   ④ 갈 것 같아요

 '-어도 되다'는 허락이나 허용을 나타낸다. 따라서 늦게 가도 괜찮은지 허락 여부에 대해 질문을 하는 상황으로 '가도 돼요'가 옳다.
② -았/었- : 과거에 행동이 이미 일어났음을 나타낸다.
③ -게 되다 : 어떤 행동이 외부의 영향을 받아 변화된 결과나 상태임을 나타낸다.
④ -(으)ㄹ 것 같다 : 말하는 사람이 어떤 행동이나 일에 대해 추측함을 나타낸다.

21

> 가 : 저는 공항이나 호텔에서 일하고 싶은데 어떤 준비를 해야 할까요?
>
> 나 : 공항이나 호텔에 (   ) 외국어를 잘해야 돼요.

① 취업해도   ② 취업하려면

③ 취업하는지   ④ 취업하자마자

 '취업하다'는 일정한 직업을 잡고 직장에 나가는 것을 의미한다. '–(으)려면'은 어떤 행동이나 일을 하기 위한 조건을 나타낸다. 호텔에 취업하기 위한 조건은 외국어를 잘하는 것이라는 의미이므로 '취업하려면'이 옳다.

① –더라도 : 앞말을 가정하거나 인정해도 뒷말은 그 기대에 어긋남을 나타낸다.

③ –려는지 : '–려고 하는지'가 줄어든 말로 행동의 목적이나 의도를 나타낸다.

④ –자마자 : 어떤 일이 바로 연속해서 일어날 때 사용한다.

22

> 적금이란 일정 기간 동안 저축할 금액을 정해 놓고 그만큼씩 은행에 돈을 맡기는 것이다. 이때 은행에 맡긴 돈은 (㉠)이/가 붙어서 더 큰 돈이 된다. 적금에 가입하기 전에 우선 여러 은행의 (㉡)을/를 비교해 보는 것이 좋다.

① ㉠ 대출 ㉡ 송금   ② ㉠ 이자 ㉡ 금리

③ ㉠ 예금 ㉡ 금액   ④ ㉠ 세금 ㉡ 펀드

 ㉠ 이자 : 남에게 돈을 빌려 쓴 대가로 치르는 일정한 비율의 돈

㉡ 금리 : 빌려준 돈이나 예금 따위에 붙는 이자

① 대출 : 돈이나 물건 따위를 빌려주거나 빌림

    송금 : 돈을 부쳐 보냄

③ 예금 : 일정한 계약에 의하여 은행이나 우체국 따위에 돈을 맡기는 일

    금액 : 돈의 액수

④ 세금 : 남의 물건이나 건물을 빌려 쓰고 그 값으로 주는 돈

    펀드 : 투자 신탁의 신탁 재산

정답   **21** ②   **22** ②

[23~24] 다음 밑줄 친 부분이 **틀린** 것을 고르시오.

23
① 집을 <u>사기 위해서</u> 열심히 일하고 있어요.
② 저는 <u>건강하기 위해서</u> 매일 운동해요.
③ 제가 <u>도와주는 대신에</u> 집안일을 해 주세요.
④ 내일은 <u>비가 와도</u> 회식을 하겠습니다.

> 해설 '건강하다'는 형용사이고 의미상 현재 건강하지 않으며 앞으로 건강한 상태가 되기 위함
> 이므로 '건강하다'에 '-어지다'가 붙은 말인 '건강해지기 위해서'라고 써야 한다.
> ① 위하다 : 어떤 목적을 이루려고 하다.
> ③ 대신 : 어떤 대상의 자리나 구실을 바꾸어서 새로 맡음
> ④ -도 : 양보하여도 마찬가지로 허용됨을 나타내는 보조사

24
① 그 사람은 돈이 많으면서도 <u>부자인 척해요</u>.
② 과장님이 금요일에 회식을 <u>할 거라고</u> 하셨어요.
③ 아침에 늦게 일어나서 택시를 <u>탈 수밖에 없었어요</u>.
④ 친구들하고 생일파티를 하느라고 돈을 다 <u>써 버렸어요</u>.

> 해설 '-(ㄴ/은/는) 척하다'는 앞말의 상태를 거짓으로 그럴듯하게 꾸밈을 나타낸다. '-으면서
> 도'는 둘 이상의 상태가 서로 반대됨을 나타낸다. 돈이 많은 상태임에도 돈이 없는 것처
> 럼 거짓으로 행동하는 상황이므로 '가난뱅이인 척해요'라고 써야 한다.

정답 23 ② 24 ①

[25~26] 다음 ( )에 알맞은 것을 고르시오.

25

> 회사 선배한테 전화가 왔는데 집에 와서 ( ) 전화를 못 받았다.

① 씻는 한 　　　　　　　　　　② 씻을수록

③ 씻느라고 　　　　　　　　　　④ 씻을 뿐만 아니라

 '-느라고'는 앞 절의 사태가 뒤 절의 사태에 목적이나 원인이 됨을 나타내는 연결 어미로, 회사 선배에게 온 전화를 못 받은 이유는 씻고 있었기 때문이다.
　① -는 한 : 조건의 뜻을 나타내는 말
　② -ㄹ수록 : 앞 절 일의 어떤 정도가 그렇게 더하여 가는 것이, 뒤 절 일의 어떤 정도가 더하거나 덜하게 되는 조건이 됨을 나타내는 연결 어미
　④ -뿐만 아니라 : 어떤 일이 그것만으로 그치지 않고 나아가 다른 일이 더 있음을 나타낸다.

26

> 가 : 오늘 쿤 씨가 왜 이렇게 실수를 많이 하죠?
> 나 : 그러게요. 어제 발표 준비를 많이 ( ).

① 못 했나 봐요 　　　　　　　　② 못 하게 해요

③ 못 한 셈이에요 　　　　　　　④ 못 할 뻔했어요

 '못 했나 보다'는 상대방이 발표 준비를 하지 못했다고 생각하거나 추측하는 표현이다.
　② 못 하게 해요 : 상대방이 발표 준비를 하는 행동을 막는 의미이다.
　③ 못 한 셈이에요 : 발표 준비를 못 한 거나 마찬가지라는 의미이다.
　④ 못 할 뻔했어요 : 실제 발표 준비를 못 한 것은 아니지만 그것과 비슷한 상황을 겪었다는 의미이다.

[27~28] 다음 밑줄 친 부분이 **틀린** 것을 고르시오.

27 ① 끝까지 <u>포기하지</u> 않는다면 꿈을 이룰 수 있어요.

② 사과가 아주 **싸길래** 몇 개 샀는데 맛이 별로 없네요.

③ <u>직장인치고</u> 스트레스를 받지 않는 사람은 없을 거예요.

④ 다음 주에 시험을 <u>보더니</u> 학생들이 열심히 공부합니다.

> **해설** '–더니'는 과거에 경험한 사실에 뒤이어 어떤 사실을 말할 때 사용한다. 이 문장에서는 다음 주에 시험이 있기 때문에 이로 인하여 학생들이 공부하는 상황이 일어나는 것을 의미하는 '본다고 하니'라고 써야 한다.

28 ① 조금 전에 처음으로 공원에서 <u>산책하곤 했어요</u>.

② 옆집에 손님이 많이 오는데 가족모임을 <u>하나 봐요</u>.

③ 이번에 새로 들어온 사원은 얼마나 <u>성실한지 몰라요</u>.

④ 아이가 공부를 안 해서 잔소리를 <u>안 할래야 안 할 수가 없어요</u>.

> **해설** '산책하곤 하다'는 산책을 자주 했다는 의미이다. 이 문장에서는 처음으로 산책했다는 뜻을 의미하는 '산책을 했어요'라고 써야 한다.

[29~30] 다음을 읽고 ㉠에 알맞은 것을 고르시오.

29

> 저는 라민입니다. 저는 음악 듣기를 좋아하는데 특히 한국 음악을 좋아합니다. 그래서 음악을 공부하러 한국에 왔습니다. 노래는 잘 못하지만 노래를 (㉠). 음악을 공부해서 꼭 좋은 노래를 만들 겁니다.

① 공부했습니다   ② 부를 겁니다

③ 만들고 싶습니다   ④ 하러 왔습니다

 '싶다'는 앞말이 뜻하는 행동을 하고자 하는 마음이나 욕구를 갖고 있음을 나타낸다. ㉠ 앞부분에서는 음악 듣기를 좋아하고, 음악을 공부하러 한국에 온 상황이고, 뒷 부분에서는 공부해서 꼭 좋은 노래를 만들겠다는 내용이므로 ㉠에는 '만들고 싶습니다'가 들어가는 것이 가장 적절하다.
① 공부하다 : 학문이나 기술을 배우고 익히다.
② 부르다 : 곡조에 맞추어 노래의 가사를 소리 내다.
④ 하다 : 사람이 행동이나 작용을 이루다.

30

> 우리 가족은 남편, 저, 아들 이렇게 모두 세 명입니다. 제 남편은 회사원인데 매우 (㉠). 매일 아침 6시에 일어나서 운동을 하고 집 앞 청소를 합니다. 그 후에 아침 식사를 하고 회사에 갑니다. 주말에도 일찍 일어나서 집안일도 도와주고 아들과 놀아 줍니다.

① 느립니다   ② 한가합니다   ③ 시끄럽습니다   ④ 부지런합니다

 '부지런하다'는 게으름을 피우지 않고 어떤 일에 대해 열성적이고 꾸준하다는 의미이다. 회사를 다니면서도 아침 일찍 일어나 운동을 하고, 청소하는 남편의 행동을 나타내는 말은 '부지런하다'가 옳다.
① 느리다 : 어떤 동작을 하는 데 걸리는 시간이 길다.
② 한가하다 : 겨를이 생겨 여유가 있다.
③ 시끄럽다 : 듣기 싫게 떠들썩하다.

정답   29 ③   30 ④

[31~32] 다음을 읽고 ㉠에 알맞은 것을 고르시오.

31

> 이번에 학교 문화 체험으로 봉은사에서 템플스테이를 하게 되었다. 아침에 봉은사에 도착해서 짐을 풀고 법복으로 갈아입었다. 함께 사찰을 순례한 후에는 108배를 했다. 마지막에 다리가 풀려서 넘어질 뻔했지만 힘을 내서 끝까지 했다. 그런 후에 발우공양을 했다. 발우공양은 식사 때 음식을 남기지 않고 다 먹은 후에 빈 그릇에 물을 따라서 마시는 것을 말한다. 그 다음은 명상 시간이었다. 눈을 감고 앉아서나 자신에 대해서 (㉠) 뭔지 모를 감동이 밀려왔다.

① 자세히 들어 보니   ② 충분히 자랑해 보니

③ 곰곰이 생각해 보니   ④ 솔직히 이야기해 보니

 '명상'이란 조용히 눈을 감고 깊이 생각하는 것이나 그런 생각을 말한다. 따라서 여러모로 깊이 생각한다는 뜻을 지닌 '곰곰이 생각하다'가 옳다.
① 자세히 듣다 : 사소한 부분까지 구체적이고 분명하게 듣다.
② 충분히 자랑하다 : 모자람 없이 넉넉하게 자랑하다.
④ 솔직히 이야기하다 : 거짓이나 숨김이 없이 남에게 일러 주다.

32

> 집을 구하는 사람들은 조건이 좋은 집을 찾으면 급한 마음에 계약부터 하려고 한다. 하지만 살면서 후회하지 않으려면 계약 전에 확인해야 할 것이 있다. 우선 집을 보러 갔을 때에는 (㉠) 꼼꼼하게 확인한다. 집 안의 경우 햇볕이 잘 들어오는지, 문과 창문이 잘 열리는지, 난방·수도·전기 시설이 잘되어 있는지 등을 봐야 한다. 집 주변의 경우 주변에 시장이나 마트, 은행, 병원이 있는지, 버스 정류소나 지하철역까지 얼마나 걸리는지 등을 확인한다. 또한 전·월세 계약자의 경우 계약을 하기 전에 집의 실제 소유자가 누구인지, 은행에 빚이 있는지를 확인해야 한다.

① 집을 구하는 방법을   ② 전·월세 계약 조건을

③ 실제 소유자의 연락처를   ④ 집 안과 집 주변 환경을

 ㉠ 뒷부분의 내용을 살펴보면 '집 안의 경우'와 '집 주변의 경우'에 확인해야 하는 환경들을 나열하고 있다.

정답   **31** ③   **32** ④

[33~34] 다음을 읽고 질문에 답하시오.

> 이번 주 일요일은 남편 생일입니다. 그래서 저는 어제 아이하고 백화점에 선물을 사러 갔습니다. 백화점에 사람들이 정말 많았습니다. 남편은 파란색을 좋아합니다. 그래서 저는 파란색 넥타이를 샀습니다. 남편이 ⊙이것을 받으면 아주 좋아할 겁니다. 집에 와서 아이하고 생일 축하 카드도 썼습니다.

33 ⊙이 가리키는 것은?

① 생일   ② 카드   ③ 넥타이   ④ 백화점

 ⊙의 앞부분은 남편의 생일 선물로 파란색 넥타이를 샀다는 내용이며, 그 뒤에서는 남편이 선물을 받으면 아주 좋아할 것이라고 말하고 있다. 따라서 '이것'은 남편의 선물인 넥타이를 가리킨다.

34 위 글의 내용과 같은 것은?

① 저는 일요일에 선물을 살 겁니다.
② 남편한테 파란색 넥타이를 줄 겁니다.
③ 저는 어제 남편하고 백화점에 갔습니다.
④ 아이는 저에게 축하 카드를 써 주었습니다.

 남편이 파란색을 좋아해 파란색 넥타이를 샀다고 이야기하였다.
① 일요일은 남편의 생일이고, 선물을 산 것은 어제(일요일 이전 어느 날)이다.
③ 백화점에는 아이와 함께 갔다.
④ 남편에게 주기 위한 축하 카드를 아이와 함께 썼다.

정답 **33** ③   **34** ②

[35~36] 다음의 내용과 같은 것을 고르시오.

35

> 안젤라 씨는 매일 아침 7시에 일어나요. 7시부터 8시까지 씻고 아침을 먹어요. 그리고 8시부터 8시 30분까지 한국어를 공부해요. 오전 9시부터 오후 6시까지 마트에서 일해요. 일이 힘들지만 재미있어요. 저녁에는 밥을 먹고 집 근처 공원에서 운동을 해요. 오후 9시부터 책을 읽고 10시에 잠을 자요.

① 안젤라 씨는 아침에 일어나서 운동해요.

② 안젤라 씨는 공원에서 책을 읽어요.

③ 안젤라 씨는 오후 6시까지 일해요.

④ 안젤라 씨는 학교에서 한국어를 공부해요.

 ① 안젤라 씨는 아침에 일어나서 씻고, 한국어를 공부한다. 운동은 저녁에 한다.

② 안젤라 씨는 공원에서 운동을 한다. 운동을 하고 나서 책을 읽는다.

④ 안젤라 씨는 아침에 혼자 한국어를 공부한다.

36

> 제 고향은 베트남 호치민입니다. 한국과 우리 고향은 날씨가 많이 다릅니다. 한국은 사계절이 있어서 계절마다 날씨가 바뀝니다. 하지만 호치민은 비가 오는 우기와 비가 오지 않는 건기가 있습니다. 그리고 1년 내내 여름처럼 덥습니다. 한국은 겨울에 날씨가 춥고 눈도 많이 옵니다. 저는 한국에 와서 눈을 처음 봤습니다. 눈이 오는 날 가족들과 눈사람을 만들고 눈싸움도 했습니다. 아주 즐거웠습니다.

① 제 고향은 우기와 건기가 있습니다.

② 한국은 제 고향하고 날씨가 비슷합니다.

③ 고향에서 겨울에 눈사람을 만들었습니다.

④ 제 고향은 겨울에 춥고 눈이 많이 옵니다.

 ② 한국은 계절마다 날씨가 바뀌지만 고향인 호치민은 1년 내내 여름처럼 덥고 우기와 건기가 있다.

③ 한국에 와서 처음으로 눈사람을 만들었다.

④ 호치민은 1년 내내 여름처럼 덥다.

정답 35 ③   36 ①

[37~38] 다음을 읽고 질문에 답하시오.

우울증은 마음의 감기라고도 하는데 실제로 10명 중 1명은 우울증에 걸린다고 보고될 정도로 흔한 병이다. 한 대학 병원 정신과 의사는 우울증 자가 진단법을 소개하면서 우울증은 다른 모든 질병과 마찬가지로 빨리 발견하여 치료하는 것이 가장 중요하다고 하였다. 그러므로 일상생활에서 2주 이상 우울한 기분이 계속된다면 병원이나 전문 기관에 가서 상담을 받아 보는 것이 좋다. 만약 찾아가서 상담을 받는 것이 부담스럽다면 우선 전화 상담을 받아 보는 것도 방법이다.

37 윗글의 내용으로 맞는 것을 고르시오.

① 우울증은 전화로 상담받을 수 있다.

② 우울증은 2주간의 치료가 필요하다.

③ 우울증은 자기 스스로 발견하기 어렵다.

④ 우울증은 특이한 질병 중 하나이다.

 우울증은 병원이나 전문 기관에 찾아가서 상담을 받는 것이 좋지만, 부담스럽다면 우선 전화로 상담을 받아 볼 수 있다.
② 일상생활에서 2주 이상 우울한 기분이 계속되면 상담을 받아보는 것이 좋다.
③ 우울증은 자가 진단법으로 발견할 수 있다.
④ 우울증은 10명 중 1명이 걸릴 정도로 흔한 병이다.

38 윗글의 중심 내용으로 맞는 것을 고르시오.

① 우울증은 빨리 발견하여 치료하는 것이 중요하다.

② 우울증은 감기처럼 쉽게 치료할 수 있는 병이다.

③ 우울증은 흔한 질병이므로 효과적인 치료 방법이 있다.

④ 우울증은 자가진단만으로는 쉽게 진단할 수 없다.

> [해설] 우울증은 흔한 병이므로 빨리 발견하여 치료하는 것이 가장 중요하다고 말하고 있다. 우울증 상담을 받을 수 있는 2가지 방법도 같이 소개하고 있다.

39 한국의 행정 구역 중 광역시가 <u>아닌</u> 도시는?

① 인천　　　　② 대구　　　　③ 부산　　　　④ 제주

> [해설] 제주는 특별자치도이다. 부산, 인천, 대구, 대전, 광주, 울산이 광역시에 해당한다.

40 두 사람의 인사말로 서로 맞지 <u>않는</u> 것은?

① 가 : 미안합니다.
　나 : 괜찮아요.

② 가 : 고맙습니다.
　나 : 아니에요.

③ 가 : 맛있게 드세요.
　나 : 네. 잘 먹겠습니다.

④ 가 : 안녕히 주무셨어요?
　나 : 네. 안녕히 주무세요.

> [해설] '안녕히 주무셨어요'는 가정에서 웃어른에게 하는 아침 인사로 '안녕히 주무세요'와 반대되는 인사이다.

정답　38 ①　39 ④　40 ④

41 한국에서 아기의 백일잔치에 준비하는 음식은?

① 팥죽   ② 국수   ③ 떡국   ④ 백설기

> 해설   아기가 태어난 지 백일 되는 날을 기념하는 백일잔치에는 백설기, 수수경단 등을 준비한다.

42 한국에서 집들이를 갈 때 흔히 주는 선물은?

① 화환   ② 금반지   ③ 선풍기   ④ 휴지나 세제

> 해설   이사한 집이나 신혼집에 초대를 받아 갈 경우 집들이 선물로 휴지나 세제를 준비한다.

43 한국의 전통 음악은?

① 한옥   ② 한식   ③ 국화   ④ 국악

> 해설   국악이란 예로부터 전해 오는 우리나라 고유의 음악이다.
> ① 한옥 : 한국의 전통 가옥
> ② 한식 : 한국의 고유 식사나 음식
> ③ 국화 : 한 나라를 상징하는 꽃

44 한국의 유네스코 세계유산으로 맞지 <u>않는</u> 것은?

① 제주화산섬   ② 한강시민공원
③ 해인사 장경판전   ④ 석굴암 · 불국사

> 해설   한강시민공원은 유네스코가 선정한 세계유산에 속하지 않는다.

정답   41 ④   42 ④   43 ④   44 ②

45 한국에서 '성년'이 된 사람에 대한 설명으로 옳지 <u>않은</u> 것을 고르시오.

① 편의점에서 술이나 담배를 살 수 있다.

② 만 19세가 되면 성인으로 인정받는다.

③ 부모의 동의만 있으면 사업자 등록을 할 수 있다.

④ 요즘은 친구끼리 선물을 주고받으며 축하한다.

해설 | 민법상 성년이란 만 19세가 된 사람을 말한다. 사업자 등록은 부모의 동의만 있으면 미성년자인 경우도 가능하다.

46 한국의 선거에 대한 설명으로 맞지 <u>않는</u> 것은?

① 만 18세 이상의 국민에게 대통령 투표권이 주어진다.

② 대통령은 국회에서 선출한다.

③ 대통령 선거는 5년에 한 번, 국회의원 선거는 4년에 한 번씩 한다.

④ 선거비용은 중앙선거관리위원회가 공시한 범위 안에서 사용하도록 한다.

해설 | 국가 최고 지도자인 대통령은 국민들이 선거로 직접 선출한다.

47 아래 글의 내용과 같은 것은?

> 어느 나라든지 취업을 위해서는 면접은 빼놓을 수 없는 과정이다. 그래서 면접 과정은 나라마다 비슷한 점도 있고 다른 점도 있을 수 있다. 하지만 한국만의 면접 문화를 꼽자면 다음과 같은 몇 가지를 이야기할 수 있다. 먼저 한국의 면접관들은 그 사람이 얼마나 능력이 있는 사람인지 볼 뿐만 아니라 그 사람이 다른 직원들과 잘 어울릴 수 있는 사람인지도 본다. 따라서 자기 요구 사항만 길게 말하는 것보다는 회사 사정에 자신을 맞출 준비가 되어 있음을 설명하는 것이 좋다. 또한 윗사람에게 예의를 지키는 모습을 행동으로 보여 줄 필요가 있는데 그것이 바로 면접장에 들어가고 나올 때 고개를 숙여 인사하는 것이다.

① 한국의 면접 문화도 다른 나라와 특별히 다를 것이 없다.
② 면접을 볼 때 자기 요구 사항은 분명하게 말하는 것이 좋다.
③ 면접관들은 면접받는 사람이 다른 직원들과 잘 어울릴 수 있는지를 중시한다.
④ 회사 사정에 자신을 맞추려고 하는 모습은 좋지 않게 보일 수 있다.

 ① 나라마다 면접 과정이 비슷하기도 하지만, 한국만의 면접 문화가 있다고 하였다.
② 면접을 볼 때 자기 요구 사항만 길게 말하는 것은 좋지 않다고 하였다.
④ 다른 직원과 잘 어울릴 수 있는지도 중요하게 보기 때문에 회사 사정에 자신을 맞출 준비가 되어 있음을 보여주어야 한다고 이야기하였다.

정답 **47** ③

48 아래 글의 제목으로 맞는 것을 고르시오.

> 재활용 쓰레기를 버릴 때는 제대로 분리해서 버려야 한다. 그런데 어떤 쓰레기를 어떻게 버리는지 잘 모르는 사람들이 많다. 먼저 종이류는 종이와 종이팩을 분리해야 한다. 신문지, 전단지, 책, 노트 등은 종이류에 버리고, 우유팩, 종이컵 등은 종이팩류에 따로 버려야 한다. 캔의 경우는 뚜껑이 플라스틱으로 되어 있는 것이 많은데 이런 플라스틱 뚜껑은 따로 떼어서 플라스틱류에 버려야 한다. 환경을 위한 이러한 작은 실천으로 다음 세대에게 아름다운 자연 환경을 물려줄 수 있을 것이다.

① 환경을 보호하는 이유
② 재활용이 가능한 종이류 안내
③ 재활용품 분리배출 방법
④ 우리 주변 환경오염 문제

해설 첫 번째 문장에서 재활용 쓰레기를 분리해서 버려야 한다고 주장하였고, 그 이후에 종이류와 캔 등을 예시로 들어 배출 방법을 자세히 설명하고 있다. 따라서 이 글의 제목은 ③이 가장 적절하다.

정답 48 ③

[49~50] 다음을 읽고 ( )에 알맞은 것을 쓰시오.

49

> 가 : 이번 연휴에 제주도에 간다고 했죠? 비행기 표는 예매했어요?
> 나 : 아니요. 어제 여행사에 물어보니까 요즘 휴가철이어서 표가 ( ).
> 가 : 그래요? 좀 더 일찍 예매할 걸 그랬네요.

 '매진'은 하나도 남기지 않고 모두 다 파는 것을 의미한다. 휴가철이어서 많은 사람이 비행기 표를 샀기 때문에 표가 하나도 남아 있지 않은 상황으로 '매진되었대요'가 옳다.

50

> 저는 조기교육이 굳이 필요하다고 생각하지 않습니다. 아직 한창 놀아야 할 아이들을 계속 실내에 붙들어 놓고 공부를 시키는 것은 너무 불행한 일이라고 생각합니다. 얼마 전에 아이들을 데리고 캠프를 다녀왔는데 아이들이 자연을 직접 보고 경험하면서 얼마나 ( ). 아이들은 아이들답게 뛰어놀 수 있도록 환경을 마련해 주는 것이 제일 좋은 교육이라고 생각합니다.

 '-ㄴ지 모르다'는 '얼마나'와 함께 쓰여 감탄적으로 강조하여 '매우 그러하다' 또는 '매우 그리하다'의 뜻을 나타낸다. 한창 놀아야 할 아이들이 캠프에 가서 자연을 직접 보고 즐거워했다는 것을 강조하려면 '즐거워했는지 모릅니다'가 들어가는 것이 적절하다.

정답 **49** 매진되었대요 **50** 즐거워했는지 모릅니다

사회통합프로그램 사전평가 견본 문항
구술시험

※ 질문 내용은 제외한 지문만 수험생에게 제공됨(질문 내용은 견본과 비슷한 유형으로 변경 가능하며 평가 감독관에게만 제공됨)
※ 구술감독관의 지시에 따라 다음 글을 소리 내어 읽으신 후 질문에 답하여 주시기 바랍니다.

한국에는 사계절이 있습니다. 계절마다 날씨가 다릅니다. 봄에는 날씨가 따뜻합니다. 꽃이 많이 피어서 친구나 가족들과 같이 공원으로 꽃구경을 갑니다. 여름은 덥습니다. 더위를 피해서 해수욕장에 가서 물놀이를 하는 사람들이 많습니다. 가을은 날씨가 시원합니다. 단풍이 아름다워서 산에 단풍놀이를 하러 갑니다. 겨울은 춥고 눈이 많이 옵니다. 스키장에 가서 스키를 타거나 눈싸움을 하고 눈사람도 만듭니다.

---

01 위의 글을 소리 내어 읽어 보세요.

02 한국의 봄과 가을은 날씨가 어떤가요?

03 ○○ 씨는 한국의 사계절 중 무슨 계절을 가장 좋아하고, 왜 그 계절을 좋아하나요?

04 ○○ 씨 고향에서 특별하게 국가적으로 기념하는 날 중 하나를 골라서 그 날이 언제이고, 그 날의 의미에 대해서 설명해 보세요.

05 한국의 문화재 중 ○○ 씨가 보고 싶은 문화재 중 한 가지에 대해 소개하고 특징을 설명해 보세요.

02 한국의 봄은 날씨가 따뜻해서 꽃이 피고, 가을은 날씨가 시원해서 단풍이 핍니다.

03 저는 가을을 좋아합니다. 너무 춥지도 덥지도 않은 계절이라 나들이하기에 좋고, 단풍을 좋아해서 등산을 자주 다닙니다.

04 저의 고향인 베트남에서는 4월 30일이 해방기념일입니다. 북부 해방군 전차가 사이공의 심장부인 통일궁 철책을 뚫고 들어가 베트남 총통 증방민의 항복을 받아낸 날로 30년간 지속된 베트남 전쟁이 종식되었습니다.

05 저는 경주에 있는 첨성대를 보고 싶습니다. 첨성대는 한국의 국보로 신라 선덕여왕 때 건립되었습니다. 첨성대는 천문관측을 위해 만들어졌으며 높이가 약 9m인 원통형 모양입니다.

PART 01

핵심이론

CHAPTER 01 | 한국어

CHAPTER 02 | 대한민국 일반

CHAPTER 03 | 지리와 기후

CHAPTER 04 | 사회

CHAPTER 05 | 문화

CHAPTER 06 | 역사

CHAPTER 07 | 법과 정치

CHAPTER 08 | 경제

한국어

1. 한글의 기본

훈민정음과 한글

창제
전에 없던 것을 처음으로 만듦

반포
세상에 널리 퍼뜨려 모두 알게 함

- 훈민정음
  - 1443년 세종대왕이 창제하고 반포한 우리나라 글자를 이르는 말이다.
  - '백성을 가르치는 바른 소리'라는 뜻을 가진다.
  - 한자 사용에 어려움을 느낀 백성들을 위해 생활을 편리하게 하고 쉽게 쓸 수 있도록 만들어졌다.
- 한글의 우수성
  - 소리를 내는 발음 기관의 모양을 따라 만들어진 과학적이고 독창적인 문자이다.
  - 적은 수의 글자로 많은 소리를 낼 수 있다.
  - 한 문자가 하나의 소리만 가지기 때문에 쉽고 빨리 배울 수 있다.

자음과 모음

- 자음

ㄱ	ㄴ	ㄷ	ㄹ	ㅁ	ㅂ	ㅅ	ㅇ	ㅈ	ㅊ
기역	니은	디귿	리을	미음	비읍	시옷	이응	지읒	치읓

ㅋ	ㅌ	ㅍ	ㅎ	ㄲ	ㄸ	ㅃ	ㅆ	ㅉ
키읔	티읕	피읖	히읗	쌍기역	쌍디귿	쌍비읍	쌍시옷	쌍지읒

- 모음

단모음	ㅏ	ㅑ	ㅓ	ㅕ	ㅗ	ㅛ	ㅜ	ㅠ	ㅡ	ㅣ
	아	야	어	여	오	요	우	유	으	이
이중 모음	ㅐ	ㅒ	ㅔ	ㅖ	ㅘ	ㅙ	ㅚ	ㅝ	ㅞ	ㅟ	ㅢ
	애	얘	에	예	와	왜	외	워	웨	위	의

- 받침에 쓸 수 있는 자음

홑받침(16개)	ㄱ, ㄴ, ㄷ, ㄹ, ㅁ, ㅂ, ㅅ, ㅇ, ㅈ, ㅊ, ㅋ, ㅌ, ㅍ, ㅎ, ㄲ, ㅆ
겹받침(11개)	ㄳ, ㄵ, ㄶ, ㄺ, ㄻ, ㄼ, ㄽ, ㄾ, ㄿ, ㅀ, ㅄ

2. 문법

조사

- 명사나 대명사, 수사에 붙어 자격을 갖게 하거나 뜻을 더해 주는 단어
- 격조사

명칭	역할	종류	활용
주격 조사	주어	이/가	주어임을 나타냄
		께서	행동의 주체 혹은 대상이 높은 사람임을 나타냄
목적격 조사	목적어	을/를	행동이 미치는 대상, 어떤 재료나 수단이 되는 사물, 동작이 이루어지는 장소 등을 나타냄
관형격 조사	관형어	의	소유, 소속, 속성 등을 나타냄
보격 조사	보어	이/가	바뀌거나 부정하는 대상임을 나타냄
부사격 조사	부사어	에	장소나 위치, 시간, 진행 방향, 원인, 움직임을 일으키게 하는 대상을 나타냄
		에서/에게	어떤 물건의 소속이나 위치, 행동이 미치는 대상, 행동을 일으키는 대상을 나타냄
		같이	'앞말이 보이는 어떤 전형적인 특징처럼'의 뜻
		처럼	'～와 비슷하거나 같음'의 뜻
		와/과	다른 것과 비교하거나 기준으로 삼는 대상, 무언가를 함께하거나 상대하는 대상임을 나타냄
		(으)로	움직임의 방향, 변화의 결과, 재료, 어떤 일의 도구 · 수단 · 방법 · 원인, 지위나 신분을 나타냄
		보다	'어떤 수준에 비하여 한층 더'의 뜻
		로부터	어떤 행동의 출발점이나 비롯되는 대상임을 나타냄
		만큼	앞말과 비슷한 정도나 한도임을 나타냄
		밖에	'그것 말고는', '그것 이외에는'의 뜻
호격 조사	호칭	아/야	아랫사람을 부를 때 사용
서술격 조사	서술어	이다	문장의 서술어가 되게 하는 조사

- 접속조사

문어체	와, 과
구어체	하고, (에)다, (이)나, (이)랑

- 보조사

형태	활용
은/는	대조, 강조의 뜻
도	'역시', '또한'의 뜻
만	오직 그것만을 한정함
부터	어떤 일이나 상태 등과 관련된 범위의 시작임을 나타냄
까지	어떤 일이나 상태 등과 관련된 범위의 끝임을 나타냄
대로	앞에 오는 말에 근거하거나 달라짐이 없어짐을 나타냄
마다	'낱낱이 모두'의 뜻
밖에	'그것 말고는', '그것 이외에는'의 뜻
뿐	'그것만이고 더는 없음' 또는 '오직 그렇게 하거나 그러하다는 것'의 뜻
나/이나	• 최소한 허용되어야 할 선택이라는 뜻 • 예상보다 수량이 크거나 많음 혹은 정도가 높음을 강조함 • 수량이나 정도를 어림잡는 뜻
란/이란	어떤 대상을 특별히 집어서 화제로 삼을 때 사용
치고	• '그 전체가 예외 없이'의 뜻으로 흔히 부정을 뜻하는 말이 뒤따름 • '그중에서는 예외적으로'의 뜻
(이)야말로	강조하여 확인하는 뜻을 나타내는 보조사

최소한
일정한 조건에서 더 이상 줄이기 어려운 가장 작은 한도

수사

- 사물의 수량이나 순서를 나타내는 단어
  - 양수사 : 수량을 셀 때 쓰는 수사 **예** 가방 두 개, 책 다섯 권
  - 서수사 : 순서를 나타내는 수사 **예** 첫 번째 문장, 둘째 아들

연결어미

- 어간에 붙어 다음 말에 연결하는 구실을 하는 말
- 주요 연결어미

-ㄴ 데다	의미	앞말과 관련되어 뒤의 내용이 덧붙을 때 사용하는 말
	활용	구잘 씨는 성격이 좋은 데다 성실하기도 해요.
-ㄴ다니까	의미	'ㄴ다고 하니까'가 줄어든 말로 자신의 말이나 다른 사람의 말을 뒤에 오는 말의 이유 혹은 근거로 활용할 때 사용하는 말
	활용	손님이 오신다니까 집안 청소를 해야겠다.
-ㄴ다면	의미	어떤 사실을 가정해 조건으로 삼는 뜻
	활용	오늘도 물고기가 많이 잡힌다면 좋겠다.
-느라고	의미	앞의 사태가 뒤의 사태의 목적이나 원인이 됨을 나타내는 말
	활용	흐엉 씨는 웃음을 참느라고 아버님을 똑바로 보지 못했다.
-는 동안	의미	어떤 일이 어느 한때에서 다른 한때까지 이어질 때 쓰는 말
	활용	일을 하는 동안 웃음이 끊이지 않았다.
-더라도	의미	가정이나 양보의 뜻을 강하게 나타내는 말
	활용	무슨 일이 일어나더라도 오늘 안에 일을 끝내야 한다.
-ㄹ수록	의미	앞말의 정도가 더하여 가는 것이 뒷말의 정도가 더하거나 덜해지는 조건이 됨을 나타내는 말
	활용	일이 힘들수록 월급도 높아진다.
-ㄹ 테니	의미	'-ㄹ 터이니'가 줄어든 말로 어떤 일을 추측하거나 어떤 일을 하고자 하는 의지를 나타내면서 그것이 뒷말에 대한 이유나 원인이 됨을 나타내는 말
	활용	• 내일은 꼭 연락이 올 테니 너무 걱정하지 마세요. • 제가 다녀올 테니 여기에서 잠시만 기다리세요.
-ㄹ 텐데	의미	앞말에 대해 강한 추측을 나타내면서 그에 관한 내용을 이어서 말할 때 사용하는 말
	활용	급하게 오느라 많이 더울 텐데 시원한 물 좀 마시세요.
-ㄹ까 봐	의미	앞말이 뜻하는 상황이 될까 걱정하거나 두려워함을 나타내는 말
	활용	혼이 날까 봐 사실대로 이야기하지 못했어요.
-으려면	의미	• '어떤 의사를 실현하려고 한다면'의 뜻 • '어떤 가상의 일이 사실로 실현되기 위해서는'의 뜻
	활용	• 기차를 타려면 서둘러야 한다. • 일을 잘 마무리하려면 끝까지 집중해야 한다.
-자마자	의미	앞말의 동작이 이루어지자 잇따라 곧 뒷말의 사건이나 동작이 일어남을 나타내는 말
	활용	속이 안 좋았는지 음식을 먹자마자 토해 버렸다.

종결어미

- 문장을 끝내는 역할을 하는 말
- 주요 종결어미

-곤 하다.	의미	어떤 일이 반복적으로 일어날 때 사용하는 말
	활용	주말이면 다 같이 모여 고기를 구워 <u>먹곤 했어요.</u>
-ㄴ 척하다.	의미	앞말이 뜻하는 행동이나 상태를 거짓으로 그럴듯하게 꾸밈을 나타내는 말
	활용	해야 할 일은 전혀 하지 않고도 일을 다 <u>한 척했다.</u>
-ㄴ대요.	의미	'–다고 해요'가 줄어든 말로, 알고 있는 것을 전할 때 사용하는 말
	활용	그쪽 바다에서 물고기가 잘 <u>잡힌대요.</u>
-ㄴ지(도) 모르다.	의미	어떤 일이 일어날 것을 추측할 때 사용하는 말
	활용	주말에 비가 많이 <u>올지도 모른대요.</u>
-더라고요.	의미	직접 경험한 사실이나 느낀 점을 이야기할 때 사용하는 말
	활용	어제 시장에 갔더니 사람이 정말 <u>많더라고요.</u>
-ㄹ 만하다.	의미	• 앞말이 뜻하는 행동을 할 타당한 이유가 있음을 나타내는 말 • 앞말이 뜻하는 행동을 하는 것이 가능함을 나타내는 말
	활용	• 순천만은 꼭 한번 <u>가볼 만해요.</u> • 사야 씨 정도면 차를 <u>살 만하죠.</u>
-ㄹ 수밖에 없다.	의미	앞말이 의미하는 것 말고는 다른 방법이나 가능성이 없음을 나타내는 말
	활용	상품으로 팔 수 없는 작물은 밭에 <u>버릴 수밖에 없어요.</u>
-ㄹ 뻔하다.	의미	앞말이 뜻하는 상황이 실제 일어나지는 않았지만 그럴 가능성이 매우 높았음을 나타내는 말
	활용	조금만 늦었더라면 크게 <u>다칠 뻔했어요.</u>
-ㄹ 걸 그랬다.	의미	지난 행동을 후회하면서 하지 않은 일을 가정할 때 사용하는 말
	활용	이럴 줄 알았으면 화장실을 미리 <u>다녀올 걸 그랬어요.</u>
-ㄹ 리가 없다.	의미	앞말이 나타내는 행동 등이 일어나는 이유나 이치 등이 없음을 나타내는 말
	활용	그런 일이 일어날 <u>리가 없다.</u>
-으려던 참이다.	의미	• 어떤 일을 하는 경우나 때를 뜻하는 말 • 어떤 행동을 할 생각이나 의향을 나타내는 말
	활용	• <u>마침</u> 저도 집에 <u>가려던 참이었어요.</u> • 이번 과목까지만 공부하고 <u>갈 참이에요.</u>

마침
어떤 경우나 기회에 알맞게

사동사

- 문장의 주체가 스스로 행하지 않고 남에게 행동이나 동작 등을 하게 함을 나타내는 동사
- 사동 접미사 : '-이-', '-히-', '-리-', '-기-', '-우-', '-구-', '-추-' 등
  예 강아지에게 물을 먹이다.
  예 아기에게 예쁜 옷을 입히다.
  예 장단을 맞추다.
  예 아침에 동생을 깨우다.

피동사

- 남의 행동으로 인해 행해지는 동작을 나타내는 동사
- 피동 접미사 : '-이-', '-히-', '-리-', '-기-' 등
  예 책상에 먼지가 쌓이다.
  예 창문에 빗방울이 맺히다.
  예 두꺼운 벽이 뚫리다.
  예 사슴이 사자에게 쫓기다.

장단
춤, 노래 등의 빠르기나 가락을 주도하는 박자

PART 01 PART 02 PART 03

3. 어휘

단위명사

- 수나 양(분량)의 단위를 나타내는 의존 명사
- 주요 특성 사물을 세는 단위

구분	의미
개	가장 기본적인 단위명사로 물건을 세는 단위 예 빵 한 개 / 가방 두 개
권	책을 세는 단위 예 동화책 다섯 권
장	종이나 유리처럼 얇고 넓적한 물건을 세는 단위 예 종이 한 장 / 수건 한 장
켤레	신발이나 양말 등 짝이 되는 두 개를 한 벌로 세는 단위 예 양말 두 켤레 / 신발 네 켤레

통	• 배추나 수박을 세는 단위 예 배추 한 통 / 수박 여섯 통 • 편지나 서류, 전화를 세는 단위 예 편지 한 통 / 전화 두 통
판	• 달걀을 묶어 세는 단위(달걀 1판=30개) 예 달걀 한 판 • 조각 내어 먹는 음식을 자르기 전 큰 덩어리로 묶어 세는 단위 예 피자 두 판

• 주요 분량을 세는 단위

구분	의미
줌	한 손에 쥘 만한 분량을 세는 단위 예 흙 한 줌
섬, 말, 되	곡식, 가루, 액체 등의 분량을 헤아리는 단위로 한 되는 약 1.8ℓ(1섬=10말 =100되) 예 쌀 한 되
잔	음료나 술을 그릇에 담아 분량을 세는 단위 예 주스 한 잔
방울	작고 둥근 액체 덩어리를 세는 단위 예 눈물 한 방울
술	밥 따위의 음식물을 숟가락으로 떠 그 분량을 세는 단위 예 밥 한 술
병, 상자	물건을 해당 용기(병, 상자)에 담아 그 분량을 세는 단위 예 소주 한 병 / 라면 세 상자

꼭 알아야 할 명사

가계부	의미	집안 살림의 수입과 지출을 적는 책		
	활용	우리 엄마는 물건을 사면 <u>가계부</u>에 적어요.		
	유의어	–	반의어	–
계약	의미	법률 효과의 발생을 목적으로 두 사람의 의사를 표시하는 것		
	활용	이사할 집의 전세 <u>계약</u>을 오늘 완료했어요.		
	유의어	약정	반의어	–
공공 기관	의미	국가에서 사회의 여러 사람과 관계있는 일들을 처리하는 기관		
	활용	그 문서는 <u>공공 기관</u>에서 요청하면 받을 수 있다.		
	유의어	–	반의어	–
관광	의미	다른 지방이나 다른 나라에 가서 그곳의 풍경, 문화 등을 구경함		
	활용	그는 가방 하나만 들고 <u>관광</u>을 다닌다.		
	유의어	유람, 구경, 시찰	반의어	–
낭비	의미	시간이나 재물 따위를 헛되이 헤프게 씀		
	활용	쓸데없는 물건을 사는 <u>낭비</u>를 하지 말아요.		
	유의어	허비, 사치	반의어	절약, 절제
동창회	의미	같은 학교를 졸업한 사람들이 모여 친목을 도모하는 모임		
	활용	<u>동창회</u>가 학교에서 열린다는 소식을 들었다.		
	유의어	교우회, 동문회	반의어	–

헤프다
물건이나 돈 따위
를 아끼지 아니하
고 함부로 쓰는 버
릇이 있다.

등록	의미	일정한 자격 조건을 갖추기 위해 단체나 학교 등에 문서를 올림
	활용	신입생 등록 기간이 얼마 남지 않았으니 잘 확인해 주세요.
	유의어	등기, 등부

			반의어	–
매진	의미	하나도 남지 않고 모두 다 팔림		
	활용	극장표가 이미 매진이에요.		
	유의어	품절, 절품	반의어	–
보상	의미	남에게 끼친 손해를 갚음		
	활용	교통사고로 입은 피해의 보상을 해 준다고 했어요.		
	유의어	배상, 변상	반의어	–
분단	의미	동강이 나게 끊어 가름		
	활용	우리나라는 현재 세계 유일의 분단 국가입니다.		
	유의어	–	반의어	
분리배출	의미	쓰레기 따위를 종류별로 나누어서 버림		
	활용	자연 보호를 위해서 분리배출을 해야 합니다.		
	유의어		반의어	–
선출	의미	여럿 가운데서 뽑아냄		
	활용	우리나라는 대통령을 국민의 손으로 직접 선출합니다.		
	유의어	선발	반의어	–
송년회	의미	연말에 한 해를 보내며 베푸는 모임		
	활용	올해는 각 팀별로 간단하게 송년회를 하기로 하였다.		
	유의어	망년회	반의어	–
승진	의미	직위의 등급이나 계급이 오름		
	활용	올해의 성과를 생각하면 내년에는 반드시 승진이 되어야 한다.		
	유의어	영전, 승계	반의어	강등
실업	의미	일자리를 잃거나 일할 기회를 얻지 못하는 상태		
	활용	청년들의 실업은 사회의 큰 문제이다.		
	유의어	무직, 실직	반의어	취직, 취업
예의	의미	존경의 뜻을 표하기 위해 예로써 나타내는 말투나 몸가짐		
	활용	웃어른에 대한 예의를 지켜야 해요.		
	유의어	식례, 격	반의어	–
외교	의미	다른 나라와의 정치적·경제적·문화적 관계를 가지는 일		
	활용	오늘날 다른 나라와의 외교는 매우 중요하다.		
	유의어	국교, 외무	반의어	내무
운동	의미	사람이 몸을 단련하거나 건강을 위하여 몸을 움직이는 일		
	활용	건강하게 살기 위해서 규칙적인 운동을 해야 해요.		
	유의어	스포츠, 활동	반의어	–

성과
이루어낸 결실

급부
재물을 대어 줌

월급	의미	한 달을 단위로 지급하는 급료		
	활용	월급을 많이 주는 회사에서 일하고 싶어요.		
	유의어	급분, 급료, 봉급	반의어	–
주권	의미	가장 주요한 권리. 국가의 의사를 최종적으로 결정하는 권력		
	활용	우리나라의 주권은 국민에게 있다.		
	유의어	국권	반의어	–
집중	의미	한곳을 중심으로 하여 모임 혹은 한 가지 일에 모든 힘을 쏟아부음		
	활용	인구의 집중으로 인해 주차 문제나 주택 문제 등이 나타나고 있다.		
	유의어	몰두	반의어	분산
청구	의미	상대방에 대하여 일정한 행위나 급부를 요구하는 것		
	활용	우편함에 카드 요금 청구서가 와 있었다.		
	유의어	요구, 요청	반의어	–
출근	의미	일터에 근무하러 가는 것		
	활용	나는 회사에 출근을 하기 위해 아침 일찍 일어나요.		
	유의어	통근	반의어	퇴근
형벌	의미	죄에 대한 법률의 효과로서 국가가 범죄자에게 제재를 가하는 것		
	활용	죄를 지은 사람에게는 적절한 수준의 형벌이 내려져야 한다.		
	유의어	처벌, 벌	반의어	–
호칭	의미	이름을 지어 부름. 또는 그 이름		
	활용	한국어에서 가족 간의 호칭이 정말 어려워요.		
	유의어	명칭, 칭호	반의어	–

꼭 알아야 할 동사

갈아타다	의미	타고 가던 것에서 내려 다른 것으로 바꾸어 타다.		
	활용	지하철에서 내려 버스로 갈아탔습니다.		
	유의어	환승하다	반의어	–
극복하다	의미	악조건이나 고생 등을 이겨 내다.		
	활용	수많은 난관을 극복하고 이 자리에 설 수 있었습니다.		
	유의어	뛰어넘다	반의어	–
내놓다	의미	물건을 밖으로 옮기거나 꺼내 놓다. 또는 음식을 대접하다.		
	활용	쓰레기를 집 밖으로 내놓았다.		
	유의어	놓다, 방출하다	반의어	넣다, 들여놓다
담당하다	의미	어떠한 일을 맡다.		
	활용	소비자 응대를 담당하고 있어요.		
	유의어	맡다, 도맡다	반의어	–

무시하다	의미	사람을 깔보거나 업신여기다.			
	활용	다니엘 씨는 항상 저를 무시해요.			
	유의어	경시하다, 멸시하다	반의어	존경하다, 중시하다	
미루다	의미	정한 시간이나 기일을 나중으로 넘기거나 늘이다.			
	활용	오늘 할 일을 내일로 미루어선 안 된다.			
	유의어	지연하다	반의어	앞당기다	
번지다	의미	병이나 불, 전쟁 등이 차차 넓게 옮아가다.			
	활용	작물에 전염병이 번져 농사에 어려움을 겪고 있습니다.			
	유의어	퍼지다, 확산되다	반의어	–	
부탁하다	의미	어떤 일을 해 달라고 청하거나 맡기다.			
	활용	저한테 어머님을 데려다 달라고 부탁했어요.			
	유의어	간청하다, 맡기다	반의어	–	
분담하다	의미	나누어서 맡다.			
	활용	저희는 집안일을 분담해요.			
	유의어	–	반의어	전담하다	
서두르다	의미	어떤 일을 빨리 끝내려고 급하게 바삐 움직이다.			
	활용	발표 준비를 서두르다.			
	유의어	덤벙거리다, 몰아치다	반의어	–	
설명하다	의미	어떤 일이나 대상의 내용을 상대편이 잘 알 수 있도록 밝혀 말하다.			
	활용	과장님께서 오늘 해야 할 작업에 대해 설명해 주셨어요.			
	유의어	밝히다, 말하다	반의어	–	
쌓다	의미	경험, 기술, 업적, 지식 등을 거듭 익혀 많이 이루다.			
	활용	아버님께서는 다양한 일을 하며 많은 경험을 쌓으셨어요.			
	유의어	–	반의어	–	
입학하다	의미	학생이 되어 공부하기 위해 학교에 들어가다.			
	활용	내년에 저는 고등학교에 입학합니다.			
	유의어	가다, 들어가다	반의어	퇴학하다	
유지하다	의미	어떤 상태나 상황을 그대로 보존하거나 변함없이 계속 지탱하다.			
	활용	지금의 수압을 유지해야 합니다.			
	유의어	지속하다, 지탱하다	반의어	그치다, 그만두다	
절약하다	의미	함부로 쓰지 않고 꼭 필요한 데에만 써서 아끼다			
	활용	음식비를 절약해서 돈을 모으자.			
	유의어	아끼다, 절감하다	반의어	허비하다, 낭비하다	
참가하다	의미	모임이나 단체 또는 일에 들어가다			
	활용	동네에서 열리는 행사에 참가하다.			
	유의어	참석하다, 관여하다	반의어	불참하다, 이탈하다	

전염병
집단적으로 유행하는 병

생계			
살림을 살아 나갈 방도			

책임지다	의미	어떤 일에 대한 책임을 맡아 안다.		
	활용	저는 가장으로서 우리 집안의 생계를 책임져야 합니다.		
	유의어	걸머지다, 부담하다	**반의어**	–
치르다	의미	무슨 일을 겪어 내다. / 주어야 할 돈을 내 주다.		
	활용	무사히 시험을 치르고 돌아왔어요.		
	유의어	치다, 지불하다	**반의어**	–
확인하다	의미	틀림없이 그러한가를 알아보거나 인정하다.		
	활용	화를 내기 전에 사실 여부를 먼저 확인해야 한다.		
	유의어	–	**반의어**	–

꼭 알아야 할 형용사

게으르다	의미	행동이 느리고 움직이거나 일하기를 싫어하는 성미나 버릇이 있다.		
	활용	동남아 사람이 게으르다는 이야기는 근거 없는 편견이에요.		
	유의어	태만하다, 나태하다	**반의어**	근면하다, 부지런하다
꼼꼼하다	의미	빈틈이 없이 차분하고 조심스럽다.		
	활용	메이 씨는 모든 일을 꼼꼼하게 처리해요.		
	유의어	빈틈없다, 철저하다	**반의어**	허술하다
낯설다	의미	전에 본 기억이 없어 익숙하지 않다.		
	활용	매일 보던 길인데도 오늘따라 낯설게 느껴지네요.		
	유의어	생소하다, 어색하다	**반의어**	낯익다, 익숙하다
넉넉하다	의미	크기나 수량 등이 기준에 차고 남음이 있다.		
	활용	아직 시간은 넉넉하니까 차분하게 문제를 풀어 봐요.		
	유의어	변변하다, 풍부하다	**반의어**	궁하다, 불충분하다
능숙하다	의미	능하고 익숙하다.		
	활용	쓰엉 씨는 벌써 한국말이 능숙하시네요!		
	유의어	능란하다, 능하다	**반의어**	미숙하다, 서투르다
다정하다	의미	정이 많거나 정분이 두텁다.		
	활용	그녀는 친절하고 다정한 사람이에요.		
	유의어	곰살갑다, 사이좋다	**반의어**	냉정하다, 매정하다
모자라다	의미	기준이 되는 양이나 정도에 미치지 못하다.		
	활용	모내기 철에는 항상 일손이 모자라다.		
	유의어	불충분하다, 미달하다	**반의어**	가득하다, 남다
부지런하다	의미	일을 꾸물거리거나 미루지 않고 꾸준하게 열심히 하는 태도가 있다.		
	활용	리사 씨는 매우 부지런하고 성실한 사람이에요.		
	유의어	근면하다, 바지런하다	**반의어**	게으르다

선명하다	의미	산뜻하고 뚜렷하여 다른 것과 혼동되지 않다.		
	활용	들판에 푸른 빛이 선명해요.		
	유의어	생생하다, 확실하다	반의어	불선명하다, 불투명하다
수월하다	의미	까다롭거나 힘들지 않아 일이 하기 쉽다.		
	활용	흐엉 씨가 준비를 잘해 주셔서 일이 수월해요.		
	유의어	손쉽다, 무난하다	반의어	까다롭다
시끄럽다	의미	듣기 싫게 떠들썩하다.		
	활용	밤마다 오토바이 소리가 너무 시끄러워요.		
	유의어	요란하다, 소란스럽다	반의어	조용하다, 적막하다
싹싹하다	의미	눈치가 빠르고 사근사근하다.		
	활용	시어머니께서 친구분들께 제가 싹싹하고 야무지다고 자랑하셨어요.		
	유의어	나긋나긋하다	반의어	–
알뜰하다	의미	일이나 살림을 정성스럽고 규모 있게 하여 빈틈이 없다.		
	활용	우리 며느리가 얼마나 알뜰한지 몰라요.		
	유의어	살뜰하다	반의어	헤프다
어색하다	의미	잘 모르거나 아니면 별로 만나고 싶지 않던 사람과 마주 대하여 자연스럽지 못하다. / 격식이나 규범, 관습 등에 맞지 않아 자연스럽지 않다.		
	활용	처음 뵙는 집안 어르신들이 모두 오셔서 저는 너무 어색했어요.		
	유의어	낯설다, 서먹하다, 겸연쩍다	반의어	자연스럽다
지저분하다	의미	정돈이 되어 있지 않고 어수선하다.		
	활용	교실이 너무 지저분하네요. 다 같이 청소를 할까요?		
	유의어	너저분하다, 꾀죄죄하다	반의어	깨끗하다, 말쑥하다
친절하다	의미	대하는 태도가 매우 정겹고 고분고분하다.		
	활용	유미 씨가 친절하게 대해 주셔서 얼마나 고마웠는지 몰라요.		
	유의어	나긋나긋하다, 상냥하다	반의어	불친절하다, 퉁명스럽다
피곤하다	의미	몸이나 마음이 지쳐 고달프다.		
	활용	하루 종일 서 있었더니 너무 피곤하네요.		
	유의어	노곤하다, 고달프다, 고단하다	반의어	–
화창하다	의미	날씨나 바람이 온화하고 맑다		
	활용	가을 날씨는 엄청 화창해요.		
	유의어	맑다, 쾌청하다	반의어	음산하다
흐릿하다	의미	조금 흐린 듯하다.		
	활용	날씨가 흐릿한 것이 비가 올 것 같아요.		
	유의어	희미하다, 아련하다	반의어	청명하다, 확연하다

격식
격에 맞는 일정한 방식

꼭 알아야 할 부사

가까이	의미	한 지점에서 거리가 조금 떨어져 있는 상태로		
	활용	죄송한데 조금 더 가까이 와 주시겠어요?		
	유의어	바싹	반의어	멀리, 멀찍이
가장	의미	여럿 가운데 어느 것보다 정도가 높거나 세게		
	활용	한국에는 세계에서 가장 오래된 금속활자가 있습니다.		
	유의어	매우, 제일	반의어	–
거의	의미	어느 한도에 매우 가까운 정도로		
	활용	오늘 할 일은 이제 거의 마무리되었어요.		
	유의어	얼추, 대개	반의어	–
결코	의미	어떤 경우에도 절대로		
	활용	다음부터는 이런 일이 결코 있어서는 안 돼요!		
	유의어	결단코, 절대로	반의어	–
계속	의미	끊이지 않고 잇따라		
	활용	장마철이라 그런지 폭우가 계속 이어졌다.		
	유의어	연거푸, 내리, 줄곧	반의어	–
다소	의미	어느 정도로		
	활용	그는 다소 들뜬 목소리였다.		
	유의어	약간, 조금	반의어	매우
마침내	의미	드디어 마지막에는		
	활용	긴 비행 끝에 마침내 서울에 도착하였다.		
	유의어	비로소, 끝내	반의어	–
못	의미	동사가 나타내는 동작을 할 수 없다거나 상태가 이루어지지 않았다는 부정의 뜻을 나타내는 말		
	활용	저는 술을 전혀 못 마셔요.		
	유의어	–	반의어	–
반드시	의미	틀림없이 꼭		
	활용	이번 주문은 반드시 제시간에 납품해야 해.		
	유의어	꼭, 필히	반의어	–
아마	의미	단정할 수는 없지만 미루어 짐작하거나 생각해 볼 때 그럴 가능성이 크다는 뜻을 나타내는 말로, '틀림없이'보다는 확신의 정도가 낮음		
	활용	지금쯤이면 아마 지하철역에서 걸어오고 있지 않을까요?		
	유의어	아마도, 대체로	반의어	십중팔구
어쩌면	의미	확실하지 않지만 짐작하건대		
	활용	어쩌면 이번 시험에는 합격할지도 몰라.		
	유의어	아마	반의어	–

장마
여름철에 여러 날을 계속해서 비가 내리는 현상이나 날씨

이따가	의미	조금 지난 뒤에
	활용	이따가 부를 테니까 잠시 밖에서 기다려 주시겠어요?
	유의어	이따 **반의어** –
직접	의미	중간에 아무것도 끼거나 거치지 않고 바로
	활용	아무래도 제가 그 사람을 직접 만나 보아야겠어요.
	유의어	몸소, 바로 **반의어** 대신, 간접
특히	의미	보통과 다르게
	활용	특히 퇴근 시간이면 지하철에 사람이 가득해요.
	유의어	유달리, 특별히 **반의어** –
함부로	의미	조심하거나 깊이 생각하지 않고 마음 내키는 대로 마구
	활용	함부로 다른 사람을 욕해선 안 돼요.
	유의어	되는대로, 마구, 분별없이 **반의어** –

퇴근
일터에서 근무를 마치고 돌아가거나 돌아옴

CHAPTER 02

대한민국 일반

1. 국가의 상징

국호

- 우리나라의 정식 명칭 : 대한민국[편의상 '한국(韓國)'으로 줄여서 사용]
  - 한자 : 大韓民國
  - 영문 : REPUBLIC OF KOREA
- 1919년 4월 10일 임시정부를 수립하기 위한 회의에서 '대한민국'이라는 국호를 처음 사용하였다.

대한민국 국가상징

종류	국기	국가	국화	나라도장	문장
명칭	태극기 (太極旗)	애국가 (愛國歌)	무궁화 (無窮花)	국새 (國璽)	나라문장

태극기

[태극기]

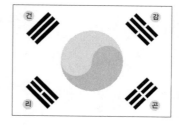

[태극기의 건·곤·감·리]

- 흰색 바탕에 중앙의 태극문양과 네 모서리의 건곤감리(乾坤坎離) 4괘(四卦)로 구성되어 있다.

- 흰색 바탕은 밝음과 순수를 나타내며 전통적으로 평화를 사랑하는 우리의 민족성을 나타낸다.
- 태극문양은 모든 것들이 어울려 평화롭게 살아간다는 의미이다.
- 4괘인 건곤감리는 건은 '하늘', 곤은 '땅', 감은 '물', 이(리)는 '불'을 상징한다.

태극문양
파랑은 음(陰), 빨강은 양(陽)으로 음과 양의 조화를 상징한다.

국민의례

- 국민의례
  - 국가나 공공단체의 행사에서 가장 먼저 하는 국민적 의례이다.
  - 순서 : 국기에 대한 경례, 애국가 제창, 순국선열에 대한 묵념
- 국기에 대한 맹세 : "나는 자랑스러운 태극기 앞에 자유롭고 정의로운 대한민국의 무궁한 영광을 위하여 충성을 다할 것을 굳게 다짐합니다."

애국가

- '나라를 사랑하는 노래'라는 뜻으로 국가로 사용하고 있다.

1절	동해물과 백두산이 마르고 닳도록 하느님이 보우하사 우리나라 만세 (후렴) 무궁화 삼천리 화려강산 대한 사람 대한으로 길이 보전하세
2절	남산 위에 저 소나무 철갑을 두른 듯 바람서리 불변함은 우리 기상일세 (후렴) 무궁화 삼천리 화려강산 대한 사람 대한으로 길이 보전하세
3절	가을 하늘 공활한데 높고 구름 없이 밝은 달은 우리 가슴 일편단심일세 (후렴) 무궁화 삼천리 화려강산 대한 사람 대한으로 길이 보전하세
4절	이 기상과 이 맘으로 충성을 다하여 괴로우나 즐거우나 나라 사랑하세 (후렴) 무궁화 삼천리 화려강산 대한 사람 대한으로 길이 보전하세

무궁화

- '영원히 피고 또 피어서 지지 않는 꽃'이라는 뜻으로 대한민국의 국화이다.
- 애국가 후렴구에 나오며 나라문장과 국기 게양 깃대의 깃봉, 국가기관 깃발, 훈장과 상장, 배지 등에 사용한다.

국기 게양
국가적으로 중요한 날을 맞아 정해진 위치에 국기를 매다는 일

2. 국토

대한민국 국토

부속도서
한반도에 속하는 섬

- 영토
  - 나라의 주권이 미치는 땅의 범위를 말한다.
  - 대한민국 영토는 남한과 북한 전체를 포함하는 한반도와 그 부속도서로 한다.
  - 우리나라의 가장 동쪽에 있는 섬은 독도이다.
- 영해
  - 나라의 주권이 미치는 바다를 말한다.

해리
바다 위나 공중에서 긴 거리를 나타낼 때 쓰이는 단위
(1해리=1,852km)

  - 우리나라의 영해는 기선(영해를 설정하는 기준선)으로부터 12해리이다.
  - 일본과 마주하고 있는 대한 해협은 직선 기선으로부터 3해리이다.
- 영공
  - 나라의 주권이 미치는 하늘의 범위를 말한다.

3. 국경일과 기념일

국경일과 법정기념일

- 국경일 : 국가의 경사를 축하하기 위해 법으로 정하여 기념하는 날
- 한국의 5대 국경일

명칭	날짜	특징
3·1절	3월 1일	독립을 위해 싸우다 돌아가신 애국운동가들을 추모하고 애국심을 북돋는 날
제헌절	7월 17일	우리나라의 헌법을 만들고 널리 알린 것을 기념하는 날
광복절	8월 15일	1945년 우리나라가 일본에서 독립한 날과 대한민국의 정부를 세운 날을 기념하는 날
개천절	10월 3일	단군왕검이 고조선을 세운 것을 기념하는 날
한글날	10월 9일	세종대왕이 만든 한글을 널리 알린 것을 기념하는 날

더 알고가기 제헌절과 현충일

모든 국경일이 공휴일은 아니다. 제헌절은 국경일이지만 공휴일이 아니어서 쉬는 날이 아니다. 또, 현충일은 국가기념일이고 공휴일이지만 축하하는 날이 아니므로 국경일이 아니다.

- 법정기념일 : 국가가 법으로 정한 기념일로 각종 행사 등을 진행하기도 함
- 주요 법정기념일

명칭	날짜	특징
식목일	4월 5일	자연의 중요성을 깨닫고 나무를 심는 날
어린이날	5월 5일	어린이들이 올바르고 씩씩하게 자라길 바라며 기념하는 날
어버이날	5월 8일	조상과 부모님에 대한 사랑을 기념하는 날
스승의 날	5월 15일	스승에 대한 존경심을 생각하고 은혜를 기념하는 날
현충일	6월 6일	국가를 위해 목숨을 바친 분들을 추모하는 날
국군의 날	10월 1일	우리나라 군대의 발전을 기념하는 날

더 알고가기 법정공휴일과 대체공휴일

- 법정공휴일 : 대한민국의 법으로 정한 공휴일이다. 일요일, 국경일, 새해 첫 날(1월 1일), 설날 연휴, 추석 연휴, 부처님오신날, 어린이날, 현충일, 3·1절, 광복절, 대통령 선거일 등이 법정공휴일이다.
- 대체공휴일 : 설날·추석 공휴일이나 어린이날이 다른 공휴일과 겹칠 때 공휴일 다음의 첫 번째 비공휴일을 대체공휴일로 한다.

4. 한국문화

가족관계와 호칭

- 촌수란 가족이나 친척 간의 관계를 숫자로 표현한 것으로 1촌을 기본으로 한다.
- 나와 부모는 1촌이며, 나와 형제자매는 2촌이나, 부부는 무촌이다.

• 남편이 불러야 할 호칭

관계	아내의 아버지	아내의 어머니	아내의 오빠	아내의 오빠의 아내	아내의 언니
호칭	장인어른, 아버님	장모님, 어머님	형님	큰처남댁, 아주머니	처형
관계	아내의 언니의 남편	아내의 남동생	아내의 남동생의 아내	아내의 여동생	아내의 여동생의 남편
호칭	형님	처남	처남댁	처제	동서

• 아내가 불러야 할 호칭

관계	남편의 아버지	남편의 어머니	남편의 형	남편의 형의 아내	남편의 누나
호칭	시아버님, 아버님	시어머님, 어머님	아주버님	형님, 큰동서	형님
관계	남편의 누나의 남편	남편의 남동생	남편의 남동생의 아내	남편의 여동생	남편의 여동생의 남편
호칭	아주버님	서방님, 도련님(미혼)	동서	아가씨	서방님

지리와 기후

1. 한국의 지리

지형적 특징

- 전체 국토의 약 70%가 산지이며 강 주변에는 평야가 발달했다.
- 동쪽이 높고 서쪽은 낮은 동고서저의 지형이다.
- 삼면(동쪽, 서쪽, 남쪽)이 바다로 둘러싸여 있다.
  - 동해 : 바다의 가장자리(수심)가 깊고 해안선이 비교적 단조롭다.
  - 서해와 남해 : 바다의 가장자리(수심)가 얕고 섬이 많아 해안선이 복잡하다.
- 우리나라의 북쪽과 동쪽에 높은 산이 많아 대부분의 강이 서쪽으로 흐른다.

해안선
바다와 땅이 맞닿은 선

산지

[한반도의 산과 산맥]

- 태백산맥 : 동해바다를 따라 이어지는 우리나라에서 가장 긴 산맥이다.
- 백두산 : 한반도에서 가장 높은 산으로 정상에 천지가 있다.
- 설악산 : 아름다운 풍경으로 유명하고 국립공원, 천연기념물로 지정되었다.
- 한라산 : 남한에서 가장 높은 산으로 정상에 백록담이 있다.

강과 평야

평야
지표면이 평평하
고 너른 들

- 강을 따라 큰 도시가 발달하였고 주변에 넓은 평야가 많이 있다.
- 한국의 4대 강 : 한강, 금강, 낙동강, 영산강

강	평야	특징
한강	김포평야	한반도 중앙부를 흐르는 강으로 이용도가 가장 크다.
금강	논산평야	기름진 평야와 땅을 연결하는 수로가 많이 이용되었다.
영산강	나주평야	다목적 댐과 영산강 하구가 있다.
낙동강	김해평야	우리나라에서 두 번째로 긴 강이자 남한에서 가장 긴 강이다.

바다와 섬

- 동해
  - 동쪽에 위치한 바다로 수심이 깊고 해안선이 단조롭다.
  - 넓은 모래사장이 발달해 있으며 여름철에 해수욕장으로 이용된다.
- 서해
  - 해안선이 매우 복잡하고 갯벌이 발달했다.
  - 갯벌은 어장과 양식장으로 쓰이거나 염전으로 이용된다.
- 남해
  - 섬이 많아 '다도해(多島海)'라고도 불리며 해안선이 복잡하다.
  - 바닷물 온도가 알맞아 양식업이 가장 많이 이루어지고 있다.
- 한국의 주요 섬

섬	특징
제주특별자치도	화산 활동으로 만들어진 화산섬으로 독특하고 아름다운 지형이 많아 대표적인 관광지이다. 우리나라에서 가장 큰 섬이다.
울릉도	동해안에 위치한 화산섬으로 겨울철에 눈이 많이 내린다.
독도	우리나라 가장 동쪽에 위치한 섬으로 자원이 풍부하다.

2. 지역적 특징

도시와 농촌

- 도시
  - 1960년대 이후 산업화의 진행으로 도시의 인구가 급속하게 증가했다.
  - 교육·문화·의료 시설뿐만 아니라 주요 국가기관과 기업이 모여 있다.
  - 도시문제 : 비싼 집값, 환경오염, 복잡한 교통 등
- 농촌
  - 청년층이 도시로 이동하여 일할 사람이 부족하다.
  - 최근 도시문제로 인해 도시에서 살던 사람이 농촌으로 이주하는 귀농 현상이 증가하고 있다.
  - 농촌문제 : 인구의 감소와 부족한 의료·교육 시설 등

지역별 특색

- 수도권 : 산업과 문화가 발달하고 인구가 집중되어 있다.
  - 서울특별시 : 대한민국의 수도이자 정치·경제·문화의 중심지
  - 경기도 : 서울과 가까워 신도시(분당, 파주 등) 개발, 교통 발달
  - 인천광역시 : 한국의 대표적인 항구도시, 한국 최대 공항인 인천국제공항이 있음
- 중부지방 : 한반도의 중앙에 해당하는 강원특별자치도와 충청도 일대를 말한다.
  - 강원특별자치도 : 아름다운 산이 많고 관광산업이 발달
  - 충청도 : 문화유적이 많이 남아 있고 배, 포도, 사과 등을 많이 재배함
  - 세종특별자치시 : 지역을 고르게 발전시키고 수도권에 모여 있는 인구를 분산시키기 위해 건설한 도시
- 남부지방 : 한반도의 남쪽에 위치한 섬 제주특별자치도를 포함하여 경상도와 전라도 일대를 말한다.
  - 제주특별자치도 : 화산활동으로 만들어진 섬으로 바람, 여자, 돌이 많기로 유명
  - 경상도 : 영남지방이라고 불리며 벼농사 발달
  - 전라도 : 호남지방이라고 불리며 간척사업 발달

3. 교통

기차와 철도

- 우리나라 기차에는 KTX, SRT, 새마을호, 무궁화호, 누리로 등이 있다.
- KTX, SRT는 우리나라에서 가장 빠른 열차로 KTX는 2004년에, SRT는 2016년에 개통하였다.
- 주요 철도 노선
  - 경부선 : 서울에서 부산. 우리나라에서 가장 긴 철도이다.
  - 호남선 : 대전에서 목포. 호남지방 평야지대를 남북으로 관통한다.
  - 경인선 : 우리나라 최초의 철도로 현재는 수도권 전철 노선으로 활용되고 있다.

공항과 항구

- 한국에는 8개의 국제공항과 7개의 국내공항이 있다.
  - 국제공항 : 인천, 김포, 제주, 김해, 청주, 대구, 양양, 무안
  - 국내공항 : 군산, 여수, 포항경주, 울산, 원주, 사천, 광주
- 우리나라는 삼면이 바다이기 때문에 항만이 발달하였다.

  - 인천항 : 서해안의 제1의 무역항구로 수도권에 가까이 위치해 있다.
  - 부산항 : 우리나라에서 가장 먼저 개항한 항만으로 한국 최대의 항만이다.
  - 그 외에 여수 · 광양항, 울산항 등이 있다.

4. 기후

한국의 기후

- 봄(3월~5월)
  - 기온이 점차 오르며 대체로 따뜻한 날씨이다.
  - 황사현상 : 중국의 사막지역에서 불어오는 모래 바람
  - 꽃샘추위 : 이른 봄에 짧은 한때에 추워지는 현상
- 여름(6월~8월)
  - 온도가 높고 습하여 더운 날씨를 피해 산이나 바다로 피서를 간다.
  - 장마와 태풍으로 인한 피해를 조심해야 한다.
- 가을(9월~11월)
  - 화창한 날이 많고 단풍이 아름다워 관광객으로 붐빈다.
  - '천고마비의 계절'이라고도 불린다.
- 겨울(12월~2월)
  - 춥고 건조하며 찬바람이 많이 불고 눈이 내리기도 한다.
  - 삼한사온 : 3일간 춥고 4일간 조금 따뜻한 날씨가 반복되는 현상

천고마비
하늘이 높고 말이 살찐다는 뜻으로, 하늘이 맑아 높푸르게 보이고 온갖 곡식이 익는 가을철을 이르는 말

사회

1. 사회적 특징

사회의 변화

합계출산율
한 여자가 가임기간(15~49세)에 낳을 것으로 기대되는 평균 출생아 수로 2021년 기준 한국은 0.81명이다.

• 저출산 고령화
 – 1990년대 이후 여성의 사회참여 비율이 증가하고, 혼인연령이 높아지면서 출산율이 낮아지고 있다.
 – 2023년 기준으로 65세 이상 인구는 한국 전체 인구의 18%를 넘어 고령사회에 접어들었다.
• 다문화 사회
 – 한 사회 안에서 여러 민족과 문화가 함께 존재하는 사회이다.
 – 외국인 근로자가 늘어나고, 국제결혼도 증가함에 따라 앞으로 더욱 다문화 사회로 변화할 것이다.
• 가족형태
 – 부부와 미혼 자녀만으로 구성된 핵가족이 가장 흔한 가족형태이다.
 – 학업이나 취업 등을 이유로 일찍부터 혼자 살거나 결혼하지 않고 사는 1인 가구도 증가하고 있다.

2. 사회복지제도

사회보험

• 국민에게 발생하는 실업, 장애, 질병, 사망 등의 위험으로부터 모든 국민을 보호하는 데 필요한 지원을 해 주는 제도이다.
• 대한민국 국민은 법에 따라 4대 보험에 가입해야 한다.

명칭	특징
건강보험	병원에서 치료를 받을 때 의료비의 일부를 지원받는 제도
고용보험	회사에서 해고된 후 직업을 찾을 때 금전적인 지원을 받는 제도
국민연금	노인이 되어 더는 일하기 어려울 때 매달 일정 금액의 생활비를 받는 제도
산업재해보상보험	근무 중 사고가 나서 다쳤을 때 그 피해를 보상받는 제도

사회보장제도와 복지 서비스

- 공공부조
  - 생활을 유지할 능력이 없거나 유지가 어려운 국민의 최소한의 생활을 보장하기 위해 현금 등을 지원하는 제도
  예 기초 생활 보장 제도, 기초 의료 보장 제도 등
- 사회복지 서비스
  - 나라에서 국민에게 상담, 직업소개, 사회복지시설 이용과 같은 전문적이고 실질적인 도움을 제공하는 곳

3. 생활 상식

물건 구입

- 물건을 살 때는 현금, 신용카드, 체크카드, 상품권 등을 사용한다.
- 최근 인터넷으로 물건을 구입하고 판매하는 인터넷 쇼핑몰이 늘어났다.
- 주요 구입 장소

명칭	특징
편의점	대부분 24시간 문을 여는 상점으로 자주 쓰는 생필품을 판매
슈퍼마켓	집 주변에 있는 작은 가게로 편의점과 비슷한 물건을 판매
대형마트	다양한 상품을 비교적 저렴한 가격에 판매
백화점	다양한 상품을 판매하며 품질과 서비스가 우수함
재래시장	예전부터 이어져 온 시장으로 다른 곳에 비해 물건을 싸게 살 수 있음

상설시장
언제든지 이용할 수 있도록 설비와 시설을 갖추어 두고 여러 가지 상품을 사고파는 장소

주거 문화

단독 주택
한 채씩 따로 지은 3층 이하의 집

연립 주택
한 건물 안에서 여러 가족이 각각의 주거 생활을 할 수 있도록 지은 4층 이하의 공동 주택

- 주로 아파트나 단독 주택, 연립 주택 등에서 살며, 아파트에 사는 가구가 대부분이다.
- 월세 : 일정한 돈을 맡겨 다른 사람의 집을 빌려 쓰면서 매달 돈을 내는 방식
- 전세 : 일정한 돈을 맡겨 다른 사람의 집을 빌려 쓰다가 내놓을 때 다시 찾아가는 방식

통신수단

- 휴대전화가 아닌 일반전화로 전화를 걸 때는 지역번호를 눌러야 한다.
  - 서울 02, 경기 031, 세종 044, 부산 051, 대구 053, 광주 062, 전북 063 등이 있다.
- 주요 긴급 전화번호

내용	관련기관	전화번호
간첩신고	국가정보원	111
범죄신고	경찰청	112
화재 · 구조 · 재난신고 · 응급의료 등	119안전신고센터	119

쓰레기 배출

- 일반쓰레기
  - 슈퍼마켓이나 할인마트 등에서 살 수 있는 종량제 봉투를 이용한다.
  - 정해진 장소에 종량제 봉투를 버린다.
  - 지역에 따라 사용할 수 있는 종량제 봉투가 다르다.
- 음식물 쓰레기
  - 음식물 쓰레기 전용 봉투에 담아 버리거나 음식물 수거통에 버린다.

문화

1. 전통 의식주

전통 의식주

• 한복
  – 우리나라의 고유한 옷을 말하며 남녀, 신분, 계절에 따라 모습이 다르다.
  – 최근에는 명절과 결혼식 등 특별한 날에 입는다.
• 한식
  – 한국 사람의 주식은 밥(쌀)이며 국과 여러 가지 반찬을 함께 먹는다.
  – 다양한 발효음식이 발달하였다. 예 김치, 고추장, 된장, 메주 등
  – 생일날에는 미역국, 결혼할 때는 잔치국수 등 특정일에 먹는 음식이 있다.
• 한옥 : 한국의 전통 가옥이다.

명절

명절	날짜	특징
설날	음력 1월 1일	• 한국의 대표 명절 • 떡국 : 나이를 한 살 더 먹는다는 의미 • 조상께 제사를 지내고 웃어른에게 세배를 함
정월대보름	음력 1월 15일	• 한 해를 시작하여 맞이하는 가장 큰 보름달 • 부럼 깨기 : 아침에 부럼을 깨어 먹으며 피부병을 예방하고 이를 튼튼하게 하는 의미 • 오곡밥 : 풍년을 기원하는 의미
단오	음력 5월 5일	• 수릿날이라고도 하며 일 년 중 가장 좋은 명절이라는 의미 • 창포물에 머리 감기, 그네뛰기 등
추석	음력 8월 15일	• 한가위 또는 중추절 • 수확 후 가장 풍요로운 시기이자 수확한 과일과 쌀로 제사를 지냄 • 추석 대표 음식인 송편을 먹거나 강강술래와 같은 전통놀이를 즐김

창포물
창포의 잎과 뿌리를 우려낸 물로, 냄새로 인해 나쁜 병이 범접하지 못하므로 단옷날 얼굴과 머리를 감을 때 사용한다.

2. 전통문화

여러 가지 의례

- 결혼식 : 많은 사람 앞에서 남녀가 부부관계를 맺는 서약을 하는 의식
  - 결혼식에 초대받은 사람은 축하의 의미와 잘 살라는 뜻으로 축의금을 낸다.
- 장례식 : 죽은 사람과 마지막으로 이별하는 의식
  - 조의금 : 가족, 지인, 친구 등의 죽음을 슬퍼하는 뜻으로 내는 돈으로 부의금이라고도 한다.
  - 문상객은 조의금을 낸 후 죽은 사람에게 2번, 유족에게 1번 절을 한다.
- 돌잔치 : 아기가 태어나고 맞는 첫 생일
  - 상 위에 돈, 곡식, 붓, 책 등을 올리고 아이에게 마음대로 골라잡게 하는 돌잡이를 하는데, 어느 것을 고르는가로 그 아이의 장래 운명을 점친다.
- 회갑(환갑) : 만 60세가 되는 해의 생일
  - 오늘날에는 평균수명이 길어져서 회갑 대신 고희연(70세 생일)을 하는 경우가 많다.

문상객
남의 죽음에 대하여 슬퍼하는 뜻을 드러내거나 유족을 위로하기 위해 방문한 손님

점치다
앞일을 내다보아 미리 판단하다.

생활 예절

- 자신보다 윗사람이거나 어른들께는 높임말(존댓말)을 쓴다.
- 술을 마실 때는 얼굴을 윗사람의 반대편으로 돌리고 마신다.
- 어른께 물건을 건넬 때는 두 손으로 드리고, 받을 때는 두 손으로 받는다.
- 어른이 먼저 식사를 하고 나서 먹고 어른보다 먼저 자리에 앉지 않는다.
- 버스나 지하철에서 노약자, 임산부, 장애인에게 자리를 양보한다.
- 공공장소에서 휴대전화는 진동 모드로 하고, 통화는 짧게 조용히 끝낸다.

CHAPTER 06

역사

1. 우리나라 역사

한국의 역사

- 고조선
  - 한국 역사상 최초의 국가로 단군왕검이 세운 나라이다.
  - 사회 질서를 유지하고 백성을 다스리기 위한 8조법이 있다.
  - 고조선 멸망 후 많은 나라가 세워졌고 그중 고구려, 신라, 백제를 중심으로 삼국 시대가 형성됐다.
- 삼국 시대
  - 백제가 가장 먼저 전성기를 맞이하였고 고구려는 광개토대왕 때 가장 큰 전성기를 이루었다.
  - 신라는 진흥왕 때 가장 큰 전성기를 맞이하였으며, 삼국을 통일하고 발해와 남북국 시대를 열었다.
- 고려 시대
  - 신라 사회가 혼란해지면서 견훤이 후백제를, 궁예가 후고구려를 세웠다.
  - 궁예의 뒤를 이어 후고구려에 왕이 된 왕건이 고려를 세우고 신라와 후백제를 멸망시켰다.
- 조선 시대
  - 태조 이성계가 위화도 회군을 통해 조선을 건국하였다.
  - 성리학이 크게 발전하였으며 세종대왕이 한글을 창제했다.
- 일제강점기
  - 1910년 국권을 빼앗기고 이후 나라를 되찾기 위해 다양한 독립 활동이 펼쳐졌다.
  - 1945년 8월 15일 일본이 빼앗은 주권을 되찾고 광복을 맞이했다.
- 6 · 25전쟁
  - 1950년 6월 25일 북한이 남한을 침범하여 전쟁이 일어났다.
  - 전쟁이 치열하게 계속된 끝에 1953년 7월 27일 휴전 협정을 체결하였다.
  - 대한민국은 휴전 상태로 현재까지도 남북 분단 상태를 유지하고 있다.

멸망
망하여 없어짐

전성기
형세나 세력 따위가 한창 왕성한 시기

침범하다
남의 땅이나 재산, 구역 등을 함부로 쳐들어가 해치거나 건드리다.

주요 대한민국 대통령

- 이승만 대통령 : 4·19혁명으로 대통령직에서 물러났다.
- 박정희 대통령 : 군대에서 힘을 얻고 대통령으로 선출되었으나 10·26사태로 사망하였다.
- 전두환 대통령 : 5·18민주화 운동을 강제 진압하고 6월 민주 항쟁 이후 대통령을 국민이 직접 뽑을 수 있게 되었다.
- 김대중 대통령 : 햇볕정책을 통해 남북관계에 평화를 가져왔으며 노벨 평화상을 수상했다.
- 노무현 대통령 : 제2차 남북정상회담을 개최하고 시민사회 성장을 목표로 했다.
- 이명박 대통령 : G20 정상회담을 개최하고 경제 성장을 목표로 했다.
- 박근혜 대통령 : 대한민국 최초의 여성 대통령으로 선출되었으나 탄핵되었다.
- 문재인 대통령 : 남북정상회담을 개최하고 GDP 순위 10위권에 진입하였다.
- 윤석열 대통령 : 제20대 현 대한민국의 대통령이다.

G20 정상회담
G20은 세계 주요 20개국을 회원으로 하는 국제기구로 2010년 한국에서 정상회담이 개최되었다.

법과 정치

1. 정치

대한민국의 정치

• 대한민국은 민주주의 국가이며 주권은 국민에게 있고 모든 권력은 국민으로부터 나온다.
• 삼권분립 : 국가의 권력을 입법, 사법, 행정으로 분리하여 서로 견제하게 함

구분	특징
입법부	• 대한민국의 입법부는 국회이며 국회의원의 임기는 4년 • 법을 만드는 국민의 대표 기관
행정부	• 국가를 운영하고 정책을 계획하거나 실행하는 국가 기관 • 최고 책임자인 대통령의 임기는 5년이고 중임은 불가능 • 대통령은 국민의 선거로 선출함
사법부	법을 해석하고 판단하여 사건에 적용하는 국가 기관

삼권분립의 의의
세 기관이 서로 견제하고 균형을 유지해야 민주주의가 제대로 발전할 수 있다.

국민의 권리와 의무

• 선거는 주권 행사의 가장 기본적이고 중요한 수단이다.
• 선거의 4대 원칙
  – 보통선거 : 일정한 나이가 되면 차별 없이 누구에게나 선거권을 부여한다.
  – 평등선거 : 누구에게나 똑같이 1표가 주어진다.
  – 직접선거 : 다른 사람을 대신해서 투표를 할 수 없다.
  – 비밀선거 : 투표 내용을 다른 사람이 알 수 없다.
• 영주권을 얻고 3년이 지난 18세 이상의 외국인은 지방선거에 참여할 수 있다.

납부하다
세금 등을 관계있는 기관이나 단체에 내거나 주다.

• 국민의 4대 의무

납세의 의무	국민은 국가 유지를 위해 세금을 납부해야 한다.
국방의 의무	만 18세 이상 대한민국 남성은 일정 기간 군에 입대해야 한다.
교육의 의무	부모는 만 6세 이상의 자녀를 학교에 보내 교육받게 해야 한다.
근로의 의무	능력 범위 내에서 정당한 근로를 통해 생활을 영위해야 한다.

남북 관계

• 분단으로 인해 이산가족의 고통이 생기고 전쟁에 대한 불안감이 커졌다.
• 남북 관계 회복을 위해 남한과 북한은 다양한 노력을 하고 있다.
• 9월 평양공동선언 : 2018년 제1, 2, 3차 남북정상회담 후 판문점선언을 더욱 구체적으로 합의한 선언이다.

경제

1. 한국 경제

한국의 경제

- 한국은 시장경제체제를 추구하므로 노동의 대가가 자신에게 돌아온다.
- 한강의 기적 : 6 · 25전쟁 이후 어려워진 상황에서 국민들의 우수한 노동력과 교육열로 놀라운 경제 성장을 이루어냈다.
- 산업구조의 변화 : 농업 → 1960년대 경공업 → 1970~1980년대 중화학공업 → 2000년 이후 반도체 등 정보통신기술

2. 금융

은행

- 한국은행 : 대한민국의 중앙은행
  - 업무 : 화폐 발행, 금융시장 상황 확인, 외국과의 경제 거래 담당 등
- 은행의 주요 업무
  - 예금 : 은행에 돈을 맡기는 것
  - 대출 : 은행으로부터 필요한 돈을 빌리는 것
- 화폐 속 그림

오만 원권	신사임당	오백 원	학
만 원권	세종대왕	백 원	이순신
오천 원권	율곡 이이	오십 원	벼 이삭
천 원권	퇴계 이황	십 원	다보탑

MEMO

02 |PART|

사전평가
실전모의고사

CHAPTER 01
| 사전평가 실전모의고사 1회

CHAPTER 02
| 사전평가 실전모의고사 2회

CHAPTER 03
| 사전평가 실전모의고사 3회

CHAPTER 04
| 사전평가 실전모의고사 4회

CHAPTER 05
| 사전평가 실전모의고사 5회

01 이것은 무엇이에요?

① 계산기   ② 통장   ③ 달력   ④ 전화기

02 다음 글의 (   )에 들어갈 가장 알맞은 것을 고르시오.

저는 (   )을/를 타고 학교에 가요.

① 교과서   ② 선생님   ③ 교복   ④ 자전거

[03~04] 다음 밑줄 친 부분과 의미가 <u>반대</u>인 것을 고르시오.

03

가 : 일반 자동차보다 KTX가 더 <u>느려요</u>?
나 : 아니요, KTX가 훨씬 (   ).

① 커요   ② 비싸요   ③ 좋아해요   ④ 빨라요

04

가 : 이 식당 화장실은 <u>깨끗해요</u>?
나 : 아니요, 청소를 안 했는지 조금 (   ).

① 빨라요   ② 더러워요   ③ 차가워요   ④ 밝아요

[05~06] 다음 (   )에 알맞은 것을 고르시오.

05

우리 (   )은/는 엄마, 아빠, 여동생 그리고 저예요.

① 가족   ② 회사   ③ 친구   ④ 선생님

06

열심히 공부를 했지만 (   ) 50점을 받았어요.

① 너무   ② 또한   ③ 겨우   ④ 이미

[07~08] 다음 밑줄 친 부분과 의미가 반대인 것을 고르시오.

07 학교에서 <u>선배</u>에게 도움을 많이 받았어요.

① 동기   ② 후배   ③ 친구   ④ 부하

08 날이 추워져서 <u>난방</u>을 잘해야 해요.

① 소방   ② 환기   ③ 청소   ④ 냉방

[09~10] 다음 (   )에 알맞은 것을 고르시오.

09
쓰레기를 버릴 때에는 플라스틱과 종이는 (   )을/를 해야 해요.

① 분리배출   ② 환경   ③ 흡연   ④ 청소

10
용돈을 바르게 쓰는 습관을 위해 계획을 꼼꼼히 (   ).

① 놓았어요   ② 세웠어요
③ 지켰어요   ④ 나타났어요

[11~12] 다음 ( )에 알맞은 것을 고르시오.

11

> 우리 가족은 살림을 ( ) 해요.

① 난처하게

② 알뜰하게

③ 행복하게

④ 어색하게

12

> 노력한 만큼 ( )이/가 나오지 않아서 속상해요.

① 결과

② 거래

③ 경제

④ 경고

[13~14] 다음 밑줄 친 부분과 의미가 비슷한 것을 고르시오.

13

> 가 : 그녀에게 줄 선물을 포장하고 리본도 예쁘게 묶었어요.
> 나 : 아까 보니까 리본이 풀어졌어요. 다시 ( ).

① 드세요

② 매세요

③ 만나세요

④ 가지세요

14

가 : 음악 소리가 너무 크지 않나요? 조금 줄일까요?

나 : 조금 시끄러운 것 같으니 소리를 (   ).

① 낮춰주세요　　　　　　　　② 서두르세요

③ 높여주세요　　　　　　　　④ 그만하세요

[15~18] 다음 (   )에 알맞은 것을 고르시오.

15

가 : 지금 어디 가세요?

나 : 은행(   ) 가요.

① 도　　　　　② 에서　　　　　③ 에　　　　　④ 이

16

가 : 여름 방학 숙제는 무엇인가요?

나 : 책 세 권을 (   ) 독후감을 써야 해요.

① 읽었더니　　　② 읽으니까　　　③ 읽고서　　　④ 읽거든

17

가 : 엄마한테 오늘 늦는다고 말씀드렸어요?

나 : 깜빡했어요. (   ) 지금 당장 전화해야겠어요.

① 생각난 김에　　　　　　　② 생각했더니

③ 생각하고　　　　　　　　④ 생각하니까

18

| 가 : 요즘 독감이 유행이에요.
나 : 감기에 걸리지 않으려면 집에 (　　　　　　　　) 손을 씻어야 해요. |

① 올 테니까　　　　　　　　　② 온다면

③ 오는　　　　　　　　　　　　④ 오자마자

[19~20] 다음 (　　)에 알맞은 것을 고르시오.

19

| 주말에 등산을 가기로 했는데 다리를 (　　　　　　　　) 일정을 취소했다. |

① 다치는 바람에　　　　　　　② 다친 줄 알고

③ 다쳤을 뿐만 아니라　　　　④ 다친 사이에

20

| 가 : 옆자리에 사람이 있나요?
나 : 아니요, 빈자리예요. 자리에 (　　　　　　　). |

① 앉고 있어요　　　　　　　　② 앉았어요

③ 앉아도 돼요　　　　　　　　③ 앉을 뿐이에요

[21~22] 다음 (　　　)에 알맞은 것을 고르시오.

21

> 가 : 오늘 날씨가 어떤가요?
> 나 : 오늘은 황사가 (　　　　　　　) 마스크를 꼭 착용하세요.

① 심하거든　　　　　　　　② 심하지 않아

③ 심하고서　　　　　　　　④ 심하므로

22

> 가 : 대학교 졸업 시험에서 좋은 결과가 (　　　　　　　).
> 나 : 열심히 노력했으니까 반드시 합격할 거예요.

① 있었으면 좋겠어요　　　　② 있어야 해요

③ 있으면 안 돼요　　　　　　④ 있더라고요

[23~24] 다음 밑줄 친 부분이 **틀린** 것을 고르시오.

23　① 내일은 눈이 <u>온다고 했으므로</u> 일찍 출발해야 해요.

　　② 저는 집에 잘 <u>왔으니까</u> 걱정 마세요.

　　③ <u>출근했는데</u> 아무도 없어서 놀랐어요.

　　④ 저는 <u>건강해지는 대신에</u> 운동을 하고 있어요.

24　① 남동생은 시간이 날 때마다 <u>자려고 들어요.</u>

　　② 어제 술을 많이 <u>마실 것 같아</u> 오늘 지각을 했어요.

　　③ 어머니가 갑자기 <u>돌아가신 데다가</u> 아버지까지 쓰러지셨어요.

　　④ 식사를 할 때 밥그릇은 식탁에 <u>올려 두고</u> 먹어요.

[25~26] 다음 ( )에 알맞은 것을 고르시오.

25

> 가 : 자동차를 너무 오래 탔는지 멀미가 났어요.
> 나 : 저도 굽이진 길을 계속해서 ( ) 속이 울렁거려요.

① 달렸더니   ② 달렸더라면
③ 달리는 김에   ④ 달리도록

26

> 가 : 언니가 급히 나가던데 무슨 일이 있어요?
> 나 : 모르겠어요. 가방을 ( ) 다시 밖으로 나갔어요.

① 내려놓으려고   ② 내려놓지 않으면
③ 내려놓기가 무섭게   ④ 내려놓기 위해서

[27~28] 다음 밑줄 친 부분이 **틀린** 것을 고르시오.

27 ① 밥을 <u>먹자마자</u> 바로 운동을 해서는 안 돼요.
② 게임을 많이 하고 <u>잤더니</u> 눈이 아파요.
③ 선생님의 말을 <u>듣고 보니</u> 맞는 것 같아요.
④ 친구와의 약속을 <u>잊은 것치고</u> 달력에 메모했어요.

28 ① <u>뉴스로 인해</u> 이 관광지는 매우 유명해졌어요.
② 전주의 한옥을 언제 또 <u>보겠나 싶어</u> 매일 봤어요.
③ <u>혼자서든지 함께든지</u> 결과가 잘 나오면 좋겠어요.
④ 어제 아침에 <u>먹을</u> 반찬이 생각보다 맛있었어요.

PART 01

PART 02

PART 03

29 다음을 읽고 ㉠에 알맞은 것을 고르시오.

> 저에게는 저보다 한 살 어린 여동생이 있습니다. 동생은 그림 그리는 것을 좋아합니다. 그래서 고등학생 때부터 열심히 그림을 그려 올해 드디어 가고 싶어 했던 대학교에 (㉠). 이제 대학교 1학년이 된 동생은 즐겁게 대학 생활을 하고 있습니다.

① 공부했습니다　　　　　　　　② 입학했습니다
③ 여행했습니다　　　　　　　　④ 졸업했습니다

30 다음 (　　)에 가장 알맞은 것을 고르시오.

> 대한민국의 행정부를 구성하는 공무원은 크게 선출직 공무원과 임명직 공무원으로 구분할 수 있다. 여기서 선출직 공무원은 국민들이 (㉠)을/를 통해 직접 선출하는 공무원으로, 행정부의 수반이자 국가의 원수인 (㉡)이/가 대표적인 선출직 공무원에 해당한다.

① ㉠ 선거 – ㉡ 대통령　　　　　② ㉠ 회의 – ㉡ 국회의장
③ ㉠ 시험 – ㉡ 대법원장　　　　③ ㉠ 여론조사 – ㉡ 국왕

[31~32] 다음을 읽고 ㉠에 알맞은 것을 고르시오.

31

> 친한 친구가 이사를 한다고 해서 도와주러 집에 찾아갔다. 친구는 침실을 정리하고 나는 부엌을 정리했다. 선반 위에 있는 유리컵들을 가지런히 정리하다가 그만 떨어트리고 말았다. 시끄러운 소리와 함께 유리컵이 산산조각이 났다. 유리가 깨지는 소리를 듣고 친구가 부엌으로 달려왔다. 나는 미안한 마음에 친구를 조심스러운 눈길로 (㉠). 친구는 괜찮다며 나의 어깨를 두드렸다. 친구에게 미안하기도 하고 고맙기도 했다.

① 찌푸렸다　　　　　　　　　　② 모았다
③ 자세히 쳐다보았다　　　　　　④ 힐끗 쳐다보았다

32

한국에는 여러 개의 정당이 있다. 이 가운데 대통령을 배출한 정당을 여당이라고 한다. 어느 때든 여당은 1개의 정당뿐이다. 하지만 야당은 여당을 제외한 나머지 정당을 모두 일컫는 말이다. 여당은 대통령과 함께 자신들이 생각한 방향으로 정치를 하기 위해 노력한다. 반면 야당은 정부와 여당의 정책을 감시하고, 다음 선거 때 대통령을 (㉠). 아무래도 여당은 대통령과 서로 도우면서 나랏일에 더 많은 영향을 끼치기 때문에 각 정당은 여당이 되려고 한다. 하지만 여당이라도 국회의원 수가 야당보다 적다면 큰 힘을 발휘할 수 없다. 정부의 정책에 힘을 실어 주기 어렵다. 반면 야당이라도 국회의원 수가 여당보다 많으면 자신들의 생각대로 나랏일을 추진할 수 있다.

① 떨어뜨리려고 한다

② 만나기 위해 노력한다

③ 배출하기 위해 노력한다

④ 설득하려고 한다

[33~34] 다음을 읽고 질문에 답하시오.

한국의 겨울과 봄은 건조하고 바람이 많이 불어 산불을 특히 조심해야 하는 시기이다. 특히 강원도를 비롯한 영동 지방은 매년 크고 작은 산불이 발생해 많은 피해를 발생시키므로 해당 지역에 살고 있는 사람들은 특히 주의를 기울여야 한다. 산불은 무엇보다 예방이 가장 중요한데, 이를 위해 산에서는 취사 등 불을 사용하는 행위를 해서는 안 된다. 또한 담배꽁초로 산불이 발생하는 경우가 매우 많으므로 흡연은 정해진 장소에서만 하고, 담뱃재나 꽁초는 반드시 정해진 곳에 버려야 한다. 작은 불도 순식간에 큰불로 바뀔 수 있으므로 화재가 발생하면 그 규모와 상관없이 가장 먼저 119에 신고해야 한다.

33 윗글의 내용으로 맞는 것을 고르시오.

① 한국은 건조한 여름에 산불이 특히 많이 발생한다.

② 산에서는 정해진 곳에서만 취사를 해야 한다.

③ 담배꽁초로 산불이 발생하는 것은 매우 드물다.

④ 화재가 발생하면 가장 먼저 119에 신고해야 한다.

34 윗글의 중심 내용으로 맞는 것을 고르시오.

① 겨울과 봄에는 산불이 발생하지 않도록 주의해야 한다.

② 산불이 발생하면 119에 신고해야 한다.

③ 흡연은 건강에도 좋지 않고 산불의 원인이 되기도 한다.

④ 강원도는 산불이 많이 발생하는 지역이다.

[35~36] 다음을 읽고 질문에 답하시오.

35 다음의 내용과 같은 것을 고르시오.

> 바를 씨는 정육점에서 일해요. 아침 7시에 아침을 먹고 시장에 있는 정육점으로 가요. 고기를 포장하기도 하고 손님에게 파는 일도 해요. 칼을 써서 위험하기도 하지만 항상 즐겁게 일해요. 일이 끝나면 시장 사람들과 함께 저녁을 먹기도 해요. 집에 오는 길에는 탁구장이 있어서 운동을 할 때도 있어요. 집에 오면 TV를 보다가 11시에 잠을 자요.

① 바를 씨는 7시까지 정육점으로 출근해요.

② 바를 씨는 항상 혼자 저녁을 먹어요.

③ 바를 씨는 퇴근 후에 탁구를 치기도 해요.

④ 바를 씨는 자기 전에 컴퓨터를 해요.

36 다음의 내용과 같은 것을 고르시오.

> 저는 일본에서 계속 살다가 고등학교를 졸업하고 한국에 있는 대학교에 진학하기로 결심했습니다. 그래서 내일 부모님이 계시는 일본을 떠나 한국으로 갑니다. 한국에서 잘 적응하기 위해 미리 한국 드라마도 열심히 보고 한국어 공부도 했습니다. 한국에 가면 좋은 친구들도 만들고 즐거운 대학 생활을 하고 싶습니다.

① 저는 대학 졸업을 일본에서 했습니다.
② 저는 진학으로 부모님과 떨어져서 살게 되었습니다.
③ 저는 한국 노래로 한국어를 배웠습니다.
④ 저는 한국에 사이가 좋은 친구들이 많습니다.

[37~38] 다음을 읽고 질문에 답하시오.

37 아래 글의 중심 내용으로 알맞은 것은?

> 속담은 예로부터 전해 내려오는 조상들의 지혜와 교훈이 담긴 표현을 말한다. 속담을 자세히 보면 옛날 사람들의 생활 모습뿐만 아니라 생각까지 알 수 있다. 예를 들어 '등잔 밑이 어둡다'는 옛날에는 전기가 없어 밤에 등잔으로 불을 밝혔다는 점을 알 수 있다. 또 '돌다리도 두들겨 보고 건너라'라는 속담은 모든 일에 세심한 주의를 기울이라는 교훈이 들어 있다. 속담을 적절하게 사용하면 같은 내용이라도 더 다채롭게 표현할 수 있을 뿐만 아니라 그 속에서 우리의 전통적인 생활 모습을 볼 수 있다.

① 속담은 등잔 밑에서 만들어진다.
② 조상들의 교훈은 오늘날 우리에게 중요하다.
③ 속담을 통해 조상들의 생활과 지혜를 알 수 있다.
④ 대화할 때 속담을 사용하는 것은 중요하다.

38 아래 글의 제목으로 알맞은 것은?

> 스마트폰을 통해 개인정보를 훔쳐가거나 더 심하게는 금전적인 피해까지 입히는 피싱 혹은 스미싱 등의 범죄가 크게 늘고 있다. 이러한 범죄에 피해를 입지 않기 위해서는 자신의 개인정보를 철저히 관리해야 한다. 모르는 번호로 온 문자메시지는 주의해서 확인하고, 특히 인터넷 주소가 적혀 있는 경우 함부로 열어선 안 된다. 또한 카드나 은행 계좌 비밀번호 등을 생일과 관련 있는 번호로 설정해서는 안 되며, 각종 정보를 스마트폰에 메모나 사진 등으로 저장하는 것도 매우 위험한 행동이므로 해서는 안 된다.

① 스마트폰을 이용한 범죄 피해를 예방하는 방법
② 피싱 범죄가 위험한 이유
③ 은행 계좌 비밀번호를 만드는 방법
④ 스미싱 범죄에 피해를 입었을 때 신고하는 방법

[39~46] 다음 질문에 답하시오.

39 한반도 중심부를 가로지르는 강으로 강원에서 시작해 수도인 서울을 거쳐 서해로 흐르는 강은?

① 섬진강　　　　② 영산강　　　　③ 금강　　　　④ 한강

40 대한민국의 국가 상징으로 **틀린** 것은?

① 국가 : 애국가　　　　② 도장 : 국새
③ 국호 : 무궁화　　　　④ 국기 : 태극기

41 한국의 명절 중 하나인 '정월대보름'에 풍년을 기원하는 의미로 먹는 음식은?

① 팥죽   ② 떡국   ③ 오곡밥   ④ 송편

42 갈대나 짚을 묶어 지붕 위를 덮은 전통 한옥은?

① 기와집   ② 초가집   ③ 주택   ④ 아파트

43 주요 기념일이 옳게 짝지어지지 <u>않은</u> 것은?

① 한글날 : 10월 9일   ② 어린이날 : 5월 8일
③ 현충일 : 6월 6일   ④ 식목일 : 4월 5일

44 맑고 화창한 날이 많으며 '천고마비의 계절'이라고 불리는 계절은?

① 봄   ② 여름   ③ 가을   ④ 겨울

45 공공장소에서 지켜야 하는 기본예절로 맞지 <u>않는</u> 것은?

① 임산부나 노약자에게 자리를 양보한다.
② 휴대전화는 진동으로 바꾸고 통화를 할 땐 작은 목소리로 한다.
③ 친구나 이웃사촌을 만나면 큰 소리로 인사한다.
④ 대중교통을 이용할 땐 한 줄로 서서 기다린다.

46 태극기에 대한 설명으로 맞지 <u>않는</u> 것은?

① 흰색 바탕에 중앙의 태극문양이 있다.

② 국기이므로 태극기를 달 수 있는 날이 정해져 있다.

③ 태극 문양의 파랑색은 음, 빨간색은 양을 나타낸다.

④ 건곤감리의 4괘는 하늘, 땅, 물, 불을 상징한다.

[47~48] 다음 질문에 답하시오.

47 아래 글의 내용과 같은 것은?

> 대한민국은 2000년대 이후 국제결혼이 늘어나면서 다문화 가정도 증가했다. 과거에는 농촌 지역에서의 국제결혼이 대부분이었다면 오늘날에는 도시 지역에서도 국제결혼을 흔히 볼 수 있다. 외국인의 국내 정착과 국제결혼이 늘어나면서 다문화 가정이 빠르게 늘어나고 이와 관련하여 여러 가지 사회 변화가 나타났다. 다문화 현상은 두 개 이상의 문화가 합쳐져 새로운 문화를 창출해 내기도 하고 농촌 지역의 고령화 현상을 완화하기도 한다. 다문화 가정의 높은 출산율은 저출산으로 인한 총인구 감소에도 도움이 된다.

① 대한민국은 최근 국제결혼이 감소하고 있다.

② 국제결혼은 농촌에만 볼 수 있는 사회 현상이다.

③ 다문화 가정은 기존의 문화와는 다른 문화를 만들어 낸다.

④ 다문화 가정으로 인해 저출산 현상이 심각해지고 있다.

48 아래 글의 주제로 알맞은 것은?

> 근대 학교란 정부에서 신기술과 신학문을 가르치기 위해 설립한 교육 기관을 말한다. 우리나라 최초의 근대적 사립 학교는 원산 학사이고, 관립 학교는 육영 공원이다. 원산 학사는 주민들이 일본에 대응하기 위해 설립된 학교로 문예반과 무예반으로 나뉘었다. 외국어, 법, 지리 등 근대 학문과 농업, 기계, 과학 등 실용 과목도 함께 가르쳤다. 육영 공원은 '젊은 영재를 기르는 공립학교'라는 뜻을 가졌다. 육영 공원은 미국인 교사를 초빙하여 다양한 과목을 가르쳤는데 그중 외국어를 가장 중요하게 여겼다.

① 우리나라 최초의 근대 학교
② 주민들의 높은 학구열로 설립된 육영 공원
③ 근대 학교의 외국어에 대한 열정
④ 근대 학교 최초의 미국인 선생님

PART 01 PART 02 PART 03

[49~50] 다음을 읽고 (   )에 알맞은 것을 쓰시오.

49

> 가 : 이번 주 목요일에 검진 예약 시간을 (   ) 싶은데요.
> 나 : 네. 그럼 언제가 가능하세요?
> 가 : 토요일 오전 10시로 해주세요.

50

> 저는 분리배출을 열심히 해야 한다고 생각합니다. 우리는 일회용품을 너무 많이 사용합니다. 카페에서도 종이컵을 쓰고, 배달 음식을 시키면 대부분 일회용품에 포장되어 옵니다. 물론 배달 음식점에서 다시 가져와야 하는 일반 그릇을 쓰기는 어려우므로 일회용품을 (   ). 그러니 우리는 사용한 일회용품을 반드시 제대로 분리배출해야 합니다. 그렇지 않으면 환경이 오염되어 저는 물론 우리 아이들까지도 힘들어질 수 있기 때문입니다.

사회통합프로그램 사전평가
구술시험 실전모의고사 1회

※ 질문 내용은 제외한 지문만 수험생에게 제공됨(질문 내용은 견본과 비슷한 유형으로 변경 가능하며 평가 감독관에게만 제공됨)

※ 구술감독관의 지시에 따라 다음 글을 소리 내어 읽으신 후 질문에 답하여 주시기 바랍니다.

> 한국에는 매우 큰 갯벌이 있습니다. 특히 서해는 세계에서도 가장 큰 갯벌 중 하나입니다. 갯벌에는 낙지나 게, 굴 같은 해산물이 많이 납니다. 갯벌에 가면 그런 해산물을 직접 잡아보는 체험도 할 수 있습니다. 발이 빠져서 움직이기는 힘들지만, 직접 낙지를 잡고 굴을 따는 것은 매우 재미있는 경험입니다. 또, 해산물이 많이 나와서 음식들도 맛있습니다. 조개가 많이 들어간 칼국수도 유명하고, 해물탕도 사람들이 많이 먹는 음식입니다.

01 위의 글을 소리 내어 읽어 보세요.

02 한국의 갯벌에는 무엇이 많이 있나요?

03 ○○ 씨는 한국의 바다에 가 본 적이 있나요? 그곳은 어땠나요?

04 한국에서 아이를 출산했을 때 먹는 음식은 무엇이고, 그 음식에 담긴 의미와 특징을 설명해 보세요.

05 ○○ 씨는 한국에서 다른 사람의 집에 가본 적이 있나요? 한국의 방문 예절은 무엇이 있나요? (가보지 않았다면, 앞으로 누구의 집에 가보고 싶은가요? 그 이유는 무엇인가요?)

사회통합프로그램 사전평가
실전모의고사 2회

[01~02] 다음 질문에 답하시오.

01 이것은 무엇이에요?

① 모니터　　　② 사진기　　　③ 키보드　　　④ 마우스

02 다음 (　　)에 들어갈 알맞은 것은?

선생님은 교무실(　　　) 있어요.

① 보다　　　② 에　　　③ 까지　　　④ 과

[03~04] 다음 밑줄 친 부분과 의미가 <u>반대</u>인 것을 고르시오.

03

> 가 : 집안에 형광등을 <u>꺼요</u>?
> 나 : 아니요, 형광등을 (   ).

① 켜요   ② 높아요   ③ 더러워요   ④ 멀어요

04

> 이번 신청 대상에는 <u>미혼자</u>에게도 기회가 주어진다.

① 동거인   ② 기혼자   ③ 재혼자   ④ 양육자

[05~06] 다음 (   )에 알맞은 것을 고르시오.

05

> 설날에는 온가족이 모여 웃어른께 (   )을/를 해요.

① 요리   ② 세배   ③ 축제   ④ 씨름

06

> 지금은 바쁘니 (   ) 전화할게요.

① 몹시   ② 이따가   ③ 설마   ④ 다만

[07~08] 다음 밑줄 친 부분과 의미가 <u>반대</u>인 것을 고르시오.

07

> 가 : 차가 막혀서 이제 왔어요. 회의는 <u>시작했어요</u>?
> 나 : 아니요, 회의는 방금 (   ).

① 끝났어요   ② 전진해요   ③ 풀려요   ④ 맑아요

08

> 가 : 오늘도 양양 씨는 <u>부지런해요</u>?
> 나 : 상당히 (   ) 성격이에요. 오늘도 지각을 했어요.

① 쉬운   ② 느린   ③ 게으른   ④ 불편한

[09~10] 다음 (   )에 알맞은 것을 고르시오.

09

> 가까운 친구에게 결혼식을 알리는 (   )을/를 보냈어요.

① 우표   ② 동창회   ③ 고지서   ④ 청첩장

10

> 회사는 뛰어난 신입사원을 (   ) 위해 노력하고 있어요.

① 모집하기   ② 어울리기   ③ 제공하기   ④ 참가하기

[11~12] 다음 ( )에 알맞은 것을 고르시오.

11

> 생선 가게 주인은 ( ) 솜씨로 생선을 손질하였다.

① 다양한   ② 부러운   ③ 불편한   ④ 익숙한

12

> 우리 부부는 노후를 대비해서 매달 ( )을/를 하고 있어요.

① 구인   ② 저축   ③ 월급   ④ 등록

[13~14] 다음 밑줄 친 부분과 의미가 비슷한 것을 고르시오.

13

> 가 : 오늘 야구 경기가 다음 주로 <u>미뤄진다</u>는 소식을 들었어요.
> 나 : 갑작스러운 태풍 때문에 경기를 ( ) 했어요.

① 연기하기로   ② 여행하기로   ③ 취소하기로   ④ 준비하기로

14

> 가 : 산불은 한번 나면 피해가 크기 때문에 미리 <u>막는</u> 것이 중요해요.
> 나 : 맞아요, 산불은 나지 않도록 ( ) 해요.

① 발생해야   ② 예습해야   ③ 조장해야   ④ 예방해야

[15~18] 다음 ( )에 알맞은 것을 고르시오.

15

> 가 : 오늘 몇 시간 일해요?
> 나 : 오전 10시( ) 오후 4시까지 일해요.

① 부터   ② 는   ③ 로써   ④ 가

16

> 가 : 미영 씨 성격은 어때요?
> 나 : 그녀는 성격도 ( ) 일도 잘해서 모두가 좋아해요.

① 좋더라도   ② 좋거니와   ③ 좋지 않지만   ④ 좋을 수도

17

> 가 : 생일 선물로 무엇을 받고 싶어요?
> 나 : 올해에는 멋진 노트북을 ( ).

① 받았으면 좋겠어요   ② 받은 적이 있어요
③ 받아도 돼요   ④ 받나 싶어요

18

> 가 : 출근할 때 어제 산 구두를 신을 거예요?
> 나 : 아니요, 발이 아프니까 운동화를 ( ).

① 신었을걸요   ② 신을래요
③ 신을 수밖에 없어요   ④ 신을 따름이에요

[19~20] 다음 (   )에 알맞은 것을 고르시오.

19
가 : 여행을 가고 싶은데 어디가 좋을까요?
나 : 강릉에 (   ). 작년에 다녀왔는데 정말 좋았어요.

① 가 보세요   ② 가고 말았어요
③ 갔으면 안 돼요   ④ 갈 수 있어요

20
가 : 고향까지 기차를 타고 가나요?
나 : 아니요, 기차가 없어서 버스를 (   ).

① 타지 않아요   ② 타지 못해요
③ 타야 돼요   ③ 탔어요

[21~22] 다음 (   )에 알맞은 것을 고르시오.

21
가 : 병원에서 건강 상태가 좋지 않다고 연락이 왔어요.
나 : 요즘 회사에 일이 많아서 열심히 (   ) 쉬지도 못했어요.

① 일하느라고   ② 일하지만
③ 일하게   ④ 일하도록

22

> 가 : 해외에서 유학 생활은 어땠어요?
>
> 나 : 많은 사람을 만나서 좋았지만 조금 더 공부를 열심히 (   ).

① 할 걸 그랬어요　　　　　　　② 했었어요

③ 하나 싶어요　　　　　　　　④ 하고 싶어요

[23~24] 다음 밑줄 친 부분이 틀린 것을 고르시오.

23　① 아버지는 결혼식에 입고 <u>가시려고</u> 정장을 맞추셨어요.

　　② 한국어 공부는 <u>어렵지만</u> 정말 재미있어요.

　　③ 날씨가 좋아서 학교까지 <u>걸을 텐데요.</u>

　　④ 이번 여행을 위해 지난달에 미리 숙소를 <u>예약해 놓았어요.</u>

24　① 아버지가 <u>혼낼까 봐</u> 동생한테 장난도 못 치고 있어요.

　　② 벽에 걸린 시계는 십 분 정도 <u>늦고</u> 가요.

　　③ 처음으로 머리를 짧게 <u>잘랐더니</u> 어색해요.

　　④ 그 소설은 정말 <u>재미없으니까</u> 읽지 마세요.

[25~26] 다음 (   )에 알맞은 것을 고르시오.

25

> 가 : 배가 고파서 간식 사러 편의점에 다녀오려고 해요.
> 나 : 간식 사러 (   ) 제가 먹을 음료수도 같이 사주세요.

① 가는 김에   ② 갔더라면

③ 간 데다   ④ 가자마자

26

> 가 : 시간이 너무 늦었으니까 이제 집으로 (   ).
> 나 : 좋아요. 집까지 같이 걸어가요.

① 돌아갈 수밖에 없었어요   ② 돌아갈 뻔했어요

③ 돌아갈까 봐요   ④ 돌아가는 척 했어요

[27~28] 다음 밑줄 친 부분이 <u>틀린</u> 것을 고르시오.

27 ① 이 영화는 눈물을 <u>참느니</u> 슬픈 영화예요.

② 물을 <u>끓이는</u> 동안 채소를 썰어요.

③ 한국어 시험은 많이 어렵지만 <u>할 만해요</u>.

④ 땀을 많이 <u>흘릴수록</u> 물을 더 많이 마셔요.

28 ① 환경 보호를 위해서 <u>귀찮은 후에</u> 분리배출을 해야 해요.

② 오늘 제가 <u>찾아가려던 참이었는데</u> 때마침 잘 왔어요.

③ 냉장고에 한동안 <u>먹을</u> 반찬을 미리 보관해두었어요.

④ 경복궁은 <u>아름다운 데다가</u> 웅장해요.

29 다음 ( )에 가장 알맞은 것을 고르시오.

> 쓰레기 소각장, 공동묘지 등의 시설이 들어섰을 때 끼치는 여러 가지 위해적인 요소로 인하여 자신의 지역에 들어서는 것을 꺼리는 현상을 (㉠)(이)라고 한다. 반면 대학병원, 지하철 역 등의 수익성 있는 사업을 자신의 지역에 들어서게 하겠다는 현상을 (㉡)(이)라고 한다.

① ㉠ 님비현상 - ㉡ 핌피현상
② ㉠ 핌피현상 - ㉡ 님비현상
③ ㉠ 바나나 현상 - ㉡ 핌피현상
④ ㉠ 님비현상 - ㉡ 바나나 현상

[30~32] 다음을 읽고 ㉠에 알맞은 것을 고르시오.

30

> 자전거 운전자는 자전거도로가 따로 있는 곳에서는 그 도로로 통행해야 한다. 하지만 자전거도로가 설치되지 않은 곳에서는 도로의 우측 가장자리에 붙어서 통행해야 하며, 보도와 차도가 구분된 도로에서는 차도로 통행해야 한다. 만약 보도와 차도가 구분되지 않은 도로에서 자전거 운전자는 보행자의 통행에 방해가 될 때에는 서행하거나 (㉠)해야 한다.

① 직진   ② 일시정지   ③ 후진   ④ 재정비

31

> 우리 누나는 (㉠) 다른 사람에게 부정적인 일은 내색하지 않아서 모두들 칭찬합니다. 누나는 말수가 적어 자신의 의견이나 변명을 길게 늘어놓지 않습니다. 또 아는 이야기나 비밀인 이야기를 다른 사람들에게 함부로 전달하지 않습니다. 이러한 누나의 신중한 성격 덕분에 주변 사람들은 우리 누나를 좋아합니다.

① 얼굴이 두껍고   ② 입이 무겁고
③ 머리털이 곤두서고   ④ 간이 크고

32

(㉠)에는 어떤 것이 있는지 우리 함께 알아봅시다. 첫째 문화유산을 관람할 때는 친구와 뛰거나 장난치지 않아야 합니다. 문화유산은 옛날에 만들어졌기 때문에 훼손되기 쉽습니다. 또한, 한번 부서지면 원래 모습으로 복원하기까지 많은 노력과 시간이 필요합니다. 둘째 문화유산을 자랑스럽게 여기고 널리 알려야 합니다. 문화유산에는 우리나라 역사뿐만 아니라 조상들의 정신이 담겨 있습니다.

① 문화유산에 등록하는 방법   ② 우리나라 문화유산의 종류

③ 문화유산을 보호하는 방법   ④ 가장 보고 싶은 문화유산

[33~34] 다음을 읽고 질문에 답하시오.

나는 평소에 독도에 관심이 많아 독도를 다룬 책도 읽고 기사도 찾아보았다. 그런데 마침 부모님이 이번 휴가 때 독도를 다녀오자고 하셨다. 우리는 서울에서 버스를 타고 강릉에 도착하여 배로 갈아타 울릉도라는 섬을 거쳐 독도에 도착했다. 배에서 내려 ㉠그곳에 발을 내딛자마자 아름다운 경치에 입을 다물지 못했다. 인터넷에서만 보던 섬을 실제로 보니 기분이 정말 좋았다.

33 ㉠이 가리키는 것은?

① 독도   ② 배   ③ 울릉도   ④ 인터넷

34 위 글의 내용과 같은 것은?

① 부모님은 독도에 관심이 많다.   ② 휴가를 맞이하여 독도에 다녀왔다.

③ 집에서 배를 타고 독도에 갔다.   ④ 예전에 독도를 다녀온 적이 있다.

[35~36] 다음을 읽고 질문에 답하시오.

35 아래 글의 내용과 같은 것은?

> 우리 가족은 사계절마다 여행을 갑니다. 봄이 되면 예쁜 유채꽃을 보기 위해 제주도로 여행을 갑니다. 뜨거운 여름에는 시원한 바다를 보기 위해 속초로 갑니다. 가을에는 푸른 하늘과 낙엽을 즐기기 위해 팔공산을 오릅니다. 산 정상에서 내려다보는 마을의 모습은 정말 아름답습니다. 겨울에는 스키를 타기 위해 스키장에 갑니다. 하지만 이번 여름에는 장마로 비가 너무 많이 와서 여행을 가지 못했습니다.

① 올해에는 장마가 와서 속초에 가지 못했습니다.
② 팔공산에는 꽃을 구경하러 갑니다.
③ 제주도에는 바다를 구경하러 갑니다.
④ 겨울에는 눈이 많이 와서 스키장에 가지 못했습니다.

36 아래 글의 내용과 같은 것은?

> 저는 감기에 걸리신 엄마를 간호했습니다. 요즈음 기온이 영하로 떨어지는 추운 겨울이라 감기에 걸려 병원에 온 사람이 많았습니다. 진료를 마치고 저는 아픈 엄마를 대신하여 약국에서 약을 받고, 집에 돌아와서 엄마를 위해 죽을 만들었습니다. 목이 간지럽다고 기침을 많이 하는 엄마께 따뜻한 물을 드렸습니다. 감기에 걸렸을 땐 차가운 물은 피해야 합니다.

① 감기에 걸리면 따뜻한 물보다 차가운 물을 마셔야 합니다.
② 저는 감기 때문에 병원에 갔습니다.
③ 저는 엄마가 드실 음식을 요리했습니다.
④ 엄마는 콧물이 많이 나서 코를 계속 풀었습니다.

[37~38] 다음을 읽고 질문에 답하시오.

37 아래 글의 중심 내용으로 알맞은 것은?

> 동물원은 멸종 위기에 놓인 동물이나 천연기념물인 동물을 보호하는 곳입니다. 하지만 동물원은 동물들에게 좋지 않은 영향을 주기도 합니다. 먼저 동물원은 동물들에게 어마어마한 스트레스를 줍니다. 좁은 공간에 갇혀 수많은 사람을 마주해야 하는 동물들은 고통을 겪습니다. 또한 야생에서 살던 동물들이 동물원에 오기까지 힘든 일을 겪어야 합니다. 장시간 이동할 경우 마취를 하기도 하고 갑작스럽게 바뀐 환경에서 병에 걸리기도 합니다.

① 아이들은 동물원에서 즐거움을 얻는다.
② 동물들을 동물원까지 이동시키는 일은 어렵다.
③ 동물원은 동물들에게 좋지 않은 영향을 미친다.
④ 제한된 공간에 갇힌 동물에게 자유가 필요하다.

38 아래 글의 제목으로 알맞은 것은?

> 우리나라는 계절에 맞는 특별한 음식을 만들어 먹었는데 이를 절기음식이라 한다. 다시 말해 절기음식이란 절기에 맞게 만들어 먹는 음식이다. 음력 5월 5일 단오날에는 쑥절편과 쑥국을 만들어 먹었다. 음력 8월 15일인 추석에는 햅쌀로 송편을 빚고 햇콩을 섞은 청대콩밥을 먹는다. 또 12월 동짓날에는 붉은 팥을 넣고 쑨 팥죽을 먹었다. 음력 1월 1일인 설날에는 떡국을 먹고 비슷한 날인 정월대보름에는 오곡밥을 지어 먹었다.

① 절기음식의 종류   ② 절기음식의 의미
③ 설날에 떡국을 먹는 의미   ④ 쌀로 만드는 특별한 음식

[39~46] 다음 질문에 답하시오.

39 남편과 아내 모두 직장생활을 하는 부부는?

① 노부부 　　　② 맞벌이 부부 　　　③ 신혼부부 　　　④ 예비부부

40 직장과 관련된 용어의 정의로 맞지 <u>않는</u> 것은?

① 승진 : 회사에서 직위나 계급이 오르는 것
② 야근 : 퇴근 시간이 지나 밤늦게까지 직장에 남아 일하는 것
③ 출근 : 일터로 근무하러 나가거나 나오는 것
④ 출장 : 여럿이 모여 어떤 사항에 관하여 의견을 교환하는 것

41 예전부터 이어져 온 시장으로 매일 또는 5일마다 열리기도 하는 시장은?

① 재래시장 　　　② 편의점 　　　③ 백화점 　　　④ 슈퍼마켓

42 장례를 지낼 때 지켜야 하는 예절은?

① 제례 　　　② 상례 　　　③ 관례 　　　④ 혼례

43 한국의 4대 사회보험이 <u>아닌</u> 것은?

① 건강보험　　　② 고용보험　　　③ 국민연금　　　④ 상해보험

44 한국을 대표하는 무술로 2000년 시드니 올림픽부터 정식 종목으로 채택된 것은?

① 택견　　　② 검도　　　③ 태권도　　　④ 양궁

45 한국 최대의 국제공항으로 동북아시아의 허브 공항으로서의 역할을 담당하는 곳은?

① 인천국제공항　　　　　② 제주국제공항
③ 김포국제공항　　　　　④ 무안국제공항

46 한 사회 안에 다양한 민족과 문화가 함께 존재하는 사회 현상은?

① 저출산 현상　　　　　② 핵가족 현상
③ 고령화 현상　　　　　④ 다문화 현상

[47~48] 다음 질문에 답하시오.

47 아래 글의 내용과 같은 것은?

> 노벨상은 세계에서 가장 권위가 있는 문화상이다. 6개의 부문으로 나누고 해마다 그 분야에서 뛰어난 업적을 남긴 인물에게 주는 상이다. 우리나라의 김대중 전 대통령은 2000년 노벨 평화상 시상식에 참석하여 한국 최초로 노벨상을 받고 수상 연설을 하였다. 김대중 전 대통령은 남북한 간의 화해와 평화를 위해 주력하였다. 대북 화해 협력 정책인 '햇볕 정책'을 추진하여 남북 간의 경제 협력을 진전시켰다. 김대중 전 대통령은 남북한의 긴장감을 없앨 뿐만 아니라 동북 아시아 지역의 전체적인 평화를 가져오는 데 이바지하였다.

① 노벨 평화상 시상식은 아시아에서 열리는 최대 축제이다.
② 한국에서 최초로 노벨상을 받고 연설을 한 사람은 경제학자이다.
③ 김대중 전 대통령은 햇볕 정책을 중심으로 남북 평화를 위해 노력했다.
④ 남북 간의 화해는 이루어졌으나 경제적인 협력은 더 어려워졌다.

48 아래 글의 주제로 알맞은 것은?

> 실업이란 일할 능력과 의사가 있지만 실제로 일자리가 없어 일을 할 수 없는 상태를 말한다. 실업은 자발적 실업과 비자발적 실업으로 나뉜다. 자발적 실업이란 현재 있는 곳보다 더 좋은 직장을 찾기 위해 스스로 선택한 실업으로 탐색적 실업이라고도 한다. 반면 비자발적 실업은 의사와 상관없이 일자리를 구하지 못하는 상태이다. 경기 침체로 인한 구조 조정이나 산업 구조의 변화로 인해 일자리가 없어지는 현상을 말한다. 예를 들어 IMF 당시 경기가 어려워져 이로 인한 대량 실업은 비자발적 실업에 해당한다.

① 실업의 의미와 종류
② 탐색적 실업의 중요성
③ 비자발적 실업에 대한 정부의 대책
④ 실업과 실업률의 상관관계

[49~50] 다음을 읽고 (   )에 알맞은 것을 쓰시오.

49

> 눈부신 봄 햇살이 쏟아지면서 기온이 쑥쑥 오르고 있습니다. 현재 서울의 기온이 14도, 부산이 12도까지 올라 있는데요. 단, 해가 지면 금세 다시 쌀쌀해지겠습니다. 하루 사이에도 기온 차가 15도 이상 벌어지는 곳이 많으니까요, 입고 벗기 쉬운 겉옷으로 체온 조절을 (   ). 내일도 전국이 대체로 맑겠고, 기온은 더 오르겠습니다. 이상 날씨였습니다.

50

> 가 : 지난주에 유명한 음식점에 간다고 하셨죠? 어땠어요?
>
> 나 : 도착하니 기다리는 사람이 너무 많아서 다른 곳으로 갔어요. 제가 너무 (   ).
>
> 가 : 그랬군요. 다음에는 조금 더 일찍 가 보세요.

사회통합프로그램 사전평가

구술시험 실전모의고사 2회

※ 질문 내용은 제외한 지문만 수험생에게 제공됨(질문 내용은 견본과 비슷한 유형으로 변경 가능하며 평가 감독관에게만 제공됨)

※ **구술감독관의 지시에 따라 다음 글을 소리 내어 읽으신 후 질문에 답하여 주시기 바랍니다.**

> 우리나라의 생활 쓰레기는 사용할 수 없는 폐기용 쓰레기와 재활용이 가능한 재생용 쓰레기로 나눌 수 있습니다. 폐기용 쓰레기는 종량제 봉투에 넣어 처리하고, 재생용 쓰레기는 음식물 쓰레기, 플라스틱류, 종이류, 유리, 캔류 등으로 분리하여 다음과 같이 처리합니다.
> 음식물 쓰레기는 물기를 빼고 음식물 쓰레기 수거함이나 전용 봉투에 넣어 버리고, 플라스틱류는 재활용이 가능한지 확인한 후 내용물을 비우고 상표를 떼어 배출합니다. 또한 종이류는 끈으로 묶고 유리는 색깔별로 모아 배출합니다.

01 위의 글을 소리 내어 읽어 보세요.

02 폐기용 쓰레기와 플라스틱 쓰레기의 배출 방법은 무엇인가요?

03 ○○씨는 왜 분리배출을 해야 한다고 생각하나요?

04 서울 광화문 광장에 서 있는 동상은 어떤 장군의 동상이고, 어떤 일을 한 사람인지 이야기해 보세요.

05 ○○ 씨가 한국에서 배워 보고 싶은 것은 있나요? 그것을 배워 보고 싶은 이유는 무엇인가요? 그것을 배워서 어떤 일을 해 보고 싶나요?

[01~02] 다음 질문에 답하시오.

01 이것은 무엇이에요?

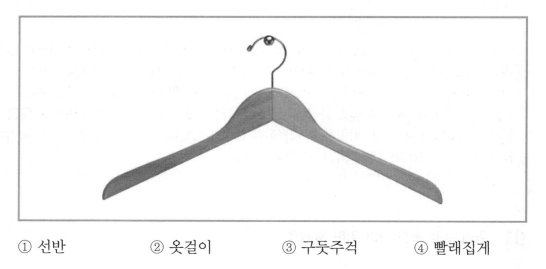

① 선반 　　　　② 옷걸이 　　　　③ 구둣주걱 　　　　④ 빨래집게

02 다음 (　　　)에 들어갈 알맞은 것은?

저는 일요일(　　　　　　) 한국어 수업을 들어요.

① 을 　　　　② 처럼 　　　　③ 마다 　　　　④ 이

[03~04] 다음 밑줄 친 부분과 의미가 <u>반대</u>인 것을 고르시오.

03

> 가 : 이 책상은 많이 <u>무거워요</u>?
> 나 : 아니요, 책상에 물건이 없어서 (   ).

① 가벼워요   ② 어려워요   ③ 싫어해요   ④ 작아요

04

> 가 : 새 옷을 사려면 이 돈으로도 <u>충분해요</u>?
> 나 : 아니요, 새 옷을 사기에는 돈이 (   ).

① 부족해요   ② 예뻐요   ③ 멀어요   ④ 있어요

[05~06] 다음 (   )에 알맞은 것을 고르시오.

05

> 저는 학교에서 노래를 부르는 (   ) 수업을 제일 좋아해요.

① 공부   ② 수영   ③ 운동   ④ 음악

06

지금은 11월이라서 봄이 되려면 (　　　) 한참 멀었어요.

① 혹시　　　　　② 거의　　　　　③ 아직　　　　　④ 벌써

[07~08] 다음 밑줄 친 부분과 의미가 반대인 것을 고르시오.

07

입국 시 발열 · 발진 등 의심 증상이 있는지 체크하고 있습니다.

① 출발　　　　　② 출국　　　　　③ 수속　　　　　④ 도착

08

가 : 마야 씨는 성격이 많이 느긋한 것 같아요.
나 : 아니요, 저는 (　　　　　　) 성격이에요.

① 부지런한　　　　② 추운　　　　　③ 어려운　　　　④ 급한

[09~10] 다음 (　　)에 알맞은 것을 고르시오.

09

우리 엄마는 물건을 살 때마다 (　　　　　)에 꼼꼼히 적어요.

① 가계부　　　　　② 백화점　　　　　③ 현금　　　　　④ 할인

10

> 저는 등산 동호회에 (   ).

① 가입했어요　　　② 막혔어요　　　③ 취소했어요　　　④ 먹었어요

[11~12] 다음 (   )에 알맞은 것을 고르시오.

11

> 저녁에 불을 끄면 방이 (   ).

① 예뻐요　　　② 어두워요　　　③ 짧아요　　　④ 길어요

12

> 해외여행을 가기 위해서는 공항에 도착해서 (   )을/를 보여줘야 해요.

① 착륙　　　② 관광　　　③ 여권　　　④ 지갑

[13~14] 다음 밑줄 친 부분과 의미가 비슷한 것을 고르시오.

13

> 가 : 아침 출근 시간이 되면 이 길은 너무 번잡해요.
> 나 : 맞아요. 이 도로는 저녁 퇴근 시간에도 (   ).

① 가벼워요　　　② 변경해요　　　③ 두꺼워요　　　④ 복잡해요

14

가 : 우리 여행할 때 한 숙소에서 <u>머무르지</u> 않을래요?

나 : 좋아요. 여러 군데 가지 말고 한 곳에서 (   ).

① 구경해요   ② 고쳤어요   ③ 외쳤어요   ④ 숙박해요

[15~22] 다음 (   )에 알맞은 것을 고르시오.

15

가 : 원두(   ) 어떤 걸로 드릴까요?

나 : 산미가 적고 고소한 걸로 주세요.

① 만   ② 는   ③ 에게   ④ 라면

16

가 : 부모님이랑 함께 살고 있나요?

나 : 아니요, 저는 한국에서 (   ) 가족은 모두 대만에서 살아요.

① 살지만   ② 사니까   ③ 살면   ④ 살기에

17

> 가 : 여름에 햇빛이 뜨거울 때는 어떻게 해요?
> 나 : 그럴 땐 모자를 (   ) 양산을 펴요.

① 쓰거나   ② 쓰면   ③ 쓰지만   ④ 쓰다가

18

> 가 : 얼마 전 학교에 새로운 짝꿍이 왔다고 들었어요.
> 나 : 네. 제 짝꿍은 필리핀에서 전학을 (   ).

① 오고 있어요   ② 올 수 있어요
③ 왔어요   ④ 오나 봐요

19

> 가 : 집에는 버스를 타고 가나요?
> 나 : 아니요, 밤이라 버스가 끊겨서 택시를 (   ).

① 타지 않아요   ② 탈 수밖에 없어요
③ 탔어요   ④ 탄 적이 있어요

20

> 가 : 요즘 시험 준비하느라 너무 바빠요.
> 나 : 아무리 (   ) 식사는 꼭 챙겨 먹어요.

① 바빠다가   ② 바쁘더라도
③ 바쁘니까   ④ 바쁘고

21

> 가 : 미아 씨. 오늘 할 일은 다 끝냈어요?
> 나 : 아직이요. 퇴근 전까지 계약서에 서명을 (   ) 사장님께 전달해야 해요.

① 받아도 　　　　　　　　　② 받았는데
③ 받으니 　　　　　　　　　④ 받아다가

22

> 가 : 이 재판은 공정하게 이루어진 재판이라고 (   ).
> 나 : 맞아요. 검사가 제시한 증거가 많이 부족했어요.

① 볼 걸 그랬어요 　　　　　　② 볼 수 있어요
③ 볼 수 없어요 　　　　　　　④ 볼 예정이에요

[23~24] 다음 밑줄 친 부분이 틀린 것을 고르시오.

23　① 언니는 길을 잃은 강아지를 <u>데려다가</u> 돌보고 있어요.
　　　② 제가 요리를 <u>만들까 봐</u> 손을 씻고 오세요.
　　　③ 연락이 안 되면 문자를 <u>남기거나</u> 전화를 해요.
　　　④ 동생에게 노래를 <u>불러주었더니</u> 신나게 웃었어요.

24　① 시험 기간이라 전화는 <u>할 수 있지만</u> 놀지는 못 할 것 같아요
　　　② 새로 산 휴대 전화는 <u>비싼 만큼</u> 성능도 훌륭해요.
　　　③ 너무 화가 나서 <u>용서하려야</u> 할 수가 없었어요.
　　　④ 만약 감기가 다 <u>나았다거나</u> 내일 출근할 거예요.

[25~26] 다음 ( )에 알맞은 것을 고르시오.

25

> 가 : 주말에 공부 많이 했어요?
> 나 : 공부하려고 도서관에 ( ) 문이 닫혀 있었어요.

① 찾아갔더니 　　　　　　　　② 찾아갈 테니

③ 찾느라고 　　　　　　　　　④ 찾도록

26

> 가 : 내일 중요한 시험이 있어서 긴장이 돼요.
> 나 : 잘할 거예요. 너무 긴장하지 말고 마음을 ( ).

① 편하게 하세요 　　　　　　② 편한 줄 몰라요

③ 편했어요 　　　　　　　　　④ 편할 거예요

[27~28] 다음 밑줄 친 부분이 틀린 것을 고르시오.

27 ① 감기에 걸려서 강의에 <u>참석하지 못했어요</u>.

② 시력이 <u>나쁘다가</u> 공부할 때 안경을 써요.

③ 나는 <u>가족이라도</u> 돈을 빌려주지 않아요.

④ 떡볶이가 아주 맛있어서 다 <u>먹어 버렸어요</u>.

28 ① 동생의 이사를 <u>도와주러</u> 집에 왔어요.

② 얼마 전에 장염으로 <u>고생할 정도로</u> 감기까지 걸려서 병원에 입원했어요.

③ 부산에 있는 해운대는 <u>수영하기에</u> 좋아요.

④ 우리 아들은 <u>얼마나 똑똑한지 몰라요</u>.

[29~32] 다음 (   )에 가장 알맞은 것을 고르시오.

29

> 설날에는 아침 일찍 일어나 떡국을 끓여 다 같이 먹고 조상들에게 차례를 지냅니다. 설날에는 예쁜 한복을 (㉠) 웃어른께 세배를 합니다. 세배를 하면 할아버지와 할머니께서 세뱃돈을 줍니다. 그리고 아이들은 세배를 할 때 큰 목소리로 "새해 복 많이 받으세요."라고 합니다.

① 입고   ② 먹고   ③ 사고   ④ 놀고

30

> 오늘 아주 오랜만에 외삼촌이 우리 집에 놀러 왔습니다. 나와 동생은 외삼촌을 반갑게 맞이했습니다. 외삼촌은 아주 (㉠). 저희에게 맛있는 음식도 만들어 주고 장난감도 선물로 주기 때문입니다. 그리고 같이 운동장에서 축구도 하고 매일 밤 재미있는 동화를 읽어 줍니다.

① 게으릅니다   ② 철저합니다   ③ 다정합니다   ④ 깔끔합니다

31

> 이번에 지역 문화 체험으로 태권도를 배우게 되었다. 태권도는 세계적으로 인정받는 한국 고유의 무술이다. 도장에 들어가니 태권도 연습을 하는 아이들이 기합을 (㉠) 앞차기를 하고 있었다. 큰 소리로 기합을 넣는 모습을 보며 나도 멋지게 태권도를 하고 싶다는 생각이 들었다. 이번 기회에 열심히 태권도를 배워서 몸과 마음을 수련할 것이다.

① 교묘하게 피하며   ② 쌀쌀하게 대하며
③ 우렁차게 외치며   ④ 따뜻하게 대하며

32

> 외국을 여행하고 싶은 사람이 발급받는 (㉠)은/는 신분이나 국적을 증명하는 문서이다. 또한 (㉡)은/는 외국인에 대한 출입국 허가의 증명으로 방문을 희망하는 해당 국가의 출입국 증명서이다.

① ㉠ 주민등록증 – ㉡ 비자
② ㉠ 비자 – ㉡ 여권
③ ㉠ 여권 – ㉡ 주민등록증
④ ㉠ 여권 – ㉡ 비자

[33~34] 다음을 읽고 질문에 답하시오.

> 우리 동네에는 놀이터가 있는 작은 공원이 있습니다. 학교 운동장 바로 옆에 위치한 이 공원은 외부인도 많이 지나다니는 공간입니다. 얼마 전부터 공원에 쓰레기를 버리고 가는 사람들이 많아졌습니다. 속상한 저와 동생은 ㉠이곳에 버려진 쓰레기를 다 치우고 예쁜 꽃밭을 만들기 위해 꽃도 심었습니다.

33 ㉠이 가리키는 것은?

① 꽃밭   ② 운동장   ③ 학교   ④ 공원

34 위 글의 내용과 같은 것은?

① 공원 옆에는 학교 운동장이 있다.
② 꽃밭에는 쓰레기가 많이 있다.
③ 우리 동네에는 놀 수 있는 놀이터가 없다.
④ 외부인이 공원에 있는 쓰레기를 치웠다.

[35~38] 다음을 읽고 질문에 답하시오.

35 아래 글의 내용과 같은 것은?

> 우리는 기차를 타기 위해 대구역으로 가야 합니다. 집에서 대구역으로 가려면 버스를 타고 지하철을 타야 합니다. 집 앞에 있는 구청 건너편에서 609번 버스를 타고 가다가 반월당역에서 내립니다. 그리고 반월당역에서 다시 1호선 지하철을 타고 대구역에서 내립니다.

① 집에서 대구역까지 가려면 버스를 두 번 타야 합니다.
② 구청 바로 앞에서 609번 버스를 타야 합니다.
③ 우리는 지하철을 타기 위해 대구역으로 갑니다.
④ 반월당역에서 대구역까지 지하철을 이용합니다.

36 아래 글의 내용과 같은 것은?

> 해외여행을 가려면 국제 공항으로 가야 합니다. 비행기를 타는 시간보다 두 시간 정도 일찍 공항에 도착하는 것이 좋습니다. 우선 공항에 도착하면 항공사 직원에게 비행기 표를 보여줍니다. 비행기 표를 확인하고 나면 가져온 수하물을 위탁합니다. 수하물을 맡기고 나면 출국장으로 이동하는데 이때 보안 검사를 합니다. 들고 온 가방에 위험한 물건은 없는지 꼼꼼하게 확인한 후 출국 시간에 맞춰 비행기를 타면 됩니다.

① 비행기를 네 시에 탄다면 공항에는 세 시 반에 도착하는 것이 좋다.
② 공항에 도착해서 가장 먼저 하는 일은 수하물 위탁이다.
③ 출국장으로 이동할 때 탑승객에게 위험물이 있는지 검사한다.
④ 외국으로 여행을 가려면 가까운 역으로 간다.

37 아래 글의 중심 내용으로 알맞은 것은?

> 수원화성은 동양과 서양의 건축 기술을 이용하여 건설된 과학적인 성곽이다. 수원화성을 건설할 때는 다양한 기술이 사용되었다. 그 예로 적의 침입으로부터 성문을 보호하기 위해 큰 성문 밖에 반원의 모양으로 옹성을 만들었다. 그리고 봉수대를 설치하여 낮에는 연기로, 밤에는 불로 긴급한 정보를 빠르게 전달할 수 있었다.

① 수원화성은 한국의 자랑스러운 유산이다.
② 동양의 수원화성은 서양의 것과는 매우 다르다.
③ 수원화성은 다양한 건축 기술을 활용하였다.
④ 수원화성은 주변 환경에 어울리도록 설계되었다.

38 아래 글의 제목으로 알맞은 것은?

> 기차가 다니는 철로를 자세히 살펴보면 철로를 연결하는 곳에 조금씩 간격이 있다는 것을 알 수 있다. 철로는 왜 틈새를 두어 연결하였을까? 그 이유는 바로 철이 온도에 영향을 받는 금속이기 때문이다. 여름이 되면 금속으로 만들어진 철로는 뜨거운 열 때문에 늘어난다. 만약 철로를 틈 없이 바로 이어서 연결했다면 높은 온도에 길이가 늘어나면서 철로는 휘어지게 된다. 그렇게 되면 기차를 운행할 때 큰 사고가 발생할 수도 있다.

① 철로에 틈새가 있는 이유
② 기차가 탈선하는 원인
③ 여름철 안전 기차 운행
④ 철로가 금속으로 만들어진 이유

[39~46] 다음 질문에 답하시오.

39 한국의 대표적인 명절 중 하나로 한 해의 첫날인 음력 1월 1일을 말하는 것은?

① 단오   ② 추석   ③ 설날   ④ 정월 대보름

40 특정 사물을 세는 단위의 종류와 그 예시로 맞지 <u>않는</u> 것은?

① 켤레 : 양말 세 켤레   ② 조각 : 사과 두 조각
③ 통 : 달걀 한 통   ④ 권 : 교과서 다섯 권

41 해야 할 일을 하지 않거나 가벼운 질서를 위반한 사람에게 나라에서 물게 하는 돈은?

① 과태료   ② 합의금   ③ 보험금   ④ 사용료

42 한국에서 화재가 발생하거나 부상자가 생기는 사고를 알리기 위한 긴급 전화번호는?

① 117   ② 112   ③ 111   ④ 119

43 우리나라의 글자인 훈민정음을 반포한 사람은?

① 광개토대왕   ② 세종대왕   ③ 단군왕검   ④ 태조 이성계

44 역대 대통령 중 노벨 평화상을 수상한 대통령은?

① 문재인 대통령　　　　　② 박근혜 대통령
③ 이승만 대통령　　　　　④ 김대중 대통령

45 쓰레기를 배출하는 방법으로 맞지 <u>않는</u> 것은?

① 재활용이 가능한 물건은 따로 분리배출을 한다.
② 쓰레기 종량제 봉투는 구청에서 구매할 수 있다.
③ 음식물 쓰레기는 음식물 쓰레기 전용 봉투를 이용한다.
④ 대형 쓰레기는 구청에 신고한 후 정해진 장소에 내놓는다.

46 특정한 날에 먹는 음식과 그 연결이 맞지 <u>않는</u> 것은?

① 비빔밥 : 결혼식 날 손님들에게 대접하던 음식
② 미역국 : 생일에 먹는 음식
③ 팥죽 : 동짓날 사나운 운수나 질병이 없어지기를 바라는 마음으로 먹는 음식
④ 떡국 : 새해에 나이를 한 살 더 먹는다는 의미로 먹는 음식

[47~48] 다음 질문에 답하시오.

47 아래 글의 내용과 같은 것은?

> 우리나라에는 회식이라는 문화가 있다. 한국에서 회사에 다니고 있거나 혹은 동아리와 같은 단체에 한 번이라도 소속되어 본 적이 있다면 회식이라는 단어가 낯설지 않을 것이다. 과거에는 회사생활에서 회식은 빠질 수 없는 업무의 한 부분이었다. 회식에 참여하지 않는 사람은 회사생활을 못하고 사교성도 떨어지는 직원으로 보았기 때문이다. 하지만 최근 회식 문화에 대한 인식이 많이 변화했다. 단합을 도모하기보다 개인의 생활을 존중하는 문화로 바뀌면서 '반강제적인' 회식 문화는 점차 사라지고 있다. 실제로 많은 기업이 직원들의 스트레스를 줄이고자 퇴근 후 개인시간을 존중하고 있다.

① 동아리 사람들과 함께 술을 마시고 밥을 먹는 자리는 회식이 아니다.
② 요즈음에는 회식에 참여하지 않으면 사교성이 부족한 사람으로 생각한다.
③ 최근 기업들은 단체 문화보다도 개인적인 시간을 존중한다.
④ 과거에는 회사의 단합이 아닌 개인의 자유 시간을 중요시했다.

48 아래 글의 주제로 알맞은 것은?

> 신종 코로나바이러스가 전 세계로 확산되고 사람들은 이를 예방하기 위해 손을 깨끗이 씻고 외출 시 마스크를 착용한다. 하지만 세균이나 외부 공기를 차단하는 일만큼이나 중요한 것은 바로 개인이 가지고 있는 면역력이다. 면역력의 차이에 따라 감염 여부뿐만 아니라 감염 후 증상 정도도 달라질 수 있다. 면역력을 높이기 위해서는 면역력을 강화하는 식품을 꾸준하게 섭취하여야 한다. 피망, 당근, 귤 같은 비타민이 풍부한 음식은 사계절 내내 면역력을 강화해 주는 좋은 음식이다.

① 신종 코로나바이러스 예방을 위한 면역력 강화
② 비타민이 풍부한 음식의 종류
③ 외출 시 마스크 착용의 필요성
④ 신종 코로나바이러스의 원인과 예방

[49~50] 다음을 읽고 (　　　)에 알맞은 것을 쓰시오.

49

　　각종 SNS, 인터넷을 사용하는 사람들이 많아지면서 사이버명예훼손이나 모욕 혐의
인 사건이 증가하고 있다. 사이버명예훼손이란 인터넷상에서 누군가에 대해 사실 혹
은 거짓된 사실을 적어 그 사람의 명예를 훼손하는 범죄로 악성 댓글, 악성 게시글 작
성 등이 있다. 시간이나 공간의 제약이 거의 없는 인터넷 공간에서 사이버명예훼손에
따른 피해는 상상 이상으로 크다. 한번 잘못된 내용이 인터넷에 퍼지면 그 내용이 확
대되어 이를 바로잡기가 불가능하다. 때문에 사이버명예훼손은 오프라인에서 발생하
는 명예훼손보다 처벌을 더욱 (　　　　　　　　　　).

50

가 : 민 씨, 올해 꼭 이루고 싶은 일이 있어요?
나 : 얼마 전에 한국어능력시험에 도전했어요. 힘들게 준비했던 시험이라 꼭 (
　　　　　).
가 : 민 씨는 누구보다 열심히 공부했으니까 반드시 합격할 수 있을 거예요.

사회통합프로그램 사전평가
구술시험 실전모의고사 3회

※ 질문 내용은 제외한 지문만 수험생에게 제공됨(질문 내용은 견본과 비슷한 유형으로 변경 가능하며 평가
감독관에게만 제공됨)

※ 구술감독관의 지시에 따라 다음 글을 소리 내어 읽으신 후 질문에 답하여 주시기 바랍
니다.

> 올림픽이란 국제 올림픽 위원회가 4년마다 개최하는 국제 스포츠 대회를 말합니다. 여름에
> 열리는 하계 올림픽은 육상, 수영, 양궁, 탁구, 테니스 등 다양한 종류의 스포츠로 경기를 펼
> 칩니다. 겨울에 열리는 동계 올림픽은 스키 점프, 피겨 스케이팅, 쇼트트랙, 컬링 등 눈과 얼
> 음에서 할 수 있는 종목으로 경기를 펼치지만 하계 올림픽보다는 규모가 작은 편입니다. 한
> 국에서는 1988년 서울에서 제24회 하계 올림픽과 2018년 평창에서 제23회 동계 올림픽을
> 개최한 적이 있습니다.

01 위의 글을 소리 내어 읽어 보세요.

02 동계 올림픽의 종목과 특징은 무엇입니까?

03 ○○씨는 올림픽 종목 중 어떤 종목을 가장 좋아하고, 그 이유는 무엇인가요?

04 한국의 지폐 중 만 원권에는 어떤 인물이 그려져 있고, 이 인물의 업적 가운데 하나
를 설명해 보세요.

05 과학기술이 발전하면서 온라인에서의 대화도 증가하고 있습니다. 온라인 대화를 할
때 지켜야 할 예절에 대해서 말해 보세요.

[01~02] 다음 질문에 답하시오.

01 이것은 무엇이에요?

① 돋보기   ② 안경   ③ 선글라스   ④ 망원경

02 다음 (   )에 들어갈 알맞은 것은?

저는 미아 씨(   ) 시계를 선물했어요.

① 는   ② 에서   ③ 처럼   ④ 한테

[03~04] 다음 밑줄 친 부분과 의미가 반대인 것을 고르시오.

03

> 가 : 외출할 때 외투를 <u>벗어요</u>?
> 나 : 아니요, 외투를 (   ).

① 싫어요　　　　② 느려요　　　　③ 추워요　　　　④ 입어요

04

> 가 : 지금 보고 있는 드라마는 <u>재미있어요</u>?
> 나 : 아니요, (   ).

① 지겨워요　　　　② 싸요　　　　③ 어색해요　　　　④ 무거워요

[05~06] 다음 (   )에 알맞은 것을 고르시오.

05

> 우리는 오늘 좋아하는 가수의 (   )을/를 보러 가요.

① 공연　　　　② 수영　　　　③ 연설　　　　④ 명절

06

> 저는 (   ) 농구를 하고 있어요.

① 아까　　　　② 지금　　　　③ 대체로　　　　④ 거의

[07~08] 다음 밑줄 친 부분과 의미가 <u>반대</u>인 것을 고르시오.

07

> 교수님께서 세미나 <u>참석</u>을 위해 어제 제주도로 떠나셨습니다.

① 출석   ② 동석   ③ 참가   ④ 불참

08

> 가 : 이 길은 등산하기에 <u>안전해요</u>?
> 나 : 아니요, 상당히 (   ) 길이에요.

① 위험한   ② 뜨거운   ③ 바쁜   ④ 밝은

[09~10] 다음 (   )에 알맞은 것을 고르시오.

09

> 사립 대학교는 (   )이/가 국립 대학교에 비해서 비싸요.

① 월급   ② 등록금   ③ 적금   ④ 출연료

10

> 우리나라는 산이 전체의 70%를 (   ).

① 차지한다   ② 체험한다   ③ 참여한다   ④ 관리한다

[11~12] 다음 ( )에 알맞은 것을 고르시오.

11

> 오늘 병원은 신체검사하러 온 사람들로 ( ).

① 정당해요　　　② 편리해요　　　③ 복사해요　　　④ 복잡해요

12

> 그는 긴장을 많이 하면 같은 말을 반복해서 하거나 손톱을 깨무는 ( )이/가 있어요.

① 표현　　　② 역할　　　③ 조건　　　④ 버릇

[13~14] 다음 밑줄 친 부분과 의미가 비슷한 것을 고르시오.

13

> 가 : 새해에는 건강한 몸을 위해 아침마다 운동하기로 <u>마음먹었어요.</u>
> 나 : 좋아요. 저도 새해에는 건강을 위해 금연하기로 ( ).

① 준비했어요　　　② 후회했어요　　　③ 처리했어요　　　④ 결심했어요

14

> 가 : 한국어 공부는 사전을 많이 <u>활용해야</u> 해요.
> 나 : 맞아요, 저는 주로 인터넷 사전을 ( ).

① 사용해요　　　② 출간해요　　　③ 악용해요　　　④ 찾아요

[15~18] 다음 ( )에 알맞은 것을 고르시오.

15

> 가 : 민지 씨, 일 끝나고 뭐해요?
> 나 : 저 마트에 들렸다가 집(   ) 가려고요.

① 까지   ② 이고   ③ 으로   ④ 마다

16

> 가 : 오늘 사무실에 부장님 계셨나요?
> 나 : 아니요, 사무실에 (   ) 아무도 없었어요.

① 갔더니   ② 갔으니까   ③ 갔을 텐데   ④ 갈 수 없어서

17

> 가 : 아직 10월인데도 날씨가 꽤 추워요.
> 나 : 앞으로 점점 더 (   ).

① 추웠어요   ② 춥지 않았어요
③ 추워질 거예요   ④ 추울 따름이에요

18

> 가 : 중국에 도착하고 바로 숙소로 갔나요?
> 나 : 네. 비행기에서 내려 근처에 (   ) 숙소로 바로 갔어요.

① 예약했더니   ② 예약해 놓은
③ 예약하는 동안   ④ 예약하고 해서

[19~22] 다음 (   )에 알맞은 것을 고르시오.

19

> 가 : 여보세요. 지금 민호 씨랑 통화할 수 있나요?
> 나 : 네, 지금 민호 씨를 (   ).

① 바꿀 수 없어요   ② 바꿔 보잖아요
③ 바꿔 주나 싶어요   ④ 바꿔 줄게요

20

> 가 : 태국에 (   )?
> 나 : 네, 작년 겨울에 가족과 함께 다녀왔어요.

① 가 본 적 있어요   ② 가려고 했어요
② 갈 것 같아요   ④ 갈 줄 알았어요

21

> 가 : 회사에 지원하기 위해 필요한 자격증이 있을까요?
> 나 : 한국어능력시험에서 3급을 (   ) 이 회사에 지원을 할 수 있어요.

① 따려면   ② 따자마자   ③ 따야   ④ 따느라고

22

> 가 : 마침내 과제를 다 (   ).
> 나 : 포기하지 않고 끝까지 해내는 모습이 멋져요.

① 해 내고 말았어요   ② 해 냈으면 좋겠어요
③ 해 낼 수밖에 없어요   ④ 해 볼 걸 그랬어요

[23~24] 다음 밑줄 친 부분이 틀린 것을 고르시오.

23 ① 이건 아빠가 예전부터 <u>모아 놓은</u> 사진이에요.
② 점심에 커피를 많이 마셔서 잠을 <u>못 잘 텐데</u> 걱정이에요.
③ 고등학생들은 <u>성인인 반면에</u> 술을 살 수 없어요.
④ 면접하면서 실수할까 봐 얼마나 <u>긴장했는지 몰라요</u>.

24 ① 걷는 것보다 버스가 더 <u>빠르니까</u> 버스를 타고 가요.
② 경찰에 신고한 <u>덕분에</u> 범인을 잡을 수 있었어요.
③ 저는 <u>이번 주말만 아니면</u> 어느 때든 갈 수 있어요.
④ 고속도로에서 사고가 <u>나기 위해</u> 차가 많이 막혔어요.

[25~26] 다음 (   )에 알맞은 것을 고르시오.

25

| 가 : 쿤 씨는 힘든 일이 (   ) 절대 꿈을 포기하지 않을 거예요.
| 나 : 맞아요. 쿤 씨는 정말 멋진 사람이에요.

① 있자마자   ② 있는 만큼
③ 있으니까   ④ 있더라도

26

| 가 : 차가 많이 막혀서 지금 가면 파티에 너무 (   ).
| 나 : 늦어도 안 가는 것보다는 나을 거예요.

① 늦을 것 같아요   ② 늦을 뻔했어요
③ 늦었더라고요   ④ 늦기로 했어요

[27~28] 다음 밑줄 친 부분이 **틀린** 것을 고르시오.

27 ① 우리 부부는 그 집을 <u>살지 말지</u> 고민하고 있어요.
② 세탁기를 <u>수리하다시피</u> 필요한 비용을 모아야 해요.
③ 교실에서 계속 <u>떠들다간</u> 쫓겨날 수 있어요.
④ 내일 소풍은 비가 <u>오더라도</u> 갈 거예요.

28 ① 새벽에 일어나서 열차를 <u>타러</u> 기차역에 갔어요.
② 월급을 받은 <u>데에 비하면</u> 하루 만에 다 써 버렸어요.
③ 그 사람에게 일을 <u>맡기느니</u> 차라리 제가 할게요.
④ 저는 바다를 좋아해서 부산에 놀러 <u>가곤 했어요</u>.

[29~30] 다음 (   )에 알맞은 것을 고르시오.

29

> 내일은 미술학원에서 선생님과 함께 미술관에 가는 날입니다. 저는 아직 미술관에 한 번도 간 적이 없습니다. 그래서 미술관에서는 어떤 예의를 지켜야 하는지 궁금했습니다. 저는 미술관을 관람할 때 유의사항을 인터넷에 (㉠). 미술관에 가면 큰 소리로 떠들면 안 되고, 뛰어다녀도 안 됩니다. 그리고 미술 작품을 손으로 만지지 않고 눈으로만 보아야 합니다.

① 검색했습니다
② 구입했습니다
③ 작성했습니다
④ 감상했습니다

30

> 한반도는 70% 이상이 산지로, 높은 산들은 주로 동쪽 줄기를 따라 분포되어 있다. 이렇게 동쪽에 높은 산들이 많다 보니 한반도는 전체적으로 동쪽이 (㉠) 서쪽이 낮은 지형이다. 이런 지형의 형태를 동고서저라고 한다.

① 낮고　　　　　② 좁고　　　　　③ 높고　　　　　④ 넓고

31

> 근로자의 근로조건을 개선하고 지위를 올리기 위해 각국의 근로자들이 연대의식을 다지기 위한 법정기념일이다. '근로자의 날 제정에 관한 법률'에 따르면 (㉠)을/를 근로자의 날로 하고, 이날을 '근로기준법'에 따른 (㉡)(으)로 한다.

① ㉠ 5월 1일 – ㉡ 유급휴가
② ㉠ 5월 1일 – ㉡ 무급휴가
③ ㉠ 5월 2일 – ㉡ 유급휴가
④ ㉠ 5월 2일 – ㉡ 무급휴가

32

> 민요는 오래전부터 사람들의 생활 속에서 전해 내려오는 노래를 말한다. 민요는 (㉠) 가락이 다른데, 경기도 민요, 동부 민요, 서도 민요, 남도 민요 등으로 나눌 수 있다. 경기도 민요는 서울, 경기 충청 북부를 중심으로 발달했고 동부 민요는 함경도, 경상도를 중심으로 발달하였다. 서도 민요는 황해도와 평안도를 중심으로 발달하였으며 남도 민요는 전라도와 충청남도를 중심으로 발달하였다. 이외에도 제주도를 중심으로 하여 독자적인 발달을 해온 제주 민요가 있다.

① 방법에 따라　　　　　② 부르는 사람에 따라
③ 지역에 따라　　　　　④ 노래 가사에 따라

[33~34] 다음을 읽고 질문에 답하시오.

> 우리 언니는 그림을 잘 그립니다. 그래서 언니의 장래 희망은 멋진 화가가 되는 것입니다. 저는 노래를 잘 부릅니다. TV에 나와 노래 부르는 가수를 보면 즐겁기도 하고 부럽기도 합니다. 저는 멋진 가수가 되고 싶습니다. 제 ㉠꿈을 이루기 위해 저는 오늘도 열심히 노래를 부릅니다. 나중에는 학원에 가서 춤도 배우고 싶습니다.

33 ㉠이 가리키는 것은?

① 가수   ② 그림
③ 화가   ④ 노래

34 위 글의 내용과 같은 것은?

① 언니는 TV에 나오는 화가를 좋아한다.
② 나는 장래 희망을 위해 열심히 노래를 부른다.
③ 언니는 공부를 잘한다.
④ 나는 그림도 잘 그리고 노래도 잘 부른다.

[35~36] 다음을 읽고 질문에 답하시오.

35 아래 글의 내용과 같은 것은?

> 저는 태국 치앙마이에서 한국으로 왔습니다. 한국에서 대학 수업을 듣기 때문에 학교 기숙사에서 지냅니다. 가족들은 태국에 계속 살고 저 혼자 한국에 왔습니다. 제 룸메이트는 필리핀 마닐라에서 왔습니다. 그녀는 남동생과 함께 한국에 왔습니다. 그녀의 남동생도 우리와 같은 대학교에서 수업을 듣고 있습니다. 우리 세 명은 오늘 저녁에 맛있는 떡볶이를 먹기로 했습니다.

① 저는 진학을 위해 마닐라에서 왔습니다.
② 룸메이트의 가족은 태국에 계속 살고 룸메이트 혼자 한국에 왔습니다.
③ 저는 남동생과 함께 한국에 왔습니다.
④ 오늘 저녁 식사는 맛있는 한국 음식입니다.

36 아래 글의 내용과 같은 것은?

> 할머니 집에는 강아지 두 마리와 고양이 한 마리 그리고 닭이 하나 있습니다. 흰색 털을 지닌 강아지의 이름은 아롱이이고 갈색 털을 가진 강아지는 다롱이입니다. 고양이 한 마리는 검은색, 하얀색, 갈색 세 가지 색깔을 가지고 있어요. 할머니네 닭은 머리에 붉은 볏이 있고 부리가 짧습니다. 예전에는 작고 노란 병아리였는데 자라서 멋진 수탉이 되었습니다.

① 할머니 집에는 네 마리의 동물이 살고 있습니다.
② 강아지는 흰색과 갈색 털이 섞여 있습니다.
③ 노란 병아리는 자라나서 암탉이 되었습니다.
④ 흰색 고양이의 이름은 아롱이입니다.

[37~38] 다음을 읽고 질문에 답하시오.

37 아래 글의 중심 내용으로 알맞은 것은?

> 우리는 학교에 갈 때나 다녀왔을 때 부모님께 인사를 하고, 어른이 나갈 땐 문 앞에 나가서 인사를 한다. 어른이 먼저 식사를 한 후에 어린이도 식사를 하고, 밥을 먹을 땐 장난치지 않고 바른 자세로 먹어야 한다. 이러한 예절을 지켜야 하는 이유는 다양한 사람들과 더불어 살아가는 데 필요한 약속이기 때문이다. 서로 예의를 지켜서 기분 좋은 생활을 해야 한다.

① 예절을 지키지 않으면 크게 혼나야 한다.
② 서로 예절을 지켜 사이좋게 지내야 한다.
③ 부모님이 나가실 때 안부 인사는 밝게 해야 한다.
④ 어른과 식사를 할 때는 편식을 하여서는 안 된다.

38 아래 글의 제목으로 알맞은 것은?

> 직업이란 사람이 독립적인 생활을 위한 경제적인 보상을 받으면서 하는 지속적인 활동을 말한다. 사람은 직업을 통해 세 가지 역할을 수행하고 있다. 첫째, 직업은 개인의 재능을 보여주고 잠재력을 발휘하는 공간으로 자아실현을 이루는 역할을 한다. 둘째, 직업은 사회생활을 원만하게 하는 중요한 수단이 된다. 셋째, 직업은 사람이 경제적으로 안정된 생활을 할 수 있도록 해 주는 생계유지 수단이다.

① 직업의 세 가지 기능
② 경제적으로 안정된 생활의 중요성
③ 직업을 갖기 위한 다양한 노력
④ 자아실현과 사회생활의 관계

[39~46] 다음 질문에 답하시오.

39 단군왕검이 세운 한국 역사상 최초의 국가는?

① 고조선   ② 백제   ③ 고려   ④ 가야

40 두 사람의 대화에서 속담의 쓰임이 맞지 <u>않는</u> 것은?

① 가 : 오늘 국어 시험을 끝냈더니 내일은 수학 시험이 있어요.
    나 : 정말 <u>갈수록 태산이에요</u>.
② 가 : 얼마 전에 유명한 배우가 명품 옷을 입고 왔어요.
    나 : 비싼 명품은 서민들에게는 <u>그림의 떡이에요</u>.
③ 가 : 우리 학교 1등이 어제 제일 쉬운 영어 문제를 틀렸어요.
    나 : <u>원숭이도 나무에서 떨어질 때가 있네요</u>.
④ 가 : 매일 천 원씩 저금을 했더니 지금은 부자가 됐어요.
    나 : <u>천 냥 빚도 말로 갚는다</u>는 말이 적절하네요.

41 대한민국에서 사용하는 화폐의 단위는?

① 원   ② 달러   ③ 위안   ④ 엔

42 남자를 부를 때 사용하는 호칭으로 맞지 <u>않는</u> 것은?

① 사모님   ② 형님   ③ 오빠   ④ 아저씨

43 대한민국 선거의 4대 원칙으로 맞지 <u>않는</u> 것은?

① 비밀선거　　　② 보통선거　　　③ 간접선거　　　④ 평등선거

44 오죽헌과 율곡 이이의 초상화가 그려진 한국의 지폐는?

① 천 원권　　　② 오천 원권　　　③ 만 원권　　　④ 오만 원권

45 조선 시대에 대한 설명으로 맞지 <u>않는</u> 것은?

① 태조 이성계가 위화도 회군으로 정권을 잡고 조선을 건국하였다.
② 동학 사상을 나라를 다스리는 근본 원리로 삼았다.
③ 양반, 중인, 상민, 천민의 신분제가 존재했다.
④ 임진왜란과 병자호란 등 큰 국난을 겪었다.

46 대한민국의 정치에 대한 설명으로 맞지 <u>않는</u> 것은?

① 대한민국의 주권은 국민에게 있다.
② 기본적으로 직접민주주의를 채택한다.
③ 국가 최고 지도자인 대통령은 국민의 선거로 선출한다.
④ 대한민국은 민주주의 국가이다.

[47~48] 다음 질문에 답하시오.

47 아래 글의 내용과 <u>다른</u> 것은?

> MBTI는 요즘 한창 유행인 성격 유형 진단법이다. 95문항으로 구성되어 있고 결과는 외향형(E)과 내향형(I), 감각형(S)과 직관형(N), 사고형(T)과 감정형(F), 판단형(J)과 인식형(P) 중 개인이 선호하는 네 가지 지표를 알파벳으로 표시하여 총 16가지 유형이 나올 수 있다. 또한 나와 잘 맞거나 맞지 않는 성격의 유형을 알려주고, 같은 성격을 지닌 유명인들도 알 수 있어서 더욱 흥미를 유발한다. 사실 MBTI가 진짜 사람의 성격을 꿰뚫어 증명하는 과학적인 검사인지, 또 그 정확성이 얼마나 되는지는 알 수 없지만, 이를 통해 인간관계를 빠르게 파악할 수 있는 것은 틀림없다.

① ENFP는 외향, 직관, 감정, 인식형 성격이다.
② 사람의 성격을 파악하는 과학적인 검사이다.
③ 나와 잘 맞거나 맞지 않는 성격의 유형도 알 수 있다.
④ 95문항을 답하면 네 가지 지표의 알파벳으로 나의 성격을 파악할 수 있다.

48 아래 글의 주제로 알맞은 것은?

> 50만 년의 시간이 빚은 청정의 자연 생태와 오랜 역사가 있는 '한탄강'이 우리나라 네 번째 유네스코 세계지질공원으로 지정됐다. 세계지질공원은 미적, 고고학적, 역사·문화적, 생태학적, 지질학적 가치를 지닌 곳을 보전하고 관광자원으로 활용하고자 지정하는 구역으로, 세계유산, 생물권보전지역과 함께 유네스코의 3대 보호제도 중 하나다. 한탄강은 DMZ 일원의 청정 생태계와 함께 50만~10만 년 전 북한 오리산에서 분출한 용암이 굳어 만들어진 내륙에서 보기 어려운 화산 지형이 잘 보존돼 지질학적 가치가 매우 높고 세계적으로도 보기 드문 장관을 자랑한다. 이 같은 지질학적 자연환경뿐만 아니라 다양한 역사·문화적 명소가 많이 소재해 있다는 점에서 높은 평가를 받았다.

① 유네스코 세계지질공원이 된 한탄강
② 유네스코 세계지질공원의 의미
③ 한탄강의 과거와 현재
④ 유네스코의 3대 보호제도

[49~50] 다음을 읽고 (   )에 알맞은 것을 쓰시오.

49

저는 매일 아침 뉴스를 통해 오늘의 날씨를 보고 있습니다. 최저 기온과 최고 기온은 몇 도인지 한눈에 알 수 있어 날이 더운 날에는 미니 선풍기를 챙기거나 통풍이 잘 되는 옷일 입고, 비가 내리는 날에는 우산을 준비하고 야외 활동을 줄이기도 합니다. 이처럼 날씨 정보를 미리 알면 날씨에 알맞은 생활 계획을 (   ). 앞으로도 쭉 아침 뉴스를 통해 날씨를 알아볼 생각입니다.

50

가 : 리세 씨는 주말에 뭐 했어요?
나 : 여행을 다녀왔어요. 여행이 이렇게 즐거운 줄 알았으면 조금 더 (   ).
가 : 맞아요. 여행은 최대한 자주 가는 게 좋은 것 같아요.

사회통합프로그램 사전평가

구술시험 실전모의고사 4회

※ 질문 내용은 제외한 지문만 수험생에게 제공됨(질문 내용은 견본과 비슷한 유형으로 변경 가능하며 평가 감독관에게만 제공됨)

※ 구술감독관의 지시에 따라 다음 글을 소리 내어 읽으신 후 질문에 답하여 주시기 바랍니다.

> 이번 주부터 여름 장마가 시작되어 다음 주 내내 비가 내린다고 합니다. 장마철에는 아무래도 평소와 달리 집안에 습기가 많을 수밖에 없습니다. 이런 장마철을 대비해서 집안에 있는 습기를 제거할 수 있는 간단한 방법에 대해 알아보겠습니다. 먼저 젖은 신발은 반드시 통풍이 잘 되는 곳에 놓고 신문지를 구겨서 신발 안쪽에 깊숙이 넣어 둡니다. 옷장 또한 옷들이 닿아 있어 습기가 차면 곰팡이가 생길 수 있으므로 옷 사이사이에 종이 뭉치나 제습제를 넣어 주는 것도 효과적입니다. 마지막으로 잠시 에어컨을 가동해 제습 기능을 작동시키면 집안에 있는 습기를 제거할 수 있습니다.

01 위의 글을 소리 내어 읽어 보세요.

02 장마철을 대비해서 집안의 습기를 제거할 수 있는 방법들은 무엇이 있나요?

03 ○○ 씨는 한국의 사계절 중 가장 좋아하는 계절이 있나요? 왜 좋아하나요?

04 한국의 주요 법정기념일인 어버이날은 언제이고, 무엇을 하는 날인지 설명해 보세요.

05 ○○ 씨는 박물관이나 미술관에 가 본 적이 있나요? 무엇이 가장 인상적이었나요? (가 보지 않았다면, 앞으로 가 보고 싶은 박물관이나 미술관이 있나요? 왜 그곳에 가고 싶은가요?)

사회통합프로그램 사전평가
실전모의고사 5회

[01~02] 다음 질문에 답하시오.

01 이것은 무엇이에요?

① 다리미　　　② 청소기　　　③ 전자레인지　　　④ 식기세척기

02 다음 (　　)에 들어갈 알맞은 것은?

제 필통에는 다른 색깔은 없고 빨간색 펜(　　) 있어요.

① 만　　　② 만큼　　　③ 같이　　　④ 까지

[03~04] 다음 밑줄 친 부분과 의미가 <u>반대</u>인 것을 고르시오.

03

가 : 사장님의 의견에 <u>찬성해요</u>?
나 : 아니요, 나는 (   ).

① 반대해요   ② 더워요   ③ 즐거워요   ④ 똑똑해요

04

가 : 오늘 온 손님은 성격이 <u>수더분해요</u>?
나 : 아니요, (   ).

① 앉아요   ② 넓어요   ③ 아름다워요   ④ 까다로워요

[05~06] 다음 (   )에 알맞은 것을 고르시오.

05

쓰레기는 종이류, 비닐류, 캔류로 나누어서 (   )을/를 해야 해요.

① 환경오염   ② 보험금   ③ 출근   ④ 분리배출

06

선생님은 영어와 중국어를 (   ) 잘 하세요.

① 매우   ② 어서   ③ 미리   ④ 이따

[07~08] 다음 밑줄 친 부분과 의미가 <u>반대</u>인 것을 고르시오.

07

> 드디어 저도 회사에 취업해 정규직으로 <u>계약</u>을 했어요.

① 해약　　　　② 공약　　　　③ 이별　　　　④ 협약

08

> 가 : 지금 등교하기엔 너무 <u>늦은</u> 시간 아니에요?
> 나 : 아직 오전 8시라 (　　　　　　) 시간이에요.

① 이른　　　　② 깨끗한　　　　③ 못생긴　　　　④ 시끄러운

[09~12] 다음 (　　)에 알맞은 것을 고르시오.

09

> 어제 주민센터에 가서 어려운 사람들을 위한 (　　　　　　)을/를 했어요.

① 학습 활동　　② 연주 활동　　③ 봉사 활동　　④ 자기 활동

10

> 외국에서 살다가 왔지만 한국어가 (　　　　　).

① 활발해요　　② 유창해요　　③ 신기해요　　④ 다양해요

11

다른 곳으로 일을 하러 가면 나는 식사를 적당히 (   ).

① 활용해요   ② 지나가요   ③ 서툴러요   ④ 때워요

12

장승은 마을의 수호신으로 여겨지면서, 동시에 역사적으로도 (   )가 있어요.

① 가치   ② 기대   ③ 변화   ④ 의견

[13~14] 다음 밑줄 친 부분과 의미가 비슷한 것을 고르시오.

13

가 : 영화나 드라마를 보고 폭력을 따라 하는 현상이 늘어나고 있어요.
나 : 맞아요. 미디어를 통해 폭력을 접하는 경우가 (   ) 있어요.

① 준비하고   ② 증가하고   ③ 해결하고   ④ 물러서고

14

> 가 : 내일 회의가 <u>어려우면</u> 편한 시간을 알려주세요.
> 나 : 내일은 급한 일이 많아서 (   ) 다음 주에 회의를 합시다.

① 곤란하니까   ② 느긋하니까

③ 순탄하니까   ④ 가난하니까

[15~22] 다음 (   )에 알맞은 것을 고르시오.

15

> 가 : 무슨 일 있었어요? 기분이 좋지 않아 보이네요.
> 나 : 어제 여동생(   ) 싸웠거든요.

① 이며   ② 이랑

③ 을   ④ 으로서

16

> 가 : 수업이 끝나고 뭐 하세요?
> 나 : 친구랑 같이 옷을 (   ).

① 사기로 했어요   ② 사고 있어요

③ 산 적이 있어요   ④ 살 따름이에요

17

> 가 : 많이 피곤해 보여요.
> 나 : 밤에 아기가 계속 (   ) 제가 잠을 못 잤어요.

① 울려고   ② 울고   ③ 울면서   ④ 울어서

18

가 : 강의실에 교수님이 계신가요?

나 : 방금 (   ) 교수님은 강의실에 안 계십니다.

① 본다면　　　　② 보느라고　　　　③ 보셨다시피　　　　④ 보거나

19

가 : 내일 동호회에서 다 같이 노래방에 간다는 소식 들었어요?

나 : 네, 들었어요. 그런데 저는 노래를 잘 (   ) 걱정이에요.

① 부르지 못해서　　　　　② 불러 보아서

③ 부르게 되어서　　　　　④ 부를까 봐

20

가 : 한국의 지하철은 많이 복잡해요.

나 : 맞아요. 외국인 혼자 지하철을 타는 것은 (   ).

① 어려울 리가 없어요　　　　② 어려울 수 있어요

③ 어려우면 좋겠어요　　　　④ 어려우면 안 돼요

21

> 가 : 최근 일자리 부족 현상이 심각해요.
> 나 : 뉴스를 보니 정부에서 일자리를 (　　　　　　　　) 새로운 정책을 세웠어요.

① 늘리고자　　　　　　　　② 늘리거든

③ 늘리더라도　　　　　　　④ 늘리다시피

22

> 가 : 오늘 저녁 식사는 매운 낙지볶음인데 괜찮아요?
> 나 : 아니요. 저는 매운 음식을 못 먹어서요. 그럼 저는 다른 음식을 (　　　　　).

① 먹을 수 있어요　　　　　② 먹을 걸 그랬어요

③ 먹었대요　　　　　　　　④ 먹을 거예요

[23~24] 다음 밑줄 친 부분이 틀린 것을 고르시오.

23 ① 상견례를 <u>하는 동안에</u> 실수할까 봐 긴장을 했어요.

② 이 영화는 <u>개봉했더라면</u> 관객들에게 뜨거운 호응을 받았어요.

③ 버스는 승객 모두가 자리에 <u>앉은 후에</u> 출발해야 해요.

④ 무슨 말을 할 수 없을 <u>만큼</u> 감사할 따름입니다.

24 ① 방금 청소를 해서 바닥이 미끄러우니까 <u>넘어지려고</u> 조심하세요.

② 다 같이 사진을 <u>찍어야 되니까</u> 여기로 모두 모여주세요.

③ 스승의 날에 <u>학생으로부터</u> 편지를 받았어요.

④ 점심 식사를 계산하려고 지갑을 <u>열었더니</u> 돈이 없었어요.

[25~26] 다음 ( )에 알맞은 것을 고르시오.

25

> 가 : 왜! 고양이가 담장을 ( ) 가볍게 허들을 넘어가시네요.
> 나 : 고마워요. 최근에 연습을 열심히 했거든요.

① 넘어가듯　　　　　　　　　② 넘어가므로

③ 넘어가도록　　　　　　　　④ 넘어가고도

26

> 가 : 할아버지께서 화가 많이 나셨나 봐요.
> 나 : 할아버지께서 큰 소리로 혼을 내실 때 얼마나 ( ).

① 무서울 뻔했어요　　　　　　② 무서운 척했어요

③ 무섭지 않아요　　　　　　　④ 무서웠는지 몰라요

[27~28] 다음 밑줄 친 부분이 <u>틀린</u> 것을 고르시오.

27　① 겨울밤은 아주 <u>어두울 뿐 아니라</u> 춥기도 해요.

　　② 저는 매운 음식을 <u>먹기는 하지만</u> 좋아하지는 않아요.

　　③ 휴일에는 보통 <u>요리를 하든지 청소를 하든지</u> 해요.

　　④ 음식을 주문한 지 두 시간이 <u>지났을까 봐</u> 아직도 배달되지 않았어요.

28　① 하루 만에 서울 갔다가 경주까지 가려면 체력이 <u>좋아야겠어요.</u>

　　② 창문을 <u>열어둔 채로</u> 자면 위험해요.

　　③ 친구와 나는 노래방에서 신나게 <u>노래하려면</u> 지칠 줄 몰랐어요.

　　④ 오늘도 <u>지각한다면</u> 정말 크게 혼날 거야.

[29~32] 다음 (   )에 가장 알맞은 것을 고르시오.

29

> 한국은 모든 국민이 직접 정치에 참여하는 방식이 아닌, 자신들의 대표자를 뽑아 그들에게 정치를 맡기는 방식을 채택하고 있다. 올바른 대표자를 뽑기 위해 공정하고 민주적인 선거가 이루어져야 한다. 민주 선거의 원칙 중 (㉠)은/는 선거일 기준으로 만 18세 이상의 국민이면 누구나 투표할 수 있고, (㉡)은/는 누구나 한 사람이 한 표씩만 투표할 수 있다.

① ㉠ 보통 선거 – ㉡ 평등 선거
② ㉠ 보통 선거 – ㉡ 직접 선거
③ ㉠ 평등 선거 – ㉡ 보통 선거
④ ㉠ 직접 선거 – ㉡ 평등 선거

30

> 어린 학생들은 계단을 오르거나 내려갈 때 조심해야 합니다. 특히 계단에서 뛰거나 여러 칸을 한꺼번에 오르내리면 발을 헛디뎌 다칠 수 있습니다. 그뿐만 아니라 난간을 잡지 않다가 한눈팔면 넘어지게 되니 (㉠) 합니다. 안전하게 계단을 이용하려면 난간을 잡고 천천히 이동해야 합니다.

① 노력해야   ② 주의해야   ③ 건강해야   ④ 기대해야

31

> 저는 아직 자전거를 타지 못합니다. 그래서 아버지께서 저에게 자전거 타는 방법을 가르쳐 주셨습니다. 처음에는 아버지가 직접 자전거를 타며 (㉠), 저는 그 모습을 유심히 살펴보았습니다. 아버지가 탄 것처럼 저도 따라서 자전거를 탔습니다. 처음에는 어려워서 자꾸 넘어지고 무릎도 다쳤지만 계속 타다 보니 혼자서도 잘 탈 수 있게 되었습니다.

① 모양을 차리시고   ② 목에 핏대를 세우시고
③ 몸소 보여주시고   ④ 몸 둘 바를 모르시고

32

　　어두운 숲속이나 처음 가는 동네에서 길을 잃었을 때는 나침반을 사용하여 길을 찾는다. 하지만 만약 나침반이 없다면 어떻게 방향을 알 수 있을까? 그때 바로 북극성을 나침반처럼 이용할 수 있다. 북극성은 북쪽 하늘에 뜬 별로 일 년 내내 밤하늘에서 볼 수 있다. 북극성은 거의 움직이지 않는 것처럼 보이기 때문에 방향을 알아내는 데 도움을 준다. (㉠) 먼저 국자 모양의 북두칠성과 W 모양의 카시오페이아자리를 찾아야 한다. 북두칠성에서 끝을 이루는 두 개의 별을 연결한 선을 그리고, 그 선을 다섯 배 되는 거리만큼 길게 연장하면 그곳에 있는 별이 북극성이다.

① 별자리 이름을 알려면　　　　② 북극성을 찾으려면

③ 북극성의 특징은　　　　　　④ 나침반을 이용하려면

[33~34] 다음을 읽고 질문에 답하시오.

　　오늘 저녁에 동호회 모임이 있습니다. 모임 장소는 서울역 건너편에 있는 레스토랑입니다. 레스토랑 바로 옆에 큰 커피숍이 있어서 찾기 쉬울 것 같습니다. 이번 모임은 우리 동호회가 드디어 영화 한 편을 만든 것을 축하하기 위해 열렸습니다. 그래서 한 명도 빠짐없이 모두 모이기로 했습니다. 늦지 않게 택시를 타고 ㉠약속 장소로 가야겠습니다.

33 ㉠이 가리키는 것은?

① 영화　　　　② 서울역　　　　③ 커피숍　　　　④ 레스토랑

34 위 글의 내용과 같은 것은?

① 동호회 모임은 오전에 시작한다.

② 커피숍 바로 건너편에 레스토랑이 있다.

③ 동호회에서 기념하기 위해 모임을 열었다.

④ 일찍 도착하기 위해 버스를 탄다.

[35~36] 다음을 읽고 질문에 답하시오.

35 아래 글의 내용과 같은 것은?

> 우리 학교에는 태권도 팀이 있습니다. 태권도 팀에는 1학년 네 명, 2학년 세 명, 3학년 두 명과 감독 선생님이 있습니다. 태권도 팀은 매일 수업이 끝난 오후 여섯 시에 강당에 모여서 태권도 연습을 합니다. 우리 학교 태권도 팀은 이번 여름에 열린 전국 대회에서 처음으로 일 등을 했습니다.

① 학교 태권도 팀은 일주일에 네 번 연습을 합니다.
② 학교 태권도 팀은 총 열 명으로 구성되어 있습니다.
③ 학교 태권도 팀은 매일 이른 아침에 연습을 합니다.
④ 학교 태권도 팀은 전국 대회에 나가서 세 번째 우승을 했습니다.

36 아래 글의 내용과 같은 것은?

> 오늘은 중요한 발표가 있는 날입니다. 발표 장소는 사거리에서 왼쪽으로 가면 나오는 예문대학교입니다. 발표 시간은 오전 열 시입니다. 하지만 저는 버스를 타고 사거리에서 내리는 것을 깜빡하여 지나치고 말았습니다. 약속 시간에 늦을 것 같아서 팀원들에게 연락을 하기 위해 휴대 전화를 찾았지만 없었습니다. 결국 저는 발표 시간보다 삼십 분 늦게 도착했습니다.

① 저는 사거리에서 길을 잃어 지각을 했습니다.
② 저는 발표 장소에 열한 시 삼십 분에 도착했습니다.
③ 지각할 것 같아서 팀원들과 전화를 했습니다.
④ 예문대학교는 사거리에서 왼쪽에 위치하고 있습니다.

[37~38] 다음을 읽고 질문에 답하시오.

37 아래 글의 중심 내용으로 알맞은 것은?

> 최근 한강, 금강, 영산강, 낙동강 주변에 '큰빗이끼벌레'가 발견돼 우려의 목소리가 커지고 있다. 커다란 이끼의 모양을 하고 있어 큰빗이끼벌레로 불린다. 큰빗이끼벌레는 외래종으로 생태계를 무너트리는 동물이다. 주로 오염된 호수나 강바닥에 사는데, 이들은 암모니아를 내뿜고 폐사하면서 하천의 생태계를 악화시킨다.

① 최근 강 주변에 환경 오염이 심각하다.
② 큰빗이끼벌레로 인해 생태계가 파괴된다.
③ 오염된 강은 사람에게 치명적인 독이 된다.
④ 하천에는 암모니아를 내뿜는 미생물이 많다.

38 아래 글의 제목으로 알맞은 것은?

> 축제는 특정 시기에 지역 주민들이 모여 축하의 의미로 벌이는 행사를 말한다. 이러한 축제는 그 지역 또는 나라의 전통문화나 자연환경과 큰 관계가 있다. 세계 여러 지역에서 열리는 축제에 대해서 알아보자. 캐나다는 눈이 많이 내리는 나라로 겨울을 즐겁게 보내기 위해 '윈터 카니발'을 즐긴다. 반면 타이에서는 일 년 중 가장 더운 날에 '송끄란' 축제를 열어 물을 뿌리고 놀며 더위를 식힌다. 뉴질랜드의 오클랜드에서는 원주민의 문화를 볼 수 있는 '마오리 족' 축제를 열기도 한다.

① 겨울과 여름에 즐기는 행사
② 축제로 보는 원주민의 문화
③ 세계의 다양한 축제
④ 축제의 의의와 특징

[39~46] 다음 질문에 답하시오.

39 영남 지역의 대표적인 분지 지형 도시이자 여름철에 매우 더운 곳은?

① 인천광역시　　　② 대전광역시　　　③ 대구광역시　　　④ 부산광역시

40 대한민국의 국경일에 대한 설명으로 맞지 <u>않는</u> 것은?

① 한글날 : 한글의 우수성을 널리 알리고 세종대왕의 위업을 선양하는 날
② 3·1절 : 독립을 위해 애쓴 선열들의 위업을 기리는 날
③ 제헌절 : 대한민국 헌법의 제정을 축하하는 날
④ 광복절 : 단군의 개국을 기념하고 민족의 자긍심을 고취하는 날

41 아내의 언니를 부르는 호칭은?

① 처형　　　　　② 처제　　　　　③ 아주버님　　　　④ 아가씨

42 조선 태조 때부터 철종 때까지 25대 472년간의 역사적 사실을 편년체로 쓴 책은?

① 훈민정음　　　　　　　② 조선왕조실록
③ 직지심체요절　　　　　④ 동의보감

43 한반도에서 가장 높은 산으로 정상에 천지가 있는 산은?

① 한라산　　　　　② 금강산　　　　　③ 백두산　　　　　④ 설악산

44 여름에는 삼베로 겨울에는 비단으로 만드는 우리나라 전통 복장은?

① 한복   ② 한옥   ③ 한식   ④ 한글

45 시민의 정치참여에 대한 설명으로 맞지 <u>않는</u> 것은?

① 정치참여는 국민 주권을 실현하는 방법이다.
② 자신들의 대표를 시민이 직접 뽑는 참정권을 행사한다.
③ 1인 시위나 촛불 시위를 통해 다른 사람에게 영향력을 행사한다.
④ 특별한 자격을 지닌 시민은 민원 신청을 통해 정치에 참여한다.

46 한국의 시장경제체제에 대한 설명으로 맞지 <u>않는</u> 것은?

① 정부는 법이나 제도를 통해 사회적 약자들을 보호한다.
② 사유재산이 보장되어 빈부격차를 줄일 수 있다는 장점이 있다.
③ 원하는 직업은 자신이 직접 자유롭게 선택할 수 있다.
④ 경제 활동의 자유로 자신의 능력과 재능을 마음껏 발휘할 수 있다.

[47~48] 다음 질문에 답하시오.

47 아래 글의 내용과 같은 것은?

> 한국은 세계에서 커피를 가장 많이 소비하는 나라 중 하나이다. 우리나라 성인 1명당 커피 소비량은 1년간 353잔이며, 이는 세계 평균 소비량인 132잔의 약 3배에 달하는 수준이다. 이에 따라 카페의 수도 늘어 전국 카페 수는 2011년 약 27,000개에서 2021년 약 85,000개로 세 배 증가하였고, 카페 시장의 규모도 일본을 앞지르고 세계 3위가 되었다. 이처럼 카페가 인기를 끄는 이유는 여러 가지가 있는데, 한 전문가는 그 이유로 공원이 부족해서라고 이야기한다. 공원의 휴식 공간 역할을 카페가 대신한다는 것이다.

① 한국은 세계에서 3위로 커피를 많이 소비하는 나라이다.
② 한국의 카페 수는 10년 동안 약 3배 넘게 증가하였다.
③ 한국인 1명당 커피 소비량은 일본인의 커피 소비량의 3배이다.
④ 공원이 카페의 휴식 공간 역할을 점차 대신해 가고 있다.

48 아래 글의 주제로 알맞은 것은?

> 최근 캠핑카 열풍이 불고 있다. 원하는 곳으로 자유롭게 이동할 수 있고, 간단한 편의시설도 갖추어져 있어 쾌적하게 지낼 수 있다는 것이 캠핑카의 장점이다. 그러나 캠핑카를 이용할 때에도 주의해야 할 것들이 있다. 가장 먼저 가지고 있는 면허에 적합한 캠핑카를 골라야 한다. 그 다음으로는 운전에 주의해야 한다. 일반적인 차보다 크고 높은 캠핑카의 특성상 운전을 조심하지 않으면 쉽게 사고가 날 수 있다. 마지막으로 전기와 물 등을 잘 관리해야 한다. 여행 도중 전기나 물이 다 떨어지면 매우 곤란한 상황을 겪을 수도 있다.

① 캠핑카를 이용할 때 주의해야 할 점
② 면허별 운전할 수 있는 캠핑카의 종류
③ 캠핑카 열풍의 이유
④ 캠핑카 이용 시 안전한 전기 충전법

[49~50] 다음을 읽고 ( )에 알맞은 것을 쓰시오.

49

> 잠을 잘 자는 것은 너무 중요한 활동입니다. 잠을 자는 동안에도 뇌는 끊임없이 활동하며 특히 신생아에게 수면은 정상적인 발달을 돕는 매우 중요한 역할을 합니다. 적절한 수면 발달은 아기의 선천적인 요인에도 영향을 받지만 부모를 포함한 주변 환경에서도 ( ). 따라서 아기가 각 수면 단계에 맞는 수면 패턴을 갖도록 환경을 조성해주고, 부모도 이에 맞춰줄 수 있어야 합니다.

50

> 가 : 내일 점심에는 뭐 먹을까요?
> 나 : 뭐든 좋아요. 대신 가까운 데서 먹어요. 내일부터 장마라 비가 많이 ( ).
> 가 : 만약 비가 많이 내리면 배달 음식을 시켜 먹는 건 어때요?

사회통합프로그램 사전평가
구술시험 실전모의고사 5회

※ 질문 내용은 제외한 지문만 수험생에게 제공됨(질문 내용은 견본과 비슷한 유형으로 변경 가능하며 평가 감독관에게만 제공됨)

※ **구술감독관의 지시에 따라 다음 글을 소리 내어 읽으신 후 질문에 답하여 주시기 바랍니다.**

> 온돌은 철기 시대부터 사용해 온 한국 고유의 난방 장치입니다. 아궁이에 불을 때면 불기운이 방 밑을 지나면서 방바닥 전체의 온도를 높여 주고 마지막에 굴뚝으로 그 연기가 빠져나갑니다. 온돌의 구들은 돌로 만들어졌기 때문에 천천히 데워지고 천천히 식어 아궁이의 불이 꺼져도 방바닥이 오랫동안 따뜻합니다. 또한 방 밖에서 불을 피우고 연기는 굴뚝으로 빠져나가기 때문에 방 안에는 재나 연기가 날리지 않습니다.

01 위의 글을 소리 내어 읽어 보세요.

02 온돌의 원리는 무엇인가요?

03 ○○씨가 집을 구할 때 중요하게 보는 부분은 무엇인가요?

04 대한민국의 글자인 한글은 누가 만들었나요? 또 한글의 특징이 무엇인지 이야기해 보세요.

05 ○○ 씨가 알고 있는 한국의 미신이 있나요? ○○ 씨의 고향에는 어떤 미신이 있나요? 그 미신은 왜 생겨난 건가요?

03 |PART|

사전평가 실전모의고사 정답 및 해설

CHAPTER 01

| 사전평가 실전모의고사 1회 정답 및 해설

CHAPTER 02

| 사전평가 실전모의고사 2회 정답 및 해설

CHAPTER 03

| 사전평가 실전모의고사 3회 정답 및 해설

CHAPTER 04

| 사전평가 실전모의고사 4회 정답 및 해설

CHAPTER 05

| 사전평가 실전모의고사 5회 정답 및 해설

사회통합프로그램 사전평가
실전모의고사 1회 정답 및 해설

[객관식 · 주관식 정답 및 해설]																			
01	02	03	04	05	06	07	08	09	10	11	12	13	14	15	16	17	18	19	20
③	④	④	②	①	③	②	④	①	②	②	①	②	①	③	③	①	④	①	③
21	22	23	24	25	26	27	28	29	30	31	32	33	34	35	36	37	38	39	40
④	①	④	①	③	④	④	②	①	④	③	④	①	③	②	③	①	④	③	
41	42	43	44	45	46	47	48												
③	②	②	③	③	②	③	①												
49	바꾸고(변경하고, 변동하고)																		
50	쓸 수밖에 없습니다																		

01 사진 속 물건은 '달력'이다. 달력은 1년 가운데 달, 날, 요일, 이십사절기, 행사일 따위의 사항을 날짜에 따라 적어 놓은 것을 말한다.

[오답해설]
① 계산기 : 여러 가지 계산을 빠르고 정확하게 하기 위하여 사용하는 기기
　예 계산기를 이용해서 계산하는 것이 가장 정확하다.
② 통장 : 금융 기관에서, 예금한 사람에게 출납의 상태를 적어 주는 장부
　예 통장에 월급이 입금되었는지 확인해봐.
④ 전화기 : 서로 멀리 떨어진 사람들이 이야기할 수 있도록 만든 기계
　예 버스에 전화기를 두고 내렸다.

02 '타다'는 '자동차와 같은 탈것에 몸을 얹는다'는 의미이다. 학교에 가기 위해 사용하는 탈것에 대해 이야기하고 있으므로 빈칸에는 '자전거'가 들어가는 것이 가장 적절하다.
　• 타다 : 탈것이나 동물의 등에 몸을 얹다.
　　예 제주도에 가면 말에 타 볼 수 있다.

[오답해설]
① 교과서 : 학교에서 교재로 사용하기 위해 만든 책
　예 교과서를 두고 와서 친구와 같이 봤어요.
② 선생님 : 학생을 가르치는 사람을 높여 부르는 말
　예 저희 반 선생님은 정말 친절하세요.
③ 교복 : 학교에서 학생들이 입도록 정한 옷
　예 우리 학교 교복 바지는 회색이에요.

03 '느려요(느리다)'는 '어떤 동작을 하는 데 걸리는 시간이 길다'라는 뜻으로 반대말은 '어떤 동작을 하는 데 걸리는 시간이 짧다'라는 의미인 '빨라요(빠르다)'이다.

- 자동차 : 바퀴를 굴려 땅 위를 움직이도록 만든 차
  - 예 이번에 자동차를 새로 바꿨다.
- KTX : 한국의 고속철도로 최고 시속은 약 300km이다.
  - 예 KTX는 일반 열차보다 요금이 비싸다.
- 훨씬 : 정도 이상으로 차이가 나게
  - 예 참기름을 넣으니 훨씬 맛있다.

[오답해설]

① 커요(크다) : 길이, 넓이, 높이 등이 보통 정도를 넘다. ↔ 작아요(작다)
  - 예 이렇게 큰 고기는 처음 본다.
② 비싸요(비싸다) : 물건 등을 사는 데 비용이 보통보다 높다. ↔ 싸요(싸다)
  - 예 소고기는 돼지고기보다 비싸다.
③ 좋아해요(좋다) : 대상의 내용이 보통 이상의 수준이어서 만족할 만하다. 또는 성품 · 인격 따위가 원만하거나 선하다. ↔ 싫어해요(싫다), 나빠요(나쁘다)
  - 예 그녀는 마음씨가 좋다.

04 '깨끗해요(깨끗하다)'는 '물건이나 장소가 더럽지 않다'라는 뜻으로, 반대말은 '때나 찌꺼기 등이 있어 지저분하다'라는 의미의 '더러워요(더럽다)'이다.

[오답해설]

① 빨라요(빠르다) : 어떤 일을 하는 데 걸리는 시간이 짧다.
  - 예 에밀리 씨는 걸음이 빨라요.
③ 차가워요(차갑다) : 촉감이 서늘하고 찬 느낌이 있다.
  - 예 아이스 아메리카노는 차가워요.
④ 밝아요(밝다) : 불빛 등이 환하다.
  - 예 전등을 바꿨더니 집안이 밝아요.

05 '가족'은 '주로 부부를 중심으로 한 친족 관계에 있는 사람들'이다.

- 여동생 : 여자 동생
  - 예 여동생과 함께 영화를 보았다.

[오답해설]

② 회사 : 이익을 목적으로 하는 법인
  - 예 오늘부터 새로운 회사로 출근하였다.
③ 친구 : 가깝게 오래 사귄 사람
  - 예 친구와 저녁을 먹는다.
④ 선생님 : 학생을 가르치는 사람
  - 예 수학 선생님은 설명을 잘 해 주신다.

06 '겨우'는 '기껏해야 고작'을 뜻한다. 열심히 공부했지만 고작 50점을 받았다는 의미이므로 빈 칸에는 '겨우'가 알맞다.

- 열심히 : 온 정성을 다해서

　例 손님을 위해 <u>열심히</u> 음식을 만들었다.

- 받다 : 점수나 학위 등을 따다.

　例 국어 시험에서 100점을 <u>받다</u>.

[오답해설]

① 너무 : 일정한 정도나 한계를 훨씬 넘어선 상태로

　例 내가 해야 할 일이 <u>너무</u> 많다.

② 또한 : 그 위에 더

　例 얼굴도 예쁘고 <u>또한</u> 착하다.

④ 이미 : 다 끝나거나 지난 일

　例 그가 오기 전에 일은 <u>이미</u> 끝났다.

07 '선배'는 '자신이 다니는 혹은 다녔던 학교를 먼저 입학한 사람'을 말한다. 이와 반대 의미의 단어는 '같은 학교를 나중에 다닌 사람'을 말하는 '후배'이다.

[오답해설]

① 동기 : 같은 시기에 같은 곳에서 교육을 함께 받은 사람

　例 저 가수는 내 고등학교 <u>동기</u>예요.

③ 친구 : 가깝게 오래 사귄 사람

　例 고로 씨는 저와 정말 친한 <u>친구</u>예요.

④ 부하 : 직책상 자기보다 더 낮은 자리에 있는 사람

　例 출국 서류는 <u>부하</u> 직원에게 지시해 두었습니다.

08 '난방'은 '실내의 온도를 높여 따뜻하게 하는 일'을 말한다. 이와 반대 의미의 단어는 '실내의 온도를 낮춰 차게 하는 일'을 말하는 '냉방'이다.

[오답해설]

① 소방 : 화재를 진압하거나 예방함

　例 요즘 지하철에는 <u>소방</u> 시설이 잘되어 있어요.

② 환기 : 탁한 공기를 맑은 공기로 바꿈

　例 창문을 열어 <u>환기</u>를 해 주세요.

③ 청소 : 더럽거나 어지러운 것을 쓸고 닦아서 깨끗하게 함

　例 창고에 먼지가 많이 쌓여서 하루 종일 <u>청소</u>를 했어요.

09 '분리배출'은 '쓰레기 따위를 종류별로 나누어서 버림'이란 뜻이다. 플라스틱과 종이를 나누어 버려야 한다는 것을 의미하고 있으므로 '분리배출'이 알맞다.

- 쓰레기 : 내다 버릴 물건이나 이미 내다 버린 물건
  - 예 <u>쓰레기</u>를 분리배출하는 날은 매주 화요일, 일요일이다.
- 버리다 : 가지고 있을 필요가 없는 물건을 쏟거나 하다.
  - 예 박스에 붙은 비닐테이프는 뜯어서 <u>버려야</u> 한다.

[오답해설]

② 환경 : 생물에게 직접 · 간접으로 영향을 주는 자연적 조건
  - 예 <u>환경</u> 오염이 심각하다.

③ 흡연 : 담배를 피움
  - 예 지정된 장소에서만 <u>흡연</u>이 가능하다.

④ 청소 : 더럽고 어지러운 것을 닦아서 깨끗하게 함
  - 예 <u>청소</u>를 다 하면 뿌듯하다.

10 '세웠어요(세우다)'는 '계획, 방안 등을 정하거나 짜다'란 뜻이다. 용돈을 바르게 쓰는 습관을 위해 계획을 짰다는 것을 의미하므로 '세웠어요'가 알맞다.

- 용돈 : 자유롭게 쓸 수 있는 돈
  - 예 <u>용돈</u>을 모아 운동화를 샀다.
- 바르다 : 겉으로 삐뚤어지거나 굽은 데가 없다.
  - 예 아이를 <u>바르게</u> 키운다.
- 습관 : 어떤 행위를 오랫동안 되풀이하여 저절로 익혀진 행동 방식
  - 예 샤워를 할 때 양치부터 하는 <u>습관</u>이 있다.
- 계획 : 앞으로 할 일의 절차, 방법 등을 미리 헤아려 작정함
  - 예 연말 <u>계획</u>을 미리 짠다.
- 꼼꼼히 : 빈틈없이 차분하고 조심스럽게
  - 예 페인트칠을 할 때에는 <u>꼼꼼히</u> 해야 한다.

[오답해설]

① 놓았어요(놓다) : 손에 쥐고 있던 물건을 손 밖으로 빠져나가게 하다.
  - 예 바닥에 떨어진 물건을 책상 위에 <u>놓았다</u>.

③ 지켰어요(지키다) : 규정, 약속 등을 어기지 않고 그대로 실행하다.
  - 예 엄마와의 약속을 <u>지켰다</u>.

④ 나타났어요(나타나다) : 보이지 않던 대상의 모습이 드러나다.
  - 예 갑자기 새가 <u>나타났다</u>.

11 '알뜰하게(알뜰하다)'는 '일이나 살림을 정성스럽고 규모 있게 하여 빈틈이 없다'는 뜻이다. 따라서 문맥상 살림과 가장 적절한 단어는 '알뜰하게'이다.

- 가족 : 주로 부부를 중심으로 한 친족 관계에 있는 사람들의 집단

  예 나는 <u>가족</u>과 함께 산다.
- 살림 : 한 집안을 이루어 살아가는 일

  예 나는 회사를 그만두고 <u>살림</u>만 한다.

[오답해설]

① 난처하게(난처하다) : 이럴 수도 없고 저럴 수도 없어 곤란하다.

  예 그의 입장이 <u>난처하게</u> 되었다.

③ 행복하게(행복하다) : 충분한 만족과 기쁨을 느끼다.

  예 좋은 직장에 입사하게 되어 <u>행복하다</u>.

④ 어색하게(어색하다) : 자연스럽지 못하다.

  예 친구와 싸우고 나서 <u>어색해졌다</u>.

12 '결과'는 '어떤 원인으로 결말이 생김. 또는 그런 결말의 상태'를 뜻한다. 노력한 만큼 결과가 생기지 않아서 속상하다는 의미이므로 '결과'가 알맞다.

- 만큼 : 앞의 내용에 상당한 수량이나 정도

  예 힘든 <u>만큼</u> 보람도 크다.
- 속상하다 : 마음이 불편하고 우울하다.

  예 친구가 사고로 크게 다쳐서 <u>속상하다</u>.

[오답해설]

② 거래 : 주고받거나 사고 파는 것

  예 그 회사와는 <u>거래</u>를 하고 싶지 않다.

③ 경제 : 인간 생활에 필요한 것을 생산, 분배, 소비하는 모든 활동

  예 <u>경제</u>가 침체되다.

④ 경고 : 조심하도록 미리 주의를 줌

  예 <u>경고</u>를 두 번 받으면 퇴장이다.

13 '묶었어요(묶다)'는 '끈, 줄을 매듭으로 만들다'는 의미이므로 비슷한 말은 '끈이나 줄 등의 끝을 걸고 잡아당겨 풀어지지 않게 마디를 만들다'라는 의미의 '매세요(매다)'이다.

- 선물 : 남에게 어떤 물건을 선사함. 또는 그 물건

  예 팔찌를 생일 <u>선물</u>로 주었다.
- 포장 : 물건을 싸거나 꾸림

  예 <u>포장</u> 비용은 1,000원이다.
- 리본 : 끈이나 띠 모양의 물건을 통틀어 이르는 말

예 원피스의 허리끈은 <u>리본</u>으로 묶었다.
- 풀어지다 : 묶이거나 얽힌 것이 그렇지 않은 상태로 되다.
  예 운동화 끈이 <u>풀어졌어요</u>.

[오답해설]
① 드세요(먹다) : 음식을 입을 통해 배 속에 들여보내다.
  예 어제 <u>드신</u> 피자는 맛있었나요?
③ 만나세요(만나다) : 둘이 서로 마주 보다.
  예 친구를 <u>만나러</u> 강남으로 가다.
④ 가지세요(가지다) : 자기 것으로 하다.
  예 주운 물건은 본인이 <u>갖지</u> 않는다.

14 '줄일까요(줄이다)'는 '원래보다 작게 하다'는 의미이므로 비슷한 말은 '높낮이로 잴 수 있는 수치나 정도를 기준이 되는 대상이나 보통 정도에 미치지 못하는 상태가 되게 하다'라는 뜻의 '낮춰주세요(낮추다)'
- 음악 : 박자, 음성 등을 조화하고 결합하여 나타내는 예술
  예 클래식 <u>음악</u>은 마음을 차분하게 해준다.
- 시끄럽다 : 듣기 싫게 떠들썩하다.
  예 아기들의 울음소리로 주변이 <u>시끄럽다</u>.

[오답해설]
② 서두르세요(서두르다) : 일을 빨리 해치우려고 급하게 움직이다.
  예 비행기를 놓치면 안 되니깐 <u>서둘러</u> 준비하자.
③ 높여주세요(높이다) : 수치로 나타낼 수 있는 온도, 습도 등을 더 높은 수준에 있게 하다.
  예 내가 좋아하는 노래는 볼륨을 <u>높여서</u> 듣는다.
④ 그만하세요(그만하다) : 하던 일을 멈추다.
  예 이 일은 적성에 맞지 않아 <u>그만하고</u> 싶다.

15 '에'는 앞의 말이 진행 방향을 의미하는 말임을 나타내는 조사이다. '가'는 지금 어디로 가고 있는지 물었고, '나'는 '은행'을 향해 가고 있는 상황이므로 '은행에 가요.'라고 대답하는 것이 옳다.
- 은행 : 예금, 대출 등을 업무로 하는 금융 기관
  예 전세금 대출을 받으러 <u>은행</u>에 가요.

[오답해설]
① 도 : '역시', '또한'을 나타내는 조사
  예 저는 바나나<u>도</u> 사과만큼 좋아해요.

② 에서 : 앞의 말이 출발 지점의 뜻을 가짐을 나타내는 조사

　　예 저는 우즈베키스탄에서 왔어요.

④ 이 : 앞의 말이 행동의 주체임을 나타내는 조사

　　예 저기 닭이 앉아 있어요.

16 '-(하)고서'는 '그것에 그치지 않고 거기에 더하여'의 의미이다. 책 세 권을 읽고 거기에 더해서 독후감을 써야 한다는 의미이므로 빈칸에 들어갈 말은 '읽고서'가 알맞다.

　• 방학 : 일정 기간 동안 수업을 쉬는 일

　　예 방학에 친구들과 여행을 갈 예정이다.

　• 숙제 : 방과 후에 학생들에게 내 주는 과제

　　예 복습을 위해 내준 숙제는 꼭 해야 한다.

　• 독후감 : 책이나 글을 읽고 난 뒤의 느낌을 적은 글

　　예 그동안 내가 쓴 독후감을 보면 책의 내용이 떠오른다.

[오답해설]

① -더니 : 앞 내용이 뒤 내용의 원인이 되는 경우 사용한다.

　　예 급하게 먹었더니 속이 더부룩하다.

② -니까 : 앞 내용이 뒤 내용의 원인이나 근거, 전제가 될 때 사용한다.

　　예 피곤하니까 먼저 잘게.

④ -거든 : 어떤 일이 사실이면, 어떤 일이 사실로 실현되면

　　예 작가님을 만나거든 이 편지를 꼭 전달해 줘.

17 '-ㄴ 김에'는 '앞의 행위를 할 때 뒤의 다른 행위를 함께 함'을 나타낸다. 앞의 행동이 원래의 목적이지만 앞의 행동을 하면서 동시에 할 수 있는 다른 행동도 같이 할 때 사용한다.

　• 늦다 : 정해진 때보다 지나다.

　　예 일이 이제야 끝나서 늦은 저녁을 먹는다.

　• 깜빡하다 : 기억이나 의식이 잠깐 흐려지다.

　　예 깜빡하고 지갑을 두고 왔다.

　• 당장 : 일이 일어난 바로 그 자리

　　예 당장 사과드리세요.

[오답해설]

② -더니 : 과거의 행동에 뒤이어 일어난 상황을 이어 주며, 주로 앞의 내용이 뒤의 내용에 대한 원인이 된다.

　　예 아이스크림을 너무 많이 먹더니 역시 배탈이 났구나.

③ -고 : 어떤 상태나 행동의 나열을 나타낼 때 사용한다.

　　예 이 책장은 가볍고 튼튼합니다.

④ −으니까 : 앞의 내용이 뒤의 내용에 대한 이유, 원인, 근거임을 나타낼 때 사용한다.
　　예 지금은 길이 많이 <u>막히니까</u> 나중에 출발해요.

18 '−자마자'는 '앞의 동작이 이루어지자 잇따라 곧 뒷말의 사건이나 동작이 일어남'을 나타낸다. 집에 오면 잇따라 곧 손을 씻어야 한다는 의미이므로 '오자마자'가 알맞다.
　• 독감 : 지독한 감기
　　예 <u>독감</u>으로 일주일을 고생했다.
　• 유행 : 전염병이 널리 퍼져 돌아다님
　　예 코로나−19의 <u>유행</u>이 계속되고 있지만 이겨낼 수 있다.
　• 걸리다 : 병에 들다.
　　예 장염에 <u>걸리면</u> 하루 종일 속이 불편하다.

[오답해설]
① −ㄹ 테니까 : 말하는 사람의 의지를 나타낼 때 사용한다.
　　예 내가 다 <u>책임질 테니까</u> 걱정하지 마.
② −ㄴ다면 : 어떠한 사실을 가정하여 조건을 삼는 뜻을 나타낸다.
　　예 상한 음식을 <u>먹는다면</u> 배가 아플 거야.
③ −는 : 이야기하는 시점에서 사건이나 행위가 현재 일어남을 나타낸다.
　　예 <u>웃는</u> 표정이 너무 보기 좋다.

19 '−ㄴ 바람에'는 앞의 말이 뒷말의 행위에 대한 근거 혹은 원인임을 나타낼 때 쓰는 말이다. 주어진 글은 다리를 다친 것이 등산 일정을 취소한 이유가 되었음을 이야기하고 있으므로 빈칸에는 '다치는 바람에'가 들어가는 것이 가장 적절하다.
　• 등산 : 운동, 놀이 등의 목적으로 산에 오르는 것
　　예 <u>등산</u>은 건강에도 좋고 기분도 좋아지는 운동이에요.
　• 일정 : 특정 기간 동안 해야 할 일의 계획
　　예 이번 주 <u>일정</u>은 달력에 표시해 두었어요.

[오답해설]
② −ㄴ 줄 : 어떤 방법이나 사실에 대해 알고 있거나 모르고 있음을 나타낼 때 사용한다.
　　예 단순한 <u>감기인 줄</u> 알았는데 독감이었어요.
③ −ㄹ뿐만 아니라 : 앞에서 설명한 내용 외에도 나아가 다른 일이 있음을 나타낼 때 사용한다.
　　예 이 꽃은 색이 <u>예쁠 뿐만 아니라</u> 향기도 좋아요.
④ −ㄴ 사이에 : 앞의 말이 의미하는 행동을 하는 시간 동안에 뒤의 행위가 일어났음을 나타낼 때 사용한다.
　　예 잠깐 문을 <u>열어 둔 사이에</u> 강아지가 밖으로 나갔어요.

20 '–도 되다'는 '어떤 일이나 상황에 대한 허락이나 허용'을 나타낸다. 즉, 비어 있는 자리에 앉으라는 허락을 나타낸 것이므로 '앉아도 돼요'가 알맞다.

- 옆자리 : 옆쪽에 있는 자리

  예 좀 늦을 거 같은데 옆자리 좀 맡아줘.

- 빈자리 : 사람이 앉지 않아 비어 있는 자리

  예 생각보다 빈자리가 많다.

[오답해설]

① –고 : 동작이 이루어진 그대로 지속되는 가운데 다음 동작이 일어남을 나타낸다.

  예 나는 밥을 천천히 먹고 있다.

② –았– : 이야기하는 시점에서 볼 때 사건이 이미 일어났음을 나타낸다.

  예 그는 집에 들어갔다.

④ –ㄹ 뿐 : 오직 그렇게 하거나 그러하다는 것을 나타낸다.

  예 그녀는 유명하지 않을 뿐이지 연기는 잘한다.

21 '–므로'는 뒤의 행위나 상태의 이유, 근거 등을 나타낼 때 사용한다. 마스크를 착용하는 이유는 황사가 심하기 때문이라는 의미이므로 '심하므로'가 알맞다.

- 날씨 : 기상 상태

  예 오늘 날씨는 어때?

- 황사 : 누런 모래

  예 봄에는 황사가 심해 창문을 열 수 없다.

- 마스크 : 병균이나 먼지를 막기 위해 입과 코를 가리는 물건

  예 마스크를 쓰지 않으면 지하철을 이용할 수 없다.

- 착용하다 : 의복, 모자 등을 입거나 쓴다.

  예 햇빛이 강할 땐 모자를 착용한다.

[오답해설]

① –거든 : 어떤 일이 사실로 실현되면

  예 몸이 가렵거든 이 연고를 꼭 바르세요.

② –지 않다 : 앞말이 뜻하는 행동을 부정하는 뜻

  예 술은 건강에 좋지 않다.

③ –고서 : 앞의 상황이 뒤의 상황에 앞선 것임을 강조한다.

  예 그는 나에게 눈짓을 하고서 나가 버렸다.

22 '–으면 좋겠다'는 말하는 사람의 희망이나 현실과 다른 상황의 바람, 또는 가정을 나타내는 표현이다. 시험에 합격했으면 하는 바람을 나타내고 있으므로 '있었으면 좋겠어요'가 알맞다.

- 대학교 : 고등 교육을 베푸는 교육기관

  예 대학교 생활에 대한 로망이 있다.

- 졸업 : 학생이 교과 과정을 마침

　　예 졸업식에서 부모님과 함께 사진을 찍었다.

[오답해설]

② -야 하다 : 앞에서 뜻하는 행동을 하거나 상태가 되는 것이 필요함을 나타낸다.

　　예 물을 많이 마셔야 한다.

③ 안 : '아니'의 준말로 부정의 의미이다.

　　예 약속에 늦으면 안 된다.

④ -더라고 : 과거에 직접 경험하여 새롭게 알게 된 사실을 전달할 때 사용한다.

　　예 1번 버스를 타면 회사까지 30분이면 오더라고.

23 '-은/는 대신(에)'는 앞의 말이 나타내는 행동 혹은 상태와 다르거나 그와 반대임을 나타내는 말이다. 주어진 문장에서 운동을 하는 목적은 '건강해지는 것'이므로 앞의 말이 나타내는 목적을 이루려고 함을 의미하는 '-기 위해'를 사용하여 '건강해지기 위해'라고 하는 것이 적절하다.

- 출근하다 : 일터로 일하러 나가거나 나오다.

　　예 오늘은 평소보다 조금 일찍 출근했어요.

- 건강하다 : 정신적으로나 육체적으로 아무 탈이 없고 튼튼하다.

　　예 수영을 했더니 점점 더 건강해졌어요.

[오답해설]

① -므로 : 까닭이나 근거, 이유를 나타낼 때 사용한다.

　　예 불을 껐으므로 아무것도 보이지 않았다.

② -니까 : 앞의 말이 뒷말의 원인 혹은 근거가 됨을 나타낼 때 사용한다.

　　예 겨울이 됐으니까 외투를 꺼내야 해요.

③ -ㄴ데 : 뒤에서 어떤 일을 설명하기 위해 그 대상과 관련되는 상황을 미리 말할 때 사용한다.

　　예 미사 씨는 저랑 동갑인데 훨씬 더 어른스러워요.

24 '-것 같다'는 추측, 불확실한 단정 등을 나타내는 말이다. 주어진 문장은 어제 일에 대해 말하고 있으므로 '마시는 바람에' 혹은 '마셔서'가 문맥상 적절하다.

- 지각 : 정해진 시간보다 늦게 출근하거나 등교함

　　예 차가 막혀 회사에 지각을 했다.

- 갑자기 : 미처 생각할 겨를도 없이 급히

　　예 갑자기 소나기가 내렸다.

- 쓰러지다 : 서 있던 상태에서 바닥에 눕는 상태가 되다.

　　예 지나가던 행인이 쓰러져 구급차에 실려 갔다.

- 밥그릇 : 밥을 담는 그릇

　　예 밥그릇을 새로 샀다.

• 식탁 : 음식을 차려 놓고 둘러앉아 먹게 만든 탁자

　　예 이번에 주방에 어울리는 식탁으로 바꿨다.

[오답해설]

① -려(고) 들다 : 앞의 행동을 애써서 적극적으로 하려고 함을 나타낸다.

　　예 버스와 자동차가 서로 먼저 가려고 들다가 사고가 났어요.

③ -ㄴ 데다가 : 앞 내용에 다른 내용을 또 더할 때 사용한다.

　　예 비가 많이 내리는 데다가 바람까지 분다.

④ -어 두다 : 앞말이 뜻하는 행동을 끝내고 그 결과를 유지함을 나타내는 말로, 주로 그 행동이 어떤 다른 일에 대비하기 위한 것임을 나타낼 때 쓴다.

　　예 도망쳐야 할 상황을 대비해 창문을 열어 두고 앞쪽으로 나아갔다.

25 '-더니'는 '과거의 행동에 뒤이어 일어난 상황'을 이어줄 때 사용한다. 굽이진 길을 계속 달리자 뒤이어 속이 울렁거린다는 의미이므로 '달렸더니'가 알맞다.

• 멀미 : 차, 배 등의 흔들림을 받아 메스꺼운 증세

　　예 멀미가 심한 그녀는 배를 탈 때 항상 약을 먹는다.

• 굽이지다 : 굽이가 이루어지다.

　　예 굽이진 강물이 멋있다.

• 울렁거리다 : 속이 자꾸 토할 것 같아지다.

　　예 입덧으로 인해 자꾸 속이 울렁거린다.

[오답해설]

② -더라면 : 과거의 사실을 실제와 다르게 가정해 볼 때 사용한다.

　　예 그때 운동을 열심히 했더라면 살이 빠졌을까.

③ -는 김에 : 앞의 행동이 원래 목적이지만 그것을 기회로 다른 행동을 함을 나타낸다.

　　예 밖에 나간 김에 너에게 어울릴 만한 신발도 사 왔어.

④ -도록 : 앞의 내용이 뒤의 상황의 목적이나 결과가 됨을 나타낸다.

　　예 식물이 잘 자라도록 물을 주기적으로 줘야 한다.

26 '-기(가) 무섭게'는 '그렇게 하자마자 곧바로'의 뜻이다. 가방을 내려놓자마자 바로 밖으로 나갔다는 의미이므로 '내려놓기가 무섭게'가 알맞다.

• 급히 : 시간의 여유가 없어 일을 서두르거나 다그쳐 매우 빠르게

　　예 일을 급히 끝내야 한다.

• 다시 : 하던 것을 되풀이해서

　　예 시험에 떨어져서 다시 봐야 한다.

① −(으)려고 : 어떤 행동이나 일을 하고자 하는 의도를 지고 있음을 나타낸다.
　　예 오늘은 집에 일찍 들어가려고 한다.
② −지 않다 : 앞말이 뜻하는 행동을 부정하는 뜻을 나타낸다.
　　예 운전을 하기 위해서 술을 마시지 않았다.
④ −기 위해 : 어떤 행동을 하는 목적이나 이유를 나타낸다.
　　예 나중에 집을 사기 위해 저축을 하려고 한다.

27 '치고'는 '그중에서는 예외적으로'라는 뜻이다. 주어진 문장은 친구와의 약속을 잊어버리는 일을 막기 위해 달력에 메모했다는 의미이므로 '잊지 않으려고'가 문맥상 적절하다.
- 아프다 : 몸의 어느 부분이 다쳐 괴로움을 느끼다.
　　예 손목이 아파 보호대를 착용해야 한다.
- 달력 : 1년 가운데 달, 날, 요일, 행사 등을 날짜에 따라 적어 놓은 것
　　예 내년 달력을 받아 보니 공휴일이 별로 없다.
- 메모하다 : 기억을 돕기 위해 짤막하게 글로 남기다.
　　예 신입 때에는 항상 메모하는 습관을 길러야 한다.

① −자마자 : 앞의 동작이 이루어지자 잇따라 곧 다음 동작이 일어남을 나타낸다.
　　예 그가 오자마자 좋은 향기가 났다.
② −더니 : 과거의 행동에 뒤이어 일어난 상황을 이어 줄 때 사용한다.
　　예 어제 미리 공부했더니 오늘 시험을 잘 볼 수 있었다.
③ −다 보니 : 앞의 행동을 하고 난 후 뒷말이 뜻하는 사실을 새로 깨닫게 되거나, 뒷말이 뜻하는 상태로 됨
　　예 오래 살다 보니 이런 날도 있네.

28 '−ㄹ'은 '추측, 의지, 가능성 등의 확정된 현실이 아님'을 나타낸다. 주어진 문장은 '어제' 일에 대해 말하고 있으므로 과거형인 '먹은'이 문맥상 적절하다.
- 관광지 : 경치가 뛰어나 관광할 만한 곳
　　예 관광지로 제주도를 추천받았다.
- 한옥 : 우리나라 고유의 형식으로 지은 집
　　예 요즘 한옥으로 된 카페가 유행이다.
- 매일 : 하루하루마다
　　예 매일 아침 그는 따뜻한 물을 마신다.
- 반찬 : 밥에 곁들여 먹는 음식
　　예 내가 제일 좋아하는 반찬은 콩나물 무침이다.

① -로 인해 : 앞에 나오는 상황이나 행동이 원인, 이유가 됨을 나타낸다.

　　예 장마로 인해 우리 동네에 많은 비가 내렸어요.

② -나 싶다 : 말하는 사람의 확실하지 않은 추측, 생각을 나타내는 표현이다.

　　예 어려운 자격증 시험을 내가 합격하겠나 싶어요.

③ -든지 : 나열된 동작이나 상태, 대상들 중에서 어느 것이든 선택할 수 있음을 나타낸다.

　　예 내가 만든 음식은 짜든지 아니면 맵든지 맛이 이상하다.

29 '입학했습니다(입학하다)'는 '학생이 되어 공부하기 위해 학교에 들어가다'라는 뜻이다. ㉠의 문장은 가고 싶어 했던 대학교에 들어갔다는 의미이므로 ㉠에는 '입학했습니다'가 알맞다.

　• 어리다 : 나이가 적다.

　　예 나보다 어리지만 더 야무지다.

　• 올해 : 지금 지나가고 있는 이번 해

　　예 나는 올해 40살이다.

　• 드디어 : 무엇이 원인이 되어 그 결과로

　　예 드디어 새로운 핸드폰이 개통되었다.

① 공부했습니다(공부하다) : 학문이나 기술을 배우고 익히다.

　　예 학교에서 늦게까지 공부했다.

③ 여행했습니다(여행하다) : 일이나 관광을 목적으로 다른 지역이나 나라에 가다.

　　예 스페인을 여행하고 싶다.

④ 졸업했습니다(졸업하다) : 학생이 교과 과정을 마치다.

　　예 중학교를 졸업하고 고등학교에 입학했다.

30 선출직 공무원에 대해 설명하면서 '국민들이 직접 뽑는다'고 이야기하였다. 따라서 ㉠에는 '국민이 공직에 임할 사람을 투표로 뽑는 일'을 의미하는 '선거'가 들어가는 것이 가장 적절하다. 그리고 ㉡에 대해서는 '행정부의 수반이자 국가의 원수'라고 설명하였으므로 '외국에 대하여 국가를 대표하는 국가의 원수'인 '대통령'이 들어가는 것이 가장 적절하다.

　• 구성하다 : 몇 가지 부분이나 요소들을 모아 일정한 전체를 이루다.

　　예 곤충의 몸은 크게 머리와 가슴, 배로 구성되어 있다.

　• 선출하다 : 여럿 가운데서 골라내다.

　　예 리아 씨가 올해 회사 체육대회에서 저희 부서 대표로 선출되었대요.

　• 수반 : 행정부의 가장 높은 자리에 있는 사람

　　예 대한민국의 대통령은 국가의 원수임과 동시에 행정부의 수반이다.

　• 원수 : 한 나라에서 가장 큰 권력을 지니면서 나라를 다스리는 사람

　　예 대통령은 국가의 원수로서 외국에 우리나라를 대표하는 사람입니다.

31 '힐끗'은 '가볍게 슬쩍 한 번 흘겨보는 모양'이란 뜻으로, 미안한 마음에 슬쩍 눈길로 쳐다보 았다는 의미이므로 ㉠에 들어갈 말은 '힐끗 쳐다보았다'가 알맞다.

- 이사 : 사는 곳을 다른 데로 옮김
  예 계약기간이 만료되어 <u>이사</u>를 가게 되었다.
- 정리하다 : 혼란스러운 상태를 치워서 질서 있는 상태가 되게 하다.
  예 옷장의 옷을 <u>정리하였다</u>.
- 선반 : 물건을 얹어 두기 위해 벽에 달아 놓은 긴 널빤지
  예 <u>선반</u> 위 물건을 서랍 속으로 옮겨야 한다.
- 깨어지다 : 단단한 물건이 여러 조각이 나다.
  예 제일 아끼는 컵이 <u>깨져서</u> 속상하다.
- 조심스럽다 : 잘못이나 실수가 없도록 말이나 행동에 마음을 쓰는 태도가 있다.
  예 늦은 시간에 전화하는 것은 <u>조심스럽다</u>.
- 두드리다 : 소리가 나도록 잇따라 치거나 때리다.
  예 우는 친구의 등을 <u>두드려</u> 위로해 주었다.

[오답해설]
① 찌푸렸다(찌푸리다) : 얼굴의 근육이나 눈살을 몹시 찡그리다.
  예 강한 향신료 냄새로 얼굴을 <u>찌푸렸다</u>.
② 모았다(모으다) : 한데 합치다.
  예 쿠폰을 <u>모아</u> 커피 한 잔을 공짜로 마셨다.
③ 자세히 : 사소한 부분까지 아주 구체적이고 분명히
  예 미술작품을 <u>자세히</u> 들여다보았다.

32 ㉠이 포함된 문장에 '반면'이 있으므로 그 앞 문장을 살펴봐야 한다. 여당은 대통령과 함께 자 신들과 생각한 방향으로 정치를 하기 위해 노력하고, 반대로 야당은 다음 선거 때 자신의 정 당에서 대통령이 나오게 노력한다는 의미이므로 ③이 가장 알맞다.

- 정당 : 정치적인 주의나 주장이 같은 사람들이 정권을 잡고 정치적 이상을 실현하기 위하 여 조직한 단체
  예 각 <u>정당</u>에서는 후보를 선정한다.
- 배출하다 : 어떤 환경이나 상황의 영향으로 어떤 인물이 나타나도록 하다.
  예 우리 학과는 많은 인재를 <u>배출했다</u>.
- 발휘하다 : 재능, 능력 따위를 떨치어 나타내다.
  예 놀라운 인내력을 <u>발휘하다</u>.
- 추진하다 : 목표를 향하여 밀고 나아가다.
  예 계획대로 사업을 <u>추진하다</u>.

33 가장 마지막 문장에서 화재가 발생했을 경우 그 규모와 상관없이 가장 먼저 119에 신고해야 한다고 설명하였다.

- 건조하다 : 말라서 습기가 없다.
  - 예 화분에 물을 안 줘서 흙이 <u>건조해졌어요</u>.
- 취사 : 식사로 먹을 음식 등을 만드는 일
  - 예 이 캠핑장에서는 정해진 곳에서만 <u>취사</u>가 가능합니다.
- 흡연 : 담배를 피움
  - 예 저희 회사는 쉬는 시간에만 <u>흡연</u>이 가능해요.
- 규모 : 사물 혹은 현상의 크기나 범위
  - 예 우리 동네에 한국 최대 <u>규모</u>의 영화관이 들어온대요!
- 신고하다 : 국민이 법에 따라 행정 관청에 일정한 사실을 이야기하다.
  - 예 옆집에 도둑이 든 것 같아서 경찰에 <u>신고했어요</u>.
- 드물다 : 흔하지 않다.
  - 예 봄에 이렇게 추운 건 <u>드문</u> 일이에요.

[오답 해설]
① 첫 번째 문장에서 한국의 겨울과 봄은 건조하고 바람이 많이 불어 산불을 특히 조심해야 하는 시기라고 이야기하였다. 즉, 산불이 특히 많이 발생하는 시기는 여름이 아니라 겨울이다.
② 세 번째 문장에서 산에서는 취사 등 불을 사용하는 행위를 해서는 안 된다고 설명하였다.
③ 네 번째 문장에서 담배꽁초로 산불이 발생하는 경우가 매우 많다고 설명하였다.

34 제시된 글에서는 겨울철 많이 발생하는 산불의 위험에 대해 설명하고, 산불을 예방하기 위해 지켜야 할 것들에 대해 이야기하고 있다. 따라서 글의 중심 내용으로는 '겨울과 봄에는 산불이 발생하지 않도록 주의해야 한다.'가 가장 적절하다.

- 발생하다 : 어떤 일이나 사물이 생겨나다.
  - 예 기계를 제때 수리하지 않으면 큰 사고가 <u>발생할</u> 수 있다.
- 주의하다 : 어떤 장소나 일에 관심을 집중하여 기울이다.
  - 예 칼을 쓸 때는 다치지 않게 <u>주의해야</u> 한다.

[오답 해설]
② 마지막 문장에서 산불이 발생하면 가장 먼저 119에 신고해야 한다고 이야기했지만, 제시된 글의 내용 전체를 아우르는 주제로 보기는 어렵다.
③ 담배꽁초가 산불의 원인이 된다는 이야기는 하였으나 건강에 관한 이야기는 하지 않았다.
④ 강원도를 비롯한 영동 지방이 특히 산불이 많이 발생하는 지역이라는 이야기는 하였으나, 글의 전체 내용을 아우르지는 못한다.

35 여섯 번째 문장에서 바를 씨가 집에 오는 길에 탁구장이 있어서 운동을 할 때도 있다고 이야기하였다. 따라서 ③의 내용이 주어진 글과 같다.

- 정육점 : 쇠고기, 돼지고기 등을 파는 가게
  - 예 동네 정육점에서 좋은 소고기를 샀어요.
- 포장하다 : 물건을 싸거나 꾸리다.
  - 예 돼지고기 1인분을 포장해서 집에 가져왔어요.

[오답 해설]

① 두 번째 문장에서 7시에 아침을 먹고 그 후 정육점으로 간다고 하였으므로 정육점에 가는 것은 7시 이후이다.

② 다섯 번째 문장에서 시장 사람들과 함께 저녁을 먹기도 한다고 하였다.

④ 마지막 문장에서 TV를 보다가 11시에 잠을 잔다고 하였다.

36 첫 번째 문장에서 '한국에 있는 대학교에 진학하기로 결심했다'고 되어 있고, 다음 문장에서 '부모님이 계시는 일본을 떠나 한국으로 간다'고 했으므로 ②의 내용이 본문과 같다.

- 계속 : 끊이지 않고 이어 나감
  - 예 전화가 계속 울리고 있다.
- 진학 : 상급 학교에 감
  - 예 대학교 진학을 앞두고 고민이 많다.
- 결심하다 : 할 일에 대하여 어떻게 하기로 마음을 굳게 정하다.
  - 예 회사를 그만두기로 결심했다.
- 계시다 : 사람이나 동물이 어느 곳에 머물다를 뜻하는 '있다'의 높임말
  - 예 할머니가 계시는 부산으로 간다.
- 적응하다 : 일정한 조건, 환경에 맞춰 응하거나 알맞게 되다.
  - 예 새로 이사 온 동네지만 금방 적응했다.
- 떨어지다 : 일정한 거리를 두고 있다.
  - 예 아이는 부모와 떨어지기 싫은지 한참을 울었다.
- 떨어지다 : 위에서 아래로 내려지다.
  - 예 창문에 붙여 놓은 스티커가 떨어졌다.
- 사이좋다 : 서로 정답다.
  - 예 나는 사이좋은 친구가 많다.

[오답해설]

① 일본에서 고등학교를 졸업하고 한국에서 대학교를 진학하기로 결심했다.

③ 한국 드라마로 한국어를 배웠다.

④ 한국에서 좋은 친구를 사귀고 싶다.

37 첫 번째 문장에서 '속담은 조상들의 지혜와 교훈이 담긴 표현'이라고 했고, 두 번째 문장에서 '속담은 옛날 사람들의 생활 모습뿐만 아니라 생각까지 알 수 있다'고 했다. 이후 문장에는 예시를 들어 앞의 내용을 뒷받침하고 있다. 따라서 글의 중심 내용은 ③이 가장 적절하다.

- 예 : 아주 먼 과거
  - 예 두 나라는 서로 이웃하여 예로부터 교류가 활발했다.
- 전하다 : 현재나 이후에 이어지거나 남겨지다.
  - 예 그를 만나면 나의 안부도 전해줘.
- 교훈 : 앞으로의 행동이나 생활에 지침이 될 만한 것을 가르침
  - 예 이 책의 교훈을 알아보자.
- 예를 들어 : 가정하여 말하면
  - 예 예를 들어 내가 출근하지 않았다고 가정하자.
- 등잔 : 기름을 담아 등불을 켜는 데에 쓰는 그릇
  - 예 등잔불에 글을 읽었다.
- 세심하다 : 작은 일에도 꼼꼼하게 주의를 기울여 빈틈이 없다.
  - 예 세심하게 챙겨주는 모습에 반하게 되었다.
- 기울이다 : 비스듬하게 한쪽을 낮추거나 비뚤게 하다.
  - 예 공사 때문에 주변 땅이 살짝 기울었다.
- 적절하다 : 꼭 알맞다.
  - 예 그의 대답은 적절했다.
- 다채롭다 : 여러 가지 색채나 형태
  - 예 이 그림에는 다채로운 색감을 사용하였다.
- 전통적 : 예로부터 이어져 내려오는 것
  - 예 이 공연은 전통적인 방식이 접목되어 신선하다.

38 글의 앞부분에서 피싱이나 스미싱 등의 범죄에 대해 이야기하고, 이러한 범죄에 피해를 입지 않기 위해서는 어떻게 해야 하는지를 이어서 설명하고 있다. 따라서 글의 제목으로 가장 적절한 것은 ① '스마트폰을 이용한 범죄 피해를 예방하는 방법'이다.

- 훔치다 : 남의 물건을 남몰래 슬쩍 가져다가 자기 것으로 하다.
  - 예 어제 편의점에 들어와서 현금을 훔친 범인이 잡혔대요.
- 금전적 : 경제적 또는 경제적 이익과 관련되는 것
  - 예 블라다 씨가 해낸 계약이 회사에 큰 금전적 도움을 주었어요.
- 철저하다 : 속속들이 꿰뚫어 미치어 밑바닥까지 빈틈이나 부족함이 없다.
  - 예 음식을 만드는 공장이니까, 먼지 하나까지 철저하게 확인해요.
- 관리하다 : 시설이나 물건의 유지, 개량 등의 일을 맡아 하다.
  - 예 이 창고에 있는 물건들은 마인 씨가 관리합니다.
- 설정하다 : 새로 만들어 정해 두다.
  - 예 올해 우리 팀 목표를 새로 설정했어요.

- 저장하다: 물건이나 돈 등을 모아서 간수하다.
  - 예 올해 수확한 쌀은 창고에 잘 저장했어요.

[오답 해설]
② 피싱 범죄는 금전적인 피해까지 입힐 수 있다고 설명하기는 했으나, 그 뒤의 내용까지 아우르는 제목은 아니다.
③ 은행 계좌 비밀번호를 만들 때 주의해야 할 점을 이야기했을 뿐, 비밀번호를 만드는 방법에 대해서는 이야기하지 않았다.
④ 스미싱 범죄에 피해를 입었을 때 어떻게 신고해야 하는지에 대해서는 설명하지 않았다.

39 '한강'은 크다는 뜻의 '한'과 강의 옛 이름 '가람'에서 유래된 말이다. 길이는 514km로 우리나라에서 네 번째로 길다.
- 중심부 : 사물의 한가운데나 복판이 되는 부분
  - 예 시내의 중심부에는 항상 차가 많고 번잡하다.
- 가로지르다 : 어떤 곳을 가로 등의 방향으로 질러서 지나다.
  - 예 위급한 환자를 실은 구급차는 도로를 가로질러 갔다.
- 시작하다 : 어떤 일이나 행동의 처음 단계를 이루거나 그렇게 하게 하다.
  - 예 수술은 시작한 지 3시간 만에 끝났다.
- 거치다 : 오가는 도중에 어디를 지나거나 들르다.
  - 예 대구를 거쳐 부산으로 갔다.
- 흐르다 : 액체 성분이 어떤 장소를 통과하여 지나가다.
  - 예 흐르는 강물을 보며 커피를 마셨다.

[오답해설]
① 섬진강 : 전북 진안에서 시작하여 전남을 거쳐 경남 하동을 지하 남해로 흘러가는 강
  - 예 섬진강의 모래는 가루같이 부드럽다.
② 영산강 : 전남 서남부에 있는 강
  - 예 하천은 영산강으로 합류하여 흐른다.
③ 금강 : 충남과 전북의 경계를 이루는 강
  - 예 배는 금강을 거슬러 올라가고 있다.

40 '무궁화'는 '영원히 피고 또 피어서지지 않는 꽃'이라는 뜻을 지닌 '국화'이다.

- 국호 : 나라 이름의 다른 말

  예 그는 왕위에 오르자 제일 먼저 <u>국호</u>를 바꿨다.

[오답해설]

① 애국가 : 나라를 사랑하는 뜻으로 온 국민이 부르는 노래

  예 군악대가 <u>애국가</u>를 연주하고 있다.

② 국새 : 나라를 대표하는 도장으로 국권의 상징

  예 <u>국새</u>는 국가 중요 문서에 사용한다.

④ 태극기 : 흰색 바탕에 중앙의 태극문양과 네 모서리의 건곤감리 4괘로 구성됨

  예 국경일에는 도로에 <u>태극기</u>를 단다.

41 정월대보름은 음력 1월 15일로, 한 해를 시작하며 맞이하는 첫 보름을 기념하고, 그 해에 좋은 일만 있기를 기원하는 명절이다. 농사 풍년을 기원하는 의미로 오곡밥을 먹고, 피부와 치아의 건강을 바라며 부럼을 깨어 먹기도 한다.

- 풍년 : 곡식이 잘 자라고 잘 여물어 평소보다 수확이 많은 해

  예 올해는 비도 적당히 오고 날씨도 좋아서 <u>풍년</u>이 들겠어요.

- 기원하다 : 바라는 일이 이루어지기를 빌다.

  예 크리스 씨가 다른 곳에서도 성공하기를 <u>기원할게요</u>.

- 부럼 : 대보름날 새벽에 깨물어 먹는 딱딱한 열매류로 땅콩, 호두, 잣, 밤, 은행 등을 말하는 것

  예 올해 <u>부럼</u>으로 호두와 밤을 먹었어요.

42 '초가집'은 '갈대나 볏짚 등으로 지붕을 덮은 집'을 말한다. 적절한 온도를 유지하기에 적합하나 화재의 위험이 많다.

- 갈대 : 볏과의 식물로 잎이 길고 끝이 뾰족하다.

  예 <u>갈대</u>밭을 보러 습지로 갔다.

- 짚 : 벼, 보리, 밀 등의 이삭을 떨어낸 줄기와 잎

  예 바닥에 <u>짚</u>자리를 깔고 누웠다.

- 묶다 : 끈, 줄을 매듭으로 만들다.

  예 여름에는 머리를 자주 <u>묶는다</u>.

- 덮다 : 물건 따위가 드러나거나 보이지 않도록 넓은 천을 얹어 씌우다.

  예 컵에 먼지가 들어가지 않도록 뚜껑을 <u>덮는다</u>.

[오답해설]

① 기와집 : 지붕을 기와로 덮은 집으로 한국의 전통 가옥

  예 <u>기와집</u>은 멀리서 봐도 으리으리하다.

③ 주택 : 한 채씩 따로 지은 집

  예 나는 마당이 있는 <u>주택</u>의 삶을 꿈꾼다.

③ 아파트 : 5층 이상의 건물을 층마다 여러 집으로 일정하게 구획한 주택 양식

예 아파트 층간소음 문제가 심각하다.

43 '어린이날'은 5월 5일로 '어린이의 건강과 행복을 축복하기 위한 날'이다. 5월 8일은 어버이날이다.

- 주요 : 주되고 중요함

  예 주요 일정은 게시글을 참고해주세요.

- 기념일 : 축하하거나 기릴 만한 일이 있을 때, 해마다 그 일이 있었던 날을 기억하는 날

  예 우리 결혼기념일이 다음 주이다.

[오답해설]

① 한글날 : 세종대왕이 창제한 훈민정음의 반포를 기념하기 위해 제정한 국경일

  예 한글날에는 티비에서 한글 관련 특집 프로그램을 방송한다.

③ 현충일 : 나라를 위해 싸우다가 숨진 장병과 순국선열들의 충성을 기리기 위해 정한 날

  예 현충일 행사는 엄숙하게 진행된다.

④ 식목일 : 나무를 많이 심고 아껴 가꾸도록 권장하기 위하여 국가에서 정한 날

  예 식목일에는 야외에서 하는 행사가 많다.

44 '가을'은 '한 해의 네 철 가운데 셋째 철로 여름과 겨울의 사이'이다. 단풍이 물들고 맑고 청명한 날씨가 계속된다. 천고마비는 가을 하늘이 높고 말이 살찐다는 뜻으로 가을의 날씨가 매우 좋음을 이르는 말이다.

- 맑다 : 구름이나 안개가 끼지 아니하여 햇빛이 밝다.

  예 깨끗하고 맑은 날씨가 계속되었으면 좋겠다.

- 화창하다 : 날씨나 바람이 온화하고 맑다

  예 화창한 날씨엔 나들이가기 좋다.

[오답해설]

① 봄 : 한 해의 네 철 가운데 첫째 철로 겨울과 여름의 사이이다.

  예 봄에는 벚꽃이 핀다.

② 여름 : 한 해의 네 철 가운데 둘째 철로 봄과 가을의 사이이다.

  예 여름에는 장마가 시작한다.

④ 겨울 : 한 해의 네 철 가운데 넷째 철로 가을과 봄의 사이이다.

  예 겨울에는 한파가 찾아온다.

45 '공공장소'는 '여러 사람 또는 단체에 공동으로 속하거나 이용되는 곳'이므로 큰 소리로 인사를 하거나 떠들면 안 된다.

- 예절 : 예의에 관한 모든 절차나 질서

  예 인사는 가장 기본적인 예절이다.

- 양보하다 : 길이나 자리, 물건 등을 사양하여 남에게 미루어 주다.
  - 예 다리를 다친 나에게 자리를 <u>양보해</u> 줘서 편하게 올 수 있었다.
- 진동 : 소리가 아닌 흔들림이 주기적으로 나타나는 현상
  - 예 윗집의 핸드폰 <u>진동</u> 때문에 나까지 잠에서 깬다.
- 목소리 : 목구멍에서 나는 소리
  - 예 그의 <u>목소리</u>가 너무 커서 문밖에서도 들린다.
- 이웃사촌 : 서로 이웃에 살면서 정이 들어 사촌 형제나 다를 바 없이 가까운 이웃
  - 예 <u>이웃사촌</u>끼리는 음식도 나눠 먹는다.

46 태극기는 국기이므로 달 수 있는 날이 정해져 있지 않다. 단, 눈이나 비, 바람이 심해 국기가 훼손될 우려가 있으면 달지 않는다.
- 바탕 : 그림, 글씨, 수, 무늬 등을 놓는 물체의 바닥
  - 예 노란 <u>바탕</u>에 파란색을 사용할 것이다.
- 문양 : 무늬의 생김새
  - 예 도자기에 새의 <u>문양</u>을 새겨 넣었다.
- 달다 : 물건을 일정한 곳에 걸거나 매어 놓다.
  - 예 옷이 벌어져서 단추를 새로 <u>달았다</u>.
- 정하다 : 규칙이나 법의 적용 범위를 정하다.
  - 예 <u>정해진</u> 규칙에 따라 주세요.
- 괘 : 기호의 일종이다.
  - 예 태극기의 4<u>괘</u> 순서는 항상 헷갈린다.

47 네 번째 문장에서 '다문화 현상은 두 개 이상의 문화가 합쳐져 새로운 문화를 창출해 내기도 하고'에서 ③과 본문의 내용이 같음을 알 수 있다.
- 다문화 : 한 사회 안에 여러 민족이나 여러 국가의 문화가 혼재하는 것
  - 예 요즘에는 <u>다문화</u> 가정을 주위에서 쉽게 찾아볼 수 있다.
- 대부분 : 절반이 훨씬 넘는 정도
  - 예 월급의 <u>대부분</u>을 저축한다.
- 흔히 : 보통보다 더 자주 있음
  - 예 염색과 파마를 한 사람들은 길에서 <u>흔히</u> 볼 수 있다.
- 정착하다 : 일정한 곳에 자리를 잡아 머물러 있다.
  - 예 그는 이 마을에 <u>정착하기로</u> 했다.
- 창출 : 없던 것을 처음으로 생각하여 지어내거나 만들어 냄
  - 예 이 공모전으로 인해 많은 아이디어 상품이 <u>창출</u>될 것 같다.
- 완화 : 긴장된 상태나 급박한 것을 느슨하게 함
  - 예 규제가 대폭 <u>완화</u>되었다.

- 출산율 : 아기를 낳는 비율

  예 우리나라 출산율은 심각한 수준이다.

[오답해설]

① 대한민국은 최근 국제결혼이 증가하고 있다.

② 국제결혼은 농촌뿐 아니라 도시 지역에서도 볼 수 있는 사회 현상이다.

④ 다문화 가정의 높은 출산율은 저출산으로 인한 총인구 감소에 도움이 된다.

48 두 번째 문장에서 '우리나라 최초의 근대적 사립 학교는 원산 학사이고, 관립 학교는 육영 공원이다'라고 나와 있고, 이후 원산 학사와 육영 공원에 대해 자세히 설명되어 있다. 따라서 이 글의 주제는 ①이 가장 적절하다.

- 신기술 : 새로운 기술

  예 신기술 개발을 위해 인력이 총동원되었다.

- 신학문 : 서양에서 들어온 새 학문을 기존의 한학에 상대하여 이르는 말

  예 아직 신학문을 받아들이지 못했다.

- 근대 : 얼마 지나가지 않은 가까운 시대

  예 고대 소설과 근대 소설은 차이가 있다.

- 사립 : 개인이 자신의 자금으로 공익의 사업 기관을 설립하여 유지함

  예 사립 중학교에 입학하였다.

- 관립 : 국가 기관에서 세움

  예 관립 대학 설립이 진행되다.

- 대응하다 : 어떤 일이나 사태에 맞추어 태도나 행동을 취하다.

  예 헛소문을 퍼트린 신문사에 고소로 대응하였다.

- 실용 : 실제로 씀

  예 실용적인 물건을 선물로 주고 싶다.

- 영재 : 아주 두드러지게 뛰어난 재주

  예 많은 학부모들이 자식을 영재로 키우고 싶어 한다.

- 초빙하다 : 예를 갖추어 불러 맞아들이다.

  예 이번 학기부터 초빙된 강사가 수업을 진행할 예정이다.

- 학구열 : 학문 연구에 대한 정열

  예 학구열이 높은 지역에는 학원들이 많다.

- 열정 : 어떤 일에 열렬한 애정을 가지고 열중하는 마음

  예 그에게서 예술에 대한 열정을 느꼈다.

49 '가'의 첫 번째 문장에서 이번 주 목요일에 검진을 하기로 했음을, 마지막 '가'의 대답에서는 이를 토요일로 변경하였음을 알 수 있다. 따라서 '원래 있던 것을 없애고 다른 것으로 채워 넣거나 대신하게 하다'를 의미하는 '바꾸다'를 사용해야 한다. 또한, 말하는 사람의 하고자 하는 마음이나 희망을 나타내는 '-고 싶어 하다'를 이용하여 '바꾸고'를 사용하는 것이 자연스럽다.

- 검진 : 건강 상태와 병에 걸렸는지 알아보기 위해 살피는 일
  - 예 건강 검진을 받으려면 12시간 동안 금식해야 한다.
- 예약 : 미리 약속함
  - 예 비행기 표는 미리 예약해 두었다.
- 가능하다 : 할 수 있거나 될 수 있다.
  - 예 시험 접수는 10일까지만 가능하다.
- 오전 : 밤 12시(자정)부터 낮 12시까지의 시간
  - 예 매주 월요일 오전 10시에 회의를 한다.

50 주어진 글의 빈칸 앞에서는 배달 음식점에서 일회용품을 써야 하는 이유로 '다시 가져와야 하는 일반 그릇을 쓰기는 어렵다'고 설명하고 있다. 즉, 배달 음식점이 일회용품을 쓰는 것 외에 다른 방법이 없음을 설명하고 있다. 따라서 빈칸에는 '앞의 말이 의미하는 것 외에는 다른 방법이 없음'을 나타낼 때 쓰는 말인 '-ㄹ 수밖에 없다'를 사용한 '쓸 수밖에 없습니다'가 들어가는 것이 가장 자연스럽다.

- 분리배출 : 쓰레기 따위를 종류별로 나누어서 버림
  - 예 유리와 캔, 종이 등을 나누어 분리배출해야 해요.

[구술시험 예시 답안]

02 한국의 갯벌에는 낙지나 게, 굴 같은 해산물이 많이 있습니다.

03 저는 동해에 가 본 적이 있습니다. 강릉에 있는 경포대 해수욕장에 갔는데, 물이 맑고 차가워서 여름에 정말 시원했습니다. 근처에는 맛있는 식당도 많아 즐겁게 놀고 왔습니다.

- 갯벌 : 밀물 때는 물에 잠기고 썰물 때는 물 밖으로 드러나는 모래 점토질의 평탄한 땅
  - 예 아빠와 갯벌에서 조개를 잡았다.
- 해산물 : 바다에서 나는 동식물
  - 예 수산시장에 가서 해산물을 사왔다.
- 체험 : 자기가 몸소 겪음 또는 그런 경험
  - 예 직접 체험한 일은 잊어버리지 않는다.

04 한국에서는 아이를 출산했을 때 미역국을 먹습니다. 미역은 모유 분비에 도움이 되고, 관절의 기능 회복, 변비 해소 등 여러 면에서 도움이 됩니다. 이런 장점들을 가지고 있어 산모에게 권장하고 있습니다.

05 저는 회사에서 만난 친구의 집에 초대를 받아 가 본 적이 있습니다. 한국에서는 처음 집에 방문할 때 작은 선물을 준비한다는 예절을 알고 있어서, 친구가 평소에 좋아하던 향초를 가져 간 적이 있습니다. 예상하지 못한 선물에 친구가 무척 기뻐했던 기억이 있습니다.

[객관식 · 주관식 정답 및 해설]

01	02	03	04	05	06	07	08	09	10	11	12	13	14	15	16	17	18	19	20
③	②	①	②	②	②	①	③	④	①	④	②	①	④	①	②	①	②	①	③

21	22	23	24	25	26	27	28	29	30	31	32	33	34	35	36	37	38	39	40
①	①	③	②	①	③	①	①	①	②	②	③	①	②	①	③	③	①	②	④

41	42	43	44	45	46	47	48
①	②	④	③	①	④	③	①

49	잘 해주어야 합니다
50	늦게 갔나 봐요

01 사진 속 물건은 '키보드'이다. 키보드는 키(key)가 일정한 규격에 따라 배열되어 있는 입력 장치로 컴퓨터를 구성하는 장치이다.

[오답해설]
① 모니터 : 컴퓨터에서 처리한 결과를 보여주는 출력 장치
   예 모니터가 고장나서 화면이 꺼졌다.
② 사진기 : 사진을 찍는 기계
   예 나의 취미는 사진기를 수집하는 것이다.
④ 마우스 : 컴퓨터에 연결된 모니터 화면의 커서나 아이콘 등을 이동시킬 때 사용하는 입력 장치
   예 마우스는 손목이 아프지 않은 제품으로 구입한다.

02 '에'는 앞말이 어떤 장소를 의미하는 말임을 나타내는 조사이다. 선생님이 있는 장소가 '교무실'임을 나타내기 위해 '교무실에 있어요.'라고 표현한다.

[오답해설]
① 보다 : 서로 차이가 있는 것을 비교할 때 비교의 대상이 되는 말에 붙어서 '~에 비해서'의 뜻을 나타내는 조사
   예 나는 참외보다 수박을 더 좋아해요.
③ 까지 : 어떤 일이나 상태 등에 관련되는 범위의 끝임을 나타내는 조사
   예 9시부터 6시까지 일하는 시간이에요.
④ 과 : 일 등을 함께 함을 나타내는 조사
   예 어제는 친구들과 놀았어요.

03 '꺼요(끄다)'는 타는 불을 못 타게 하거나 전기 등이 통하는 기기의 전기를 끊어 그 기기가 작동하지 않게 만든다는 의미이다. 이와 반대의 의미를 가진 말은 '켜요(켜다)'로 등잔이나 양초에 불을 붙이거나 어떤 전기 기기에 전기를 통하게 하여 그 기기가 작동하도록 만든다는 의미이다.

[오답해설]
② 높아요(높다) : 아래에서 위까지의 길이가 길다. ↔ 낮아요(낮다)
　　예 우리 집은 천장이 높아요.
③ 더러워요(더럽다) : 때나 찌꺼기 등이 있어 지저분하다. ↔ 깨끗해요(깨끗하다)
　　예 이 가게는 화장실이 더러워요.
④ 멀어요(멀다) : 거리가 많이 떨어져 있다. ↔ 가까워요(가깝다)
　　예 저희 학교는 집에서 멀어요.

04 '미혼자'는 '아직 결혼하지 않은 사람'을 말한다. 이와 반대 의미의 단어는 '이미 결혼을 한 사람'을 말하는 '기혼자'이다.
　• 신청 : 단체나 기관에 어떠한 일을 청구함
　　예 이번 공모전에는 100건의 참가 신청이 들어왔다.
　• 기회 : 어떠한 일을 하는 데 적절한 시기나 경우
　　예 너무 바빠서 만날 기회가 없었다.

[오답해설]
① 동거인 : 한집에서 같이 사는 사람
　　예 친한 친구를 동거인으로 들였다.
③ 재혼자 : 다시 결혼한 사람
　　예 재혼자의 경우 자녀를 양육한 경험이 많다.
④ 양육자 : 어린이를 양육하는 사람
　　예 부모는 자식의 양육자로서 책임이 있다.

05 한국에서는 설날에 온 가족이 모여 집안의 웃어른께 절을 올리며 인사하는 풍습이 있는데, 이러한 인사를 '세배'라고 한다.

[오답해설]
① 요리 : 어떠한 과정을 거쳐 음식을 만드는 것
　　예 저녁을 먹기 위해 요리를 시작했다.
③ 축제 : 축하하여 벌이는 큰 규모의 행사
　　예 스페인은 토마토 축제로 유명하다.
④ 씨름 : 두 사람이 샅바를 잡고 먼저 넘어뜨리는 것으로 승부를 겨루는 우리 고유의 민속 운동
　　예 매년 설날이면 씨름 경기가 TV에 나온다.

06 '이따가'는 '조금 지난 뒤에'라는 뜻의 단어이다. 지금은 바빠서 전화를 받지 못하니 잠시 후에, 즉 바쁜 상황이 지나간 후에 전화를 하겠다고 이야기하는 상황이다.

[오답해설]

① 몹시 : 더할 수 없이 심하게

　　예 그는 교통사고로 몹시 크게 다쳤다.

③ 설마 : '그럴 리는 없겠지만'이라는 뜻으로 주로 부정적인 추측을 강조할 때 사용

　　예 약속 시간이 10분 남았는데, 설마 아직도 자고 있겠어요?

④ 다만 : 앞의 말을 받아 예외가 되는 사항이나 조건을 붙일 때 말머리에 쓰는 말

　　예 천천히 준비하세요. 다만 출발해야 하는 시간만 잊지 말아요.

07 '시작했어요(시작하다)'는 어떤 일이나 행동의 처음 단계를 해 낸다는 의미이다. 이와 반대가 되는 단어는 '끝났어요(끝나다)'로, '어떠한 일이 다 이루어지다'라는 의미이다.

[오답해설]

② 전진해요(전진하다) : 앞으로 나아가다. ↔ 후진해요(후진하다)

　　예 세 걸음만 더 전진해 주세요.

③ 풀려요(풀리다) : 묶이거나 감기거나 얽히거나 합쳐진 것 등이 그렇지 않은 상태가 되다. ↔ 엉켜요(엉키다)

　　예 이쪽 끝을 당기면 매듭이 풀려요.

④ 맑아요(맑다) : 잡스럽고 탁한 것이 섞이지 않다. ↔ 탁해요(탁하다)

　　예 물고기가 다 보일 정도로 물이 맑아요.

08 '부지런해요(부지런하다)'는 어떤 일을 꾸물거리거나 미루지 않고 꾸준하게 열심히 하는 태도가 있다는 의미이다. 이와 반대되는 말은 '게을러요(게으르다)'이며, 이는 행동이 느리고 움직이거나 일하기를 싫어하는 성미 혹은 버릇이 있다는 의미이다.

[오답해설]

① 쉬운(쉽다) : 하기가 까다롭거나 힘들지 않다. ↔ 어려운(어렵다)

　　예 이 요리는 라면 끓이기 수준으로 쉬운 요리예요.

② 느린(느리다) : 어떤 행동이나 움직임을 하는 데 걸리는 시간이 길다. ↔ 빠른(빠르다)

　　예 요가 선생님이 느린 동작으로 다시 시범을 보여주셨어요.

④ 불편한(불편하다) : 어떤 것을 사용하거나 이용하는 것이 거북하거나 괴롭다. ↔ 편리한(편리하다)

　　예 여기는 너무 좁고 어두워서 생활하기에 불편한 집이에요.

09 '청첩장'은 결혼 등의 좋은 일에 남을 초대하는 글을 적은 것을 말한다.

[오답해설]

① 우표 : 우편요금을 낸 표시로 우편물에 붙이는 증표

예 편지봉투에 <u>우표</u>를 붙여 우체통에 넣어요.
② 동창회 : 같은 학교를 졸업한 사람들이 모여 서로 친목을 도모하고 졸업한 학교와의 연락을 하기 위해 조직한 모임
　　예 이번 <u>동창회</u>에는 오랫동안 외국에 나가 있던 친구가 온다고 해요.
③ 고지서 : 국가나 공공기관 등이 일정한 금액을 매기어 지불하게 한 문서
　　예 지난번에 한 과속 때문에 벌금 <u>고지서</u>가 나왔어요.

10 '모집하기(모집하다)'는 사람이나 작품, 물품 등을 일정한 조건 아래 널리 알려 뽑아 모은다는 의미이다. 즉, 회사가 사람을 뽑아 모으기 위해 노력하고 있다는 이야기이다.

[오답해설]
② 어울리기(어울리다) : 함께 사귀어 잘 지내거나 일정한 분위기에 끼어 들어 같이 휩싸이다.
　　예 그는 다른 사람들과 <u>어울리기</u>를 좋아한다.
③ 제공하기(제공하다) : 무엇을 내주거나 갖다 바치다.
　　예 그 식당은 육수를 함께 <u>제공하기</u> 시작했다.
④ 참가하기(참가하다) : 모임이나 단체 또는 일에 관계하여 들어가다.
　　예 저는 세미나에 <u>참가하기</u> 위해 여기에 왔어요.

11 '익숙한(익숙하다)'은 어떤 일을 여러 번 하여 서투르지 않은 상태에 있다는 의미이다.

[오답해설]
① 다양한(다양하다) : 모양, 빛깔, 형태, 양식 등이 여러 가지로 많다.
　　예 <u>다양한</u> 모양의 귀고리가 걸려 있었다.
② 부러운(부럽다) : 남의 좋은 일이나 물건을 보고 자기도 그런 일을 이루거나 그런 물건을 가졌으면 하고 바라는 마음이 있다.
　　예 복권 당첨자 소식을 보면 늘 <u>부러운</u> 마음이 생긴다.
③ 불편한(불편하다) : 몸이나 마음이 편하지 않고 괴롭다.
　　예 어머니 걱정에 <u>불편한</u> 마음이 들었다.

12 '저축'은 '함부로 쓰지 않고 아껴서 모아 둠'이라는 의미로, 흔히 매달 버는 돈의 일부를 쓰지 않고 모아 은행에 맡기는 것을 말한다.

[오답해설]
① 구인 : 일할 사람을 구함
　　예 우리 회사 규모가 커지면서 새로운 직원의 <u>구인</u>을 하고 있다.
③ 월급 : 한 달을 단위로 하여 지급하는 돈
　　예 이번 달 <u>월급</u>을 받았다.
④ 등록 : 일정한 자격 조건을 갖추기 위해 단체나 학교 등에 문서를 올림
　　예 영어 수업을 듣기 위해 학원을 새로 <u>등록</u>했다.

13 '미뤄진다(미루다)'는 '정한 시간이나 기일을 나중으로 넘기거나 늘이다'라는 의미이다. 이와 비슷한 의미의 단어는 '연기하기로(연기하다)'로, 이는 '정해진 기한을 뒤로 물려서 늘리다'라는 의미이다.

[오답해설]
② 여행하기로(여행하다) : 일이나 구경을 목적으로 다른 고장이나 외국에 가다.
　　예 이번 여름에는 친구와 제주도를 <u>여행하기로</u> 했어요.
③ 취소하기로(취소하다) : 발표한 말이나 생각을 거두어들이거나 예정된 일을 없애 버리다.
　　예 주연 배우가 크게 다쳐서 이번 공연은 <u>취소하기로</u> 했습니다.
④ 준비하기로(준비하다) : 미리 마련하여 갖추다.
　　예 이번 캠핑에서 저는 고기를 <u>준비하기로</u> 했어요.

14 '막는(막다)'은 어떤 현상이 일어나지 못하게 한다는 의미의 단어이다. 이와 비슷한 단어는 '질병이나 재해 등이 일어나기 전에 미리 대처하여 막다'라는 의미의 '예방해야(예방하다)'이다.

[오답해설]
① 발생해야(발생하다) : 어떤 일이나 사물이 생겨나다.
　　예 지난밤 산불이 크게 <u>발생했다</u>.
② 예습해야(예습하다) : 앞으로 배울 것을 미리 익히다.
　　예 성적을 잘 받으려면 꾸준히 <u>예습해야</u> 한다.
③ 조장해야(조장하다) : 바람직하지 않은 일을 더 심해지도록 부추기다.
　　예 학교에서 자꾸 노는 분위기를 <u>조장하지</u> 말아라.

15 '-부터'는 어떤 일과 관련된 범위의 시작임을 나타내는 보조사로 '가'는 몇 시간 일을 하냐고 물었고, '나'는 시간의 시작과 끝을 알려주고 있는 상황이므로 '오전 10시부터 오후 4시까지 일해요.'라고 대답하는 것이 옳다.

[오답해설]
② 는 : 문장 속에서 어떤 대상이 화제임을 나타내는 보조사
　　예 나<u>는</u> 직장인이다.
③ 로써 : 어떤 일의 수단이나 도구를 나타내는 격 조사
　　예 대화<u>로써</u> 갈등을 풀고 싶다.
④ 가 : 앞의 말이 행동의 주체임을 나타내는 조사
　　예 제<u>가</u> 발표하겠습니다.

16 '-거니와'는 앞말의 사실을 인정하면서 이와 관련된 다른 사실을 이어줄 때 쓰는 말이다. 성격이 좋음을 인정하면서 이와 관련된 다른 사실, 즉 일도 잘한다는 사실을 이어주고 있다.

[오답해설]

① -더라도 : 가정이나 양보의 뜻을 나타낼 때 쓰는 말

　예 아무리 질이 좋더라도 이렇게 비싼 건 안 살 거예요.

③ -지 않지만 : '-지 않-'에 '-지만'이 연결된 말로, 앞의 말을 부정하면서 이와 반대되는 내용을 뒤에 이어줄 때 쓰는 말이다.

　예 많이 바쁘지 않지만 그 일을 할 시간은 없어요.

④ -ㄹ 수도 : 주로 '있다' 혹은 '없다' 등과 함께 쓰여 어떤 일을 할 만한 능력이나 어떤 일이 일어난 가능성을 나타내는 말이다.

　예 내일은 비가 올 수도 있다.

17 '-겠-'은 미래의 일이나 추측을 나타내는 말이고, '좋다'는 '어떤 일이나 대상이 마음에 들 만큼 흡족하다'라는 의미이다. 이 두 단어가 함께 쓰여 '노트북을 받는다면 미래에 마음이 흡족할 것'임을 나타내고 있다.

[오답해설]

② -은 적이 있다 : 어떤 행위가 과거에 있었던 일임을 나타내어 과거의 사건이나 경험을 이야기할 때 사용하는 말이다.

　예 저는 몇 번 지갑을 잃어버린 적이 있어요.

③ 돼요(되다) : '-어도' 다음에 쓰일 경우 어떤 일이 가능하거나 허락될 수 있음을 나타내는 말이다.

　예 이제 집에 가도 돼요.

④ 싶다 : 말하는 사람의 추측이나 회의를 나타내는 표현이다.

　예 너무 황당해서 이게 꿈인가 싶어요.

18 '-ㄹ래요'는 앞으로 할 일에 대하여 자신의 의사를 나타내는 말이다. 발이 아프니 구두가 아닌 운동화를 신겠다는 자신의 의사를 나타내고 있다.

[오답해설]

① -ㄹ걸 : 말하는 이의 추측이 상대방이 이미 알고 있는 사실이나 기대와는 다른 것임을 나타내는 말로 가벼운 반박 혹은 감탄의 뜻을 나타낸다.

　예 아직 도착하지 않았을걸요.

③ -ㄹ 수밖에 없다 : 앞말이 의미하는 것 말고는 다른 방법이나 가능성이 없음을 나타내는 말이다.

　예 집에 쌀이 없어서 라면을 먹을 수밖에 없었어요.

④ -을 따름이다 : 오로지 그것뿐이고 그 이상은 아님을 나타내는 말이다.

　예 전 그저 당신을 만나러 왔을 따름입니다.

19 '-세요'는 '-시어요'가 줄어든 말로 상대방에 대해 설명이나 의문, 명령, 요청의 뜻을 나타내는 말이다. 여행지로 강릉에 가 보라는 요청의 뜻을 나타내고 있다.

[오답해설]

② -고(야) 말다 : 앞말이 뜻하는 행동이 끝내 실현됨을 나타내는 말이다. 일을 이루어 낸 데에 대해 긍정적인 생각이나 혹은 부정적이고 아쉬운 느낌이 있음을 함께 나타낸다.

🔲 크게 다치고 말았다.

③ 안 되다 : 부정이나 반대의 뜻을 나타내는 '안'과 어떤 일이 이루어져야 함을 나타내는 말인 '되다'가 결합되어 어떤 일이 이루어져서는 안 됨을 의미하는 말이다.

🔲 3시까지 그가 여기에 와서는 안 돼요.

④ -ㄹ 수 있다 : 어떤 일을 이루거나 어떤 일이 발생하는 것이 가능함을 나타내는 말이다.

🔲 불이 너무 세면 물이 넘칠 수 있어요.

20 '-어야 되다'는 어떤 일이나 상황에 대한 의무나 필요성을 나타내는 표현이다. 기차가 없으므로 버스를 타는 일이 필요함을 나타내고 있다.

[오답해설]

① -지 않다 : 앞말이 뜻하는 행동을 부정하는 뜻을 나타내는 말이다.

🔲 그는 고향으로 돌아가지 않아요.

② -지 못하다 : 앞말의 행동에 대하여 그것이 이루어지지 않거나 그것을 이룰 능력이 없음을 나타내는 말이다.

🔲 그는 계단을 오르지 못해요.

④ -았다 : 이야기하는 시점에서 볼 때 사건이 이미 일어났음을 나타내는 말이다. 단, 마지막 음절의 모음이 'ㅏ'나 'ㅗ'일 때 사용된다.

🔲 그 사람은 벌써 집에 갔어요.

21 '-느라고'는 뒷말에 발생한 부정적 결과에 대한 원인이나 이유를 나타낼 때 사용하는 말이다. 쉬지 못한 이유가 열심히 일한 것임을 나타내고 있다.

[오답해설]

② -지만 : 어떤 사실이나 내용을 말하면서 그에 반대되는 내용을 말하거나 조건을 붙여 말할 때 쓰는 말이다.

🔲 그는 배가 고팠지만 아무것도 먹을 수가 없었다.

③ -게 : 뒷말의 행위에 대한 목적이나 결과를 나타내는 말이다.

🔲 다른 사람들이 볼 수 있게 팻말을 높이 들었다.

④ -도록 : 앞말의 내용이 뒤에서 가리키는 사태의 목적이나 결과, 방식, 정도 등이 됨을 나타내는 말이다.

🔲 나무가 잘 자라도록 거름을 주었어요.

22 '–ㄹ 걸 그랬다'는 지난 행동을 후회하면서 하지 않은 일을 가정할 때 사용하는 말이다. 공부를 더 열심히 하지 않았음을 후회하면서 동시에 그것을 가정하고 있다.

- 유학 : 외국에 머물면서 공부함

  예 그는 미국으로 <u>유학</u>을 떠났다.

[오답해설]

② –었다 : 말을 하는 시점에서 사건이나 행위가 이미 일어났음을 나타내는 말이다.

  예 저는 누구보다 공부를 열심히 <u>했었어요</u>.

③ –나 싶다 : 말하는 사람의 추측이나 회의를 나타내는 표현이다.

  예 이런 꼴을 당하려고 지금껏 열심히 <u>일했나 싶어요</u>.

④ –고 싶다 : 앞말이 뜻하는 행동을 하고자 하는 마음이나 욕구를 가지고 있음을 나타내는 말이다.

  예 오늘은 매콤한 음식을 <u>먹고 싶어요</u>.

23 '–을 텐데'는 말하는 사람의 추측을 나타내는 표현으로, 뒷말에는 보통 추측한 내용과 관련되거나 반대되는 내용을 제시한다. 따라서 앞의 '날씨가 좋아서'와 적절하게 호응하지 못한다. 여기서는 '걸을까 봐요'를 사용하는 것이 적절하다. '–을까 보다'는 어떤 행위에 대해 확실하게 결정한 것은 아니지만 말하는 사람이 그렇게 할 생각은 있음을 나타내는 말이다.

- 맞추다 : 일정한 규격의 물건을 만들도록 미리 주문을 하다.

  예 결혼식에 신고 갈 구두를 <u>맞추었다</u>.

- 예약하다 : 미리 약속하다.

  예 오늘 저녁을 위해 식당을 <u>예약했다</u>.

[오답해설]

① –려고 : 어떤 행동을 할 의도나 욕망을 가지고 있음을 나타내는 말이다.

  예 메이 씨는 <u>자려고</u> 침대에 누웠어요.

② –지만 : 어떤 사실이나 내용을 말하면서 그에 반대되는 내용을 말하거나 조건을 붙여 말할 때 쓰는 말이다.

  예 샤샤 씨는 인상은 <u>무섭지만</u> 정말 착한 사람이에요.

④ –어 놓다 : 앞말이 뜻하는 행동을 끝내고 그 결과를 유지함을 나타내는 말이다.

  예 날이 너무 더워서 문을 <u>열어 놓았어요</u>.

24 '늦다'는 동사 '가다'를 꾸며 주는 말이므로 부사어가 되어야 하며, 따라서 형용사를 부사형으로 만드는 어미인 '-게'를 사용하여 '늦게'가 들어가야 한다. '-고'는 두 가지 이상의 사실을 서로 대등하게 벌여 놓을 때 쓰는 말이므로 적절하지 않다.

[오답해설]
① -ㄹ까 봐 : 앞말이 뜻하는 상황이 될까 걱정하거나 두려워함을 나타내는 말이다.
　🖩 학교에 지각할까 봐 온 힘을 다해 뛰어 왔다.
③ -더니 : 과거의 일이나 행동에 뒤이어 일어난 상황을 이어 주는 말로, 주로 앞말의 내용이 뒷말의 원인이 된다.
　🖩 스위치를 눌렀더니 불이 켜졌다.
④ -니까 : 앞말이 뒷말의 원인이나 근거, 전제 등이 됨을 나타내는 말로 '-니'를 강조한 말이다.
　🖩 밖에 바람이 많이 부니까 옷 잘 챙겨 입어라.

25 '-ㄴ 김에'는 앞의 말이 어떤 일의 기회나 계기가 됨을 뜻하는 말이다. 간식을 사러 가는 것이 음료수를 사는 기회가 됨을 나타내고 있다.

[오답해설]
② -더라면 : 과거의 사실을 실제와 다르게 가정해 보는 뜻을 나타내는 말이다.
　🖩 우산을 가져왔더라면 이렇게 비를 맞지는 않았을 텐데.
③ -ㄴ 데다 : 앞말과 관련되어 뒤의 내용이 덧붙을 때 사용하는 말이다.
　🖩 해가 진 데다 바람까지 불어 너무 추웠다.
④ -자마자 : 앞말의 동작이 이루어지자 잇따라 곧 뒷말의 사건이나 동작이 일어남을 나타내는 말이다.
　🖩 문을 열자마자 바람이 세차게 불어왔다.

26 '-을까 보다'는 어떤 행위에 대해 확실하게 결정한 것은 아니지만 말하는 사람이 그렇게 할 생각은 있음을 나타내는 말이다. 집에 돌아가는 것을 확실히 결정한 것은 아니지만, 그렇게 할 생각은 있음을 나타내고 있다.
① -ㄹ 수밖에 없다 : 앞말이 의미하는 것 말고는 다른 방법이나 가능성이 없음을 나타내는 말이다.
　🖩 너무 더워서 에어컨을 켤 수밖에 없었어요.
② -ㄹ 뻔하다 : 앞말이 뜻하는 상황이 실제 일어나지는 않았지만 그럴 가능성이 매우 높았음을 나타내는 말이다.
　🖩 조금만 더 늦었으면 크게 다칠 뻔했어요.
④ -ㄴ 척하다 : 앞말이 뜻하는 행동이나 상태를 거짓으로 그럴듯하게 꾸밈을 나타내는 말이다.
　🖩 그는 눈을 감은 척했다.

27 '–느니'는 앞의 상황보다는 뒤의 상황을 선택하겠다는 뜻을 나타내는 말이다. 그런데 눈물을 참는 것 대신 슬픈 상황을 선택하는 것은 말이 되지 않으며, 무엇보다 '영화'는 어떤 상황을 선택하는 주체가 될 수 없으므로 어색한 문장이 된다. 여기에는 앞의 내용에 가까운 수량이나 정도임을 나타내는 말인 '만큼'을 이용하여 '눈물을 참을 수 없을 만큼' 등의 내용이 들어가야 자연스럽다.

[오답해설]

② –는 동안 : 어떤 일이 어느 한때에서 다른 한때까지 이어질 때 쓰는 말이다.

　예 집으로 <u>가는 동안</u> 음악을 들었어요.

③ –ㄹ 만하다 : 앞말이 뜻하는 행동을 하는 것이 가능함을 나타내는 말이다.

　예 이 정도 너비면 제 차가 <u>지나갈 만해요</u>.

④ –ㄹ수록 : 앞말의 정도가 더하여 가는 것이 뒷말의 정도가 더하거나 덜해지는 조건이 됨을 나타내는 말이다.

　예 음식을 <u>먹을수록</u> 배가 불러요.

28 '–은 후에'는 앞말의 행동이 뒷말의 행동보다 시간상 앞섬을 나타내며, 시간 순서에 따른 행위를 나열할 때 사용하는 말이다. 그런데 환경보호를 위해 분리배출을 하기 전에 반드시 귀찮음을 느껴야 한다고 말하는 것은 의미상 어색하다. 여기에는 가정이나 양보의 뜻을 나타내는 말인 '–더라도'를 사용하여 '귀찮더라도'라고 써야 한다.

[오답해설]

② –으려던 참이다 : 어떤 행동을 할 생각이나 의향을 나타내는 말이다.

　예 마침 저녁 식사를 <u>준비하려던</u> 참이었어요.

③ –을 : 앞말이 관형어 구실을 하게 하는 말로, 동사 등에 붙어 뒤의 명사를 꾸며주는 역할로 만들어 준다.

　예 잠시만요, 말씀 <u>적을</u> 종이 좀 가져올게요.

④ –ㄴ 데다 : 앞말과 관련되어 뒤의 내용이 덧붙을 때 사용하는 말이다.

　예 한복은 <u>아름다운 데다가</u> 움직이기도 편하다.

29 ㉠ 님비현상 : 공공의 이익을 위해 꼭 필요하다는 것을 알면서도 시설이 들어섰을 때 생길 수 있는 여러 가지 불이익 때문에 자기 지역에 세워지는 것에는 반대하는 현상

㉡ 핌피현상 : 사람들에게 좋은 이미지를 주거나 자기 지역에 이익이 되는 시설을 서로 유치하려고 하는 현상

• 소각장 : 쓰레기나 폐기물 따위를 불에 태워 버리는 장소

　예 쓰레기 <u>소각장</u>에 낡은 책상을 버렸다.

• 위해 : 위험과 재해를 아울러 이르는 말

　예 그는 직접적인 <u>위해</u>를 가한 적이 없다.

- 수익성 : 수익을 거둘 수 있는 정도
  - 예 수익성이 높은 저축 상품으로 가입하는 것이 좋다.

[오답해설]
- 바나나 현상 : 각종 환경오염 시설물을 자기가 사는 지역권 내에는 절대 설치 못한다는 것이다. 지역 이기주의에 더하여 공동체 정신이 얼마나 부족한지를 보여 주고 있다.

30 자전거의 운전자가 보행자의 통행에 방해가 된다면 취해야 할 행동이 ㉠에 들어가야 하므로, '일시정지'가 들어가야 한다. '일시정지'는 인물이 동작을 정지한 채 움직이지 않는 상태를 말한다.
- 자전거도로 : 안전표지나 위험 방지용 울타리 따위로 경계를 표시하여 자전거가 다닐 수 있도록 한 도로
  - 예 자전거는 자전거도로로 가는 것이 좋다.
- 통행 : 일정한 장소를 지나다님
  - 예 이 골목은 공사 중이라 통행이 불가능합니다.
- 가장자리 : 둘레나 끝에 해당되는 부분
  - 예 침대 가장자리에 앉았다.
- 서행 : 사람이나 차가 천천히 감
  - 예 눈길에서 운전할 때는 서행하세요.

[오답해설]
① 직진 : 곧게 나아감
  - 예 계속 직진하면 우리 집이다.
③ 후진 : 뒤쪽으로 나아감
  - 예 후진할 때는 항상 조심해야 한다.
④ 재정비 : 다시 정돈하여 갖춤
  - 예 시스템 재정비 후 다시 시작할게요.

31 '입이 무겁다'는 말은 말수가 적거나 자신이 알고 있는 이야기를 다른 사람에게 함부로 옮기지 않는다는 의미이다. 두 번째와 세 번째 문장에서 누나의 말수가 적고 비밀을 다른 사람에게 함부로 전달하지 않는다고 이야기하고 있으므로 ㉠에는 '입이 무겁고'가 들어가는 것이 가장 적절하다.
- 부정적 : 그렇지 않다고 단정하거나 옳지 않다고 반대하는 것
  - 예 그는 모든 일에 부정적인 반응을 보인다.
- 비밀 : 숨겨 남에게 드러내거나 알리지 말아야 할 일
  - 예 오늘 있었던 일은 우리 둘만의 비밀이다.
- 신중하다 : 매우 조심스럽다.
  - 예 그는 모든 일에 매우 신중하다.

[오답해설]

① 얼굴이 두껍고(얼굴이 두껍다) : 부끄러움을 모르고 염치가 없다.

　　예 그는 자신이 저지른 잘못을 전혀 뉘우치지 않는 얼굴이 두꺼운 사람이다.

③ 머리털이 곤두서고(머리털이 곤두서다) : 무섭거나 놀라서 날카롭게 신경이 긴장되다.

　　예 귀신의 집에 들어서자마자 머리털이 곤두섰다.

④ 간이 크고(간이 크다) : 겁이 없고 매우 대담하다.

　　예 살면서 그렇게 간이 큰 사람은 처음 봤어요.

32 ㉠에는 글의 주제 혹은 중심 내용이 들어가야 한다. 두 번째 문장부터 문화유산이 훼손되지 않도록 문화유산을 관람할 때는 뛰거나 장난을 치지 말아야 하고, 문화유산을 자랑스럽게 여기고 널리 알려야 한다고 이야기하고 있다. 이러한 내용을 모두 포괄하는 중심 내용은 '문화유산을 보호하는 방법'이다.

- 관람하다 : 연극, 영화, 운동 경기, 미술품 등을 구경하다.

　　예 어제 저녁에는 영화를 관람했어요.

- 훼손하다 : 헐거나 깨뜨려 못 쓰게 만들다.

　　예 누군가에 의해 전시품이 훼손되었다.

- 복원하다 : 원래대로 회복하다.

　　예 망가진 전시품을 복원하였다.

[오답해설]

① 문화유산에 등록하는 방법은 나와 있지 않다.

② 우리나라 문화유산의 종류가 무엇이 있는지는 이야기하지 않았다.

④ 어떤 문화유산을 가장 보고 싶은지 이야기하지는 않았다.

33 ㉠의 앞 문장에서 '배를 타고 독도에 도착했다'고 하였고, 곧 배에서 내려 ㉠에 발을 내딛었다고 말하였다. 따라서 ㉠은 독도를 가리킨다.

- 다루다 : 어떤 것을 소재나 대상으로 삼다.

　　예 이 영화는 전쟁의 잔혹함에 대해 다루고 있다.

- 내딛다 : 밖이나 앞쪽으로 발을 옮겨 현재의 위치에서 다른 장소로 이동하다.

　　예 그는 공포에 몸이 굳어 한 발자국도 내딛지 못했다.

[오답해설]

② '배에서 내렸다'고 말하였으므로 ㉠은 배가 될 수 없다.

③ 울릉도에서 배를 타고 출발한 후에 배에서 내려 발을 내딛었으므로 ㉠은 울릉도가 아니다.

④ 인터넷은 발을 내딛을 수 없는 가상의 공간이다.

34 두 번째 문장에서 '부모님이 이번 휴가 때 독도를 다녀오자고 하셨다'고 이야기하였고, 그 뒤 실제로 독도를 다녀왔다. 따라서 '휴가를 맞이하여 독도에 다녀왔다'는 말은 글의 내용과 같은 내용이다.

[오답해설]

① 부모님이 아니라 '나'가 평소 독도에 관심이 많았다.

③ 집(서울)에서 버스를 타고 강릉으로 간 후 배로 갈아타 울릉도를 거쳐 독도에 갔다.

④ 마지막 문장에서 '인터넷에서만 보던 섬'이라고 하였으므로 예전에 독도를 다녀온 적이 없음을 알 수 있다.

35 세 번째 문장에서 '여름에는 바다를 보기 위해 속초로 간다'고 하였다. 그런데 마지막 문장에서 '이번 여름에는 장마로 비가 너무 많이 와서 여행을 가지 못했다'고 하였으므로, 이번 여름에는 장마가 와서 속초에 가지 못했음을 알 수 있다.

• 낙엽 : 나뭇잎이 떨어짐

　　예 올가을은 날씨가 추워서인지 평소보다 일찍 낙엽이 졌다.

• 장마 : 여름철에 여러 날을 계속해서 비가 내리는 현상이나 날씨. 또는 그 비

　　예 올해 여름에는 장마가 일찍 온다고 한다.

[오답해설]

② 팔공산에는 푸른 하늘과 낙엽을 즐기기 위해 간다.

③ 제주도에는 예쁜 유채꽃을 보기 위해 여행을 간다.

④ 여름에 비가 많이 와서 여행을 못 갔다고 하였을 뿐, 겨울에 여행을 가지 못했다는 내용은 없다.

36 세 번째 문장에서 '아픈 엄마를 대신해 약국에서 약을 받고, 집에 돌아와 엄마를 위해 죽을 만들었다'고 하였다. 따라서 엄마가 드실 음식을 요리했다는 말은 글의 내용과 같다.

• 간호 : 다쳤거나 앓고 있는 환자나 노약자를 보살피고 돌봄

　　예 어머니는 할머니의 간호를 하기 위해 병원에 남으셨다.

• 영하 : 섭씨온도계에서, 눈금이 0℃ 이하의 온도

　　예 오늘 올해 처음으로 기온이 영하로 떨어졌다.

[오답해설]

① 마지막 문장에서 '감기에 걸렸을 땐 차가운 물은 피해야 한다'고 하였다.

② 엄마가 감기에 걸리셔서 병원을 갔다.

④ 엄마는 기침을 많이 하셨다. 콧물이 많이 났다는 이야기는 없다.

37 동물원의 역할에 대해 설명한 첫 문장을 제외하면, 나머지 문장들은 동물원이 동물들에게 어떤 영향을 주는지를 설명하고 있다. 그것은 '어마어마한 스트레스', '사람을 마주하면서 겪는 고통', '장시간 이동할 때 겪는 마취와 갑작스럽게 바뀐 환경 등으로 인한 질병' 등이다. 따라서 이 글의 중심 내용은 '동물원은 동물에게 좋지 않은 영향을 미친다'이다.

- 멸종 : 생물의 한 종류가 아주 없어짐

  예 환경 오염으로 많은 동물이 멸종되었다.

- 천연기념물 : 자연 가운데 특히 중요하거나 특별한 보호가 필요해 법률로 규정한 생물이나 특이 현상 또는 그것을 보호하기 위해 필요한 일정 구역

  예 수리부엉이는 천연기념물이다.

- 보호하다 : 잘 지켜 원래대로 보존되게 하다.

  예 자연을 보호해야 한다.

- 스트레스 : 적응하기 어려운 환경에 처할 때 느끼는 심리적 · 신체적 긴장 상태

  예 갑자기 회사를 옮기면서 많은 스트레스를 받았다.

- 야생 : 산이나 들에서 저절로 나서 자람. 또는 그런 생물

  예 요즈음은 야생에서 자란 꽃들이 더 예뻐 보여요.

[오답해설]

① 아이들이 동물원에서 즐거움을 얻기는 하지만, 이 글에 그러한 내용이 나타나 있지는 않다.

② 동물을 동물원에 오기까지 힘든 일을 겪는다고 이야기하기는 하였다. 그러나 그것이 글 전체를 아우르는 중심 내용이라고 보기는 어렵다.

④ 동물들이 제한된 공간 갇혀 있는 것이 동물들에게 고통스러운 일이라는 이야기를 하기는 하였으나, 그들에게 자유가 필요하다는 이야기를 하지는 않았다. 또한 글 전체를 아우르는 내용으로 보기도 어렵다.

38 절기음식이 무엇인지를 설명하고, 각 명절마다 어떤 음식을 먹었는지를 하나씩 이야기하고 있다. 따라서 글의 제목은 '절기음식의 종류'가 가장 적절하다.

- 햅쌀 : 그 해에 새로 난 쌀

  예 지난주에 햅쌀을 받아서 그것으로 밥을 지어 봤어요.

- 쑤다 : 곡식의 알이나 가루를 물에 끓여 익혀서 죽이나 메주 등을 만들다.

  예 아픈 어머니를 위해 죽을 쑤었어요.

[오답해설]

②, ③ 떡국을 포함해 각각의 절기음식이 어떤 의미를 가지고 있는지는 글에 나타나 있지 않다.

④ 떡국이나 송편 등은 쌀로 만드는 음식이다. 그러나 쑥국이나 팥죽 등은 쌀로 만드는 음식이 아니다. 따라서 글의 제목으로 적절하지 않다.

39 '맞벌이'는 부부가 모두 직업을 가지고 돈을 버는 것을 말하며 '맞벌이 부부'라고도 한다.

[오답해설]
① 노부부 : 늙은 부부
⠿ 옆집에는 평소에 알고 지내던 노부부가 살고 있다.
③ 신혼부부 : 갓 결혼한 부부
⠿ 결혼한 지 얼마 안 된 신혼부부가 사이좋게 지나갔다.
④ 예비부부 : 결혼할 예정인 한 쌍의 처녀와 총각
⠿ 젊은 예비부부들을 위한 결혼 상담이 최근 인기를 끌고 있다.

40 ④는 출장이 아닌 '회의'의 정의이다. '출장'은 '용무를 위하여 임시로 다른 곳으로 나가는 것'
이다.
• 직위 : 직무에 따라 규정되는 사회적 · 행정적 위치
⠿ 사나 씨는 회사에서 높은 직위에 있어요.
• 계급 : 사회나 일정한 조직 내에서의 지위, 관직 등의 단계
⠿ 미아 씨는 올해 한 계급 승진했어요.
• 사항 : 일의 항목이나 내용
⠿ 참고해야 할 사항이 있으면 알려주세요.
• 교환하다 : 서로 주고받고 하다.
⠿ 모두 많은 의견을 교환해 주세요.

41 재래시장은 예전부터 있어 전해 내려오는 시장으로, '전통시장'이라고도 한다. 지역에 따라 3일
혹은 5일 등 일정한 기간을 두고 열리는 장도 있는데, 이는 각각 3일장, 5일장이라고 부른다.

[오답해설]
② 편의점 : 식품이나 일용품, 간단한 상비약 등을 취급하는 소형 점포로 일 년 내내 쉬지 않
고 24시간 동안 운영하는 것이 특징이다.
⠿ 항상 편의점에 간다.
③ 백화점 : 한 건물 안에 여러 가지 상품을 부문별로 진열하고 판매하는 소매점이다. 오늘날
에는 높은 수준의 서비스와 편리함을 보장하는 대신 상품의 가격이 다소 높은 곳으로 인
식되고 있다.
⠿ 이번주에 쇼핑하러 백화점에 갈 예정이다.
④ 슈퍼마켓 : 식료품을 중심으로 하여 일용품 및 잡화류를 판매하는 대규모 소매점이다. 일
반 소매점에 비해 상대적으로 규모가 큰 소매점으로, 한 곳에서 생활에 필요한 대부분의
물건을 살 수 있는 것이 특징이다.
⠿ 음식 재료를 사러 슈퍼마켓에 왔다.

42 관혼상제는 우리 조상이 옛날부터 중요하게 여긴 가정의 행사이자 그 행사를 치를 때의 예절을 함께 말하는 것이다. 이때 관례는 청소년이 머리에 관을 쓰고 성년이 되는 의식을 말하고, 혼례는 결혼식을 말한다. 제례는 조상을 기리는 제사를 말하며, 마지막으로 상례는 사람이 죽었을 때 장사를 지내는 풍습, 즉 장례를 말한다.

- 성년 : 혈기가 왕성한 한창때의 나이. 또는 그런 나이의 사람
  - 예 현재 대한민국은 성년으로 인정하는 나이를 법으로 정하였다.
- 기리다 : 뛰어난 업적이나 바람직한 정신, 위대한 사람 따위를 칭찬하고 기억하다.
  - 예 광개토대왕릉비는 광개토대왕의 위대한 업적을 새겨 기리는 비석이다.

43 사회보험은 국가가 질병이나 노령, 실업 등 사회적인 위험으로부터 국민의 건강과 일정 수준 이상의 소득을 보장하기 위해 강제적으로 가입하도록 한 사회보장제도의 일종이다. 우리나라는 4대 사회보험을 시행하고 있는데, 산업재해보상보험(산재보험), 국민건강보험(건강보험), 국민연금, 고용보험 등이 그것이다. 상해보험은 우연한 사고로 인해 몸을 다치거나 사망할 경우 일정한 금액을 지급하는 보험을 말하며, 국가가 아닌 일반 회사에서 운영하는 민간보험이다.

- 보장하다 : 어떤 일이 어려움 없이 이루어지도록 조건을 마련하여 보증하거나 보호하다.
  - 예 국가는 법을 통해 국민의 자유를 보장하고 있습니다.
- 시행하다 : 법령을 공포한 뒤에 그 효력을 실제로 발생시키다.
  - 예 새로운 정책을 시행하면 여론이 좋아질 것이다.
- 지급하다 : 돈이나 물품 따위를 정하여진 몫만큼 내주다.
  - 예 우리 학교는 공부를 가장 잘하는 학생에게 장학금을 지급해요.
- 민간 : 관청이나 정부 기관에 속하지 않음.
  - 예 민간기업은 은행 대출로 돈의 공급을 해결하고 있다.

44 '태권도'는 한국을 대표하는 전통 무술로 현재 전 세계적으로 많이 보급되었고, 2000년 시드니 올림픽부터 정식 종목으로 채택되었다.

[오답해설]
① 택견 : 태권도와 같은 우리나라를 대표하는 전통 무술로 유연하고 율동적인 춤과 같은 동작으로 상대를 제압한다.
  예 곧 택견 시범이 펼쳐질 예정입니다.
② 검도 : 검을 통한 수행 전반을 말하며, 스포츠에서는 죽도로 상대편을 치거나 찔러 얻은 점수로 승패를 가리는 경기를 가리킨다.
  예 자신감을 얻기 위해 검도를 배운다.
④ 양궁 : 서양식으로 만든 활에 화살을 먹여 일정 거리 밖에 있는 표적을 겨냥하여 쏘아 맞히는 경기이다.
  예 한국은 이번 양궁 경기에서 금메달을 모두 차지할 것이다.

45 '인천국제공항'은 인천광역시 중구에 있는 한국 최대의 국제공항으로 연간 33만 회의 항공기 운항과 최대 5,700만 명의 여객 및 화물 350만 톤을 처리할 수 있는 능력을 갖고 있다. 총 60개 국 170여 개 도시에 취항하고 있으며, 2005년부터 2017년까지 13년 연속으로 세계 1위 최우수 공항에 선정되는 등 세계적인 공항으로 발전하고 있다.

[오답해설]

② 제주국제공항 : 제주특별자치도 제주시에 위치한 국제공항으로 도쿄, 나고야, 오사카, 베이징, 상하이, 방콕 등 국제 도시 및 국내의 도시를 연결하고 있다.

　예 한 해 제주국제공항을 찾는 관광객은 약 260만 명이다.

③ 김포국제공항 : 인천국제공항 개항 전까지 우리나라 제일의 국제공항이었으며, 현재는 국내 도시와 인근 해외 도시를 연결하는 공항이다.

　예 김포국제공항에서 제주도로 가는 비행기를 탔다.

④ 무안국제공항 : 전라남도 무안군에 있는 국제공항으로 2007년 11월에 개항하였다. 목포공항 국내선 및 광주공항 국제선의 대체공항으로 10여년의 공사로 준공된 국제공항이다.

　예 무안국제공항은 부분적으로 운항을 재개할 예정이다.

46 '다문화'는 한 사회 안에 여러 민족이나 여러 국가의 문화가 뒤섞여 함께 존재하는 것을 말한다.

[오답해설]

① 저출산 현상 : 태어나는 아이의 수가 감소하여 사회의 출산율이 점점 낮아지는 현상이다.

　예 우리나라는 저출산 현상이 심각하다.

② 핵가족 현상 : 부부와 결혼하지 않은 자녀만으로 이루어진 작은 크기의 가족, 즉 핵가족이 점차 늘어나는 현상을 말한다.

　예 핵가족 현상의 증가로 대량 구매가 줄어들었다.

③ 고령화 현상 : 노년층 인구의 비율이 계속 증가하는 현상을 말한다. 일반적으로 총 인구 중 65세 이상의 인구의 비율에 따라 사회를 '고령화 사회' 또는 '고령 사회', '초고령 사회' 등으로 분류한다.

　예 고령화 현상을 대비한 정책들이 나오고 있다.

47 김대중 전 대통령은 남북한 간의 화해와 평화를 위해 주력하였으며, 대북 화해 협력 정책인 '햇볕 정책'을 추진하였다고 글에 나타나 있다.

· 업적 : 어떤 사업이나 연구 등에서 세운 결과

　예 김대중 대통령은 많은 업적을 남겼다.

· 참석하다 : 모임이나 회의 등의 자리에 참여하다.

　예 이번 회의에는 한 명도 빠짐 없이 모두 참석하세요.

· 주력하다 : 어떤 일에 온 힘을 기울이다.

　예 1970년대 이후 우리나라는 중화학공업의 발전에 주력했다.

- 진전하다 : 일이 진행되어 발전하다.
  예 많은 노력에도 일이 좀처럼 진전되지 않았다.
- 이바지하다 : 도움이 되게 힘을 쓰다.
  예 여러 가지 방법으로 회사에 이바지하겠습니다.

[오답해설]
① 노벨 평화상 시상식이 어디에서 열리는지는 글에 나타나 있지 않다.
② 한국인 최초로 노벨상을 받고 수상 연설을 한 사람은 김대중 전 대통령으로, 경제학자가 아닌 정치인이다.
④ 햇볕 정책을 통해 남북 간의 경제 협력을 진전시켰다.

48 실업이 무엇인지를 첫 번째 문장에서 설명한 후, '자발적 실업'과 '비자발적 실업'이라는 실업의 두 종류에 대해 차례대로 설명하였다. 따라서 본 글의 주제로 가장 적절한 것은 '실업의 의미와 종류'이다.
- 실업 : 일할 의사와 힘이 있는 사람이 일자리를 잃거나 일할 기회를 얻지 못하는 상태
  예 경기가 좋지 않아 나는 계속해서 실업 상태이다.
- 자발적 : 남이 시키거나 요청하지 않아도 자기 스스로 나아가 행하는 것
  예 자발적으로 출장에 나섰다.
- 탐색 : 드러나지 않은 사물이나 현상 등을 찾아내거나 밝히기 위해 살펴 찾음
  예 그는 새로 발견된 발굴 현장의 탐색을 시작했다.
- 침체 : 어떤 현상이나 사물이 진전하지 못하고 제자리에 머무름
  예 오전에 발생한 일로 분위기가 침체되어 있었다.

[오답해설]
② 탐색적 실업이 무엇을 말하는지는 설명하였으나, 그것의 중요성에 대해 이야기하지는 않았다.
③ 실업에 대한 정부의 정책이 무엇이 있는지는 말하고 있지 않다.
④ 실업과 실업률이 어떤 상관관계를 나타내는지 나와 있지는 않다.

49 주어진 글의 빈칸 앞에 내용이 기온차가 크므로 입고 벗기 쉬운 겉옷으로 체온 조절을 잘 해야 함을 설명하고 있다. 따라서 빈칸에는 '앞 절의 일이 뒤 절 일의 조건임을 나타내는 연결 어미'인 '-어야'를 사용한 '잘 해주어야 합니다.'가 들어가는 것이 가장 자연스럽다.

50 '-나 보다'는 말하는 사람의 추측을 나타내는 표현이다. 음식점에 도착했을 때 이미 사람이 너무 많았다고 이야기했고, 그 이야기를 들은 '가'가 '다음에는 조금 더 일찍 가 보라'고 하였으므로 '나'는 너무 늦게 도착한 것이 아니었는지 추측하고 있다고 보아야 한다. 따라서 '너무 늦게 갔나 봐요'가 들어가는 것이 가장 적절하다.

02 폐기용 쓰레기는 종량제 봉투에 넣고, 플라스틱 쓰레기는 재활용이 가능한지 확인한 후 내용
    물을 비우고 상표를 떼어 배출합니다.

03 분리배출을 통해 주거 환경을 쾌적하게 유지할 수 있고 자원을 재활용할 수 있습니다.
    • 폐기 : 못 쓰게 된 것을 버림
      예 유통기한이 지난 음식들은 전부 <u>폐기</u>한다.
    • 재생 : 낡거나 못 쓰게 된 물건을 가공하여 다시 쓰게 함
      예 폐기름을 비누로 <u>재생</u>하여 판매한다.
    • 종량제 봉투 : 쓰레기를 담아 버리는 지정된 규격의 봉투
      예 <u>종량제 봉투</u>를 이용해 정해진 날짜에 버려야 한다.
    • 처리하다 : 절차에 따라 사건 따위를 마무리 짓다.
      예 여러 사람이 힘을 모아 급한 일을 <u>처리하였</u>다.
    • 상표 : 사업자가 자기 상품에 대하여, 경쟁업체의 것과 구별하기 위하여 사용하는 일정한
      표지
      예 <u>상표</u>도 뜯지 않은 옷들이 많다.
    • 배출하다 : 안에서 밖으로 밀어 내보내다.
      예 자동차에서 <u>배출되는</u> 매연으로 인해 대기오염이 발생한다.

04 광화문 광장에는 이순신 장군의 동상이 있습니다. 이순신 장군은 임진왜란 때 일본의 해군과
    싸워 이긴 위인입니다.

05 저는 재봉틀을 사용하는 방법을 배워 보고 싶습니다. 재봉틀을 배우면 망가진 옷들도 고칠
    수 있고, 오래된 옷들도 제 마음대로 다시 리폼을 해서 사용할 수 있기 때문입니다. 재봉틀을
    배워서 제가 생각하는 모양대로 옷이나 가방을 꾸며 보고 싶습니다. 그리고 어르신이나 어려
    운 아이들의 옷을 만들어 주는 봉사활동도 해 보고 싶습니다.

사회통합프로그램 사전평가
실전모의고사 3회 정답 및 해설

[객관식 · 주관식 정답 및 해설]

01	02	03	04	05	06	07	08	09	10	11	12	13	14	15	16	17	18	19	20
②	③	①	①	④	③	②	④	①	①	②	③	④	④	②	①	①	③	②	②

21	22	23	24	25	26	27	28	29	30	31	32	33	34	35	36	37	38	39	40
④	③	②	④	①	①	②	②	①	③	③	④	④	①	③	③	③	①	③	③

41	42	43	44	45	46	47	48
①	④	②	④	②	①	③	①

49	무겁게 한다
50	합격하면 좋겠어요

01 사진 속 물건은 '옷걸이'이다. 옷걸이는 옷을 걸어 두도록 만든 물건이다.

[오답해설]
① 선반 : 벽면에 평탄하게 설치하여 물건을 얹어 놓을 수 있게 만든 널빤지
   예 방에 선반을 설치해서 물건들을 정리해야 겠다.
③ 구둣주걱 : 구두를 신을 때, 발이 잘 들어가도록 뒤축에 대는 도구
   예 구둣주걱은 긴 것이 편하다.
④ 빨래집게 : 빨랫줄에 빨래를 널어 말릴 때, 세탁물이 날아가거나 떨어지지 아니하도록 집
   어서 고정시켜 두는 기구
   예 바람이 많이 불면 빨래집게로 고정해놓아야 날아가지 않는다.

02 '-마다'는 각 상황이 되풀이됨을 나타내거나 하나하나 빠짐없이 모두 비슷한 상황에 있음을
나타내는 조사이다.
• 되풀이하다 : 같은 말이나 상황을 자꾸 하거나 일으키다.
   예 아까부터 오빠가 같은 말을 끝없이 되풀이해요.
• 빠짐없이 : 하나도 빠뜨리지 않고 모두 다 있게
   예 한 사람도 빠짐없이 참여하시기 바랍니다.
• 직접적 : 중간에 아무것도 끼거나 거치지 않고 바로 연결하는 것
   예 나는 회사와 직접적으로 관련이 있는 사람입니다.
• 목적지 : 목적으로 지목하는 장소
   예 우리의 여행 목적지는 서울이에요.

- 비유 : 어떤 현상이나 사물을 직접 설명하지 않고 다른 비슷한 현상이나 사물로 설명하는 일
  - 예 우리 선생님은 커다란 얼굴을 보름달에 <u>비유</u>해요.
- 비교 : 둘 이상의 물건을 서로 견주어 공통점이나 차이점 등을 살펴봄
  - 예 부모님은 내 실력을 다른 사람과 <u>비교</u>하지 않아요.

[오답해설]
① 을(를) : 어떤 동작이 미친 직접적인 대상이나 행동의 목적지가 되는 장소를 나타내는 조사
  - 예 나는 친구와 함께 재미있는 영화<u>를</u> 볼 거예요.
② 처럼 : 비유나 비교의 대상을 가리키는 조사
  - 예 선생님<u>처럼</u> 아이들을 잘 가르치는 사람이 되고 싶어요.
④ 이(가) : 어떤 행동을 하는 대상이나 어떤 상태에 있는 대상을 나타내는 조사
  - 예 우리 언니<u>가</u> 도서관에서 공부해요.

03 '무거워요(무겁다)'는 무게가 많이 나간다는 뜻으로 반대말은 '가벼워요(가볍다)'이다.

[오답해설]
② 어려워요(어렵다) : 말이나 글이 이해하기에 까다롭다. ↔ 쉬워요(쉽다)
  - 예 이 책은 어린이가 읽기에는 너무 <u>어려워</u>요.
③ 싫어해요(싫어하다) : 싫게 여기다. ↔ 좋아해요(좋아하다)
  - 예 나는 무서운 공포 영화를 <u>싫어해</u>요.
④ 작아요(작다) : 길이, 넓이 등이 보통보다 덜하다. ↔ 커요(크다)
  - 예 아기의 손발은 참 귀엽고 <u>작아</u>요.

04 '충분해요(충분하다)'는 모자람이 없이 넉넉하다는 뜻으로 반대말은 '부족해요(부족하다)'이다.
- 모자람 : 기준에 미치지 못함
  - 예 이번 발표는 여러 가지로 <u>모자람</u>이 많았어요.
- 넉넉하다 : 크기, 수량이 기준에 차고도 남거나 모자라지 않고 여유가 있다.
  - 예 오늘은 바쁘지만, 주말에는 시간이 <u>넉넉해</u>요.
- 실제로 : 거짓이나 상상이 아니고 현실적으로
  - 예 이 영화는 <u>실제로</u> 있었던 경험으로 만들었어요.

[오답해설]
② 예뻐요(예쁘다) : 생긴 모양이 아름다워 눈으로 보기에 좋다. ↔ 추해요(추하다)
  - 예 식당에 있는 유리잔이 <u>예뻐</u>요.
③ 멀어요(멀다) : 거리가 많이 떨어져 있다. ↔ 가까워요(가깝다)
  - 예 제 고향과 한국은 거리가 많이 <u>멀어</u>요.
④ 있어요(있다) : 사람, 물체 등이 실제로 있는 상태이다. ↔ 없어요(없다)
  - 예 옷이랑 가방은 선반 위에 <u>있어</u>요.

05 목소리나 악기를 이용하여 생각이나 감정을 나타내는 예술을 '음악'이라고 하며, 노래를 부르는 수업은 음악 수업이다.

• 학문 : 어떤 분야를 배워서 익히거나 그런 지식

　예 <u>학문</u>에 힘쓰면서 학교에 다녀요.

[오답해설]

① 공부 : 학문이나 기술을 배우고 익힘

　예 나는 좀 더 열심히 <u>공부</u>를 해서 좋은 대학교에 갈 거예요.

② 수영 : 물속을 헤엄치는 일

　예 엄마는 <u>수영</u>을 하러 바닷가로 나갔어요.

③ 운동 : 사람이 건강을 위하여 몸을 움직이는 일

　예 수민이는 <u>운동</u> 중에서 야구와 축구를 좋아해요.

06 '아직'은 어떤 상태나 일이 어떻게 되기까지 시간이 더 지나야 함을 나타낸다.

• 쌍둥이 : 한 어머니에게서 동시에 태어난 두 아이

　예 형과 나는 같은 날에 태어난 <u>쌍둥이</u>입니다.

[오답해설]

① 혹시 : 그러할 리는 없지만 만일에, 어쩌다가 우연히

　예 <u>혹시</u> 실패하더라도 용기를 잃지 마세요.

② 거의 : 어느 한도에 매우 가까운 정도로

　예 쌍둥이는 차이가 <u>거의</u> 없어요.

④ 벌써 : 예상보다 빠르게, 이미 오래전에

　예 산책을 가니 <u>벌써</u> 벚꽃이 활짝 피었어요.

07 '입국'은 '자기 나라 또는 남의 나라 안으로 들어감'을 의미한다. 이와 반대 의미의 단어는 '나라의 국경 밖으로 나감'을 의미하는 '출국'이다.

• 발열 : 열이 남

　예 <u>발열</u>이 심해져 해열제를 먹었다.

• 발진 : 피부 부위에 작은 종기가 광범위하게 돋는 질환

　예 목 뒤에 <u>발진</u>이 생겼다.

• 의심 : 확실히 알 수 없어서 믿지 못하는 마음

　예 지금 내가 너의 물건을 훔쳐갔다고 <u>의심</u>하는 거니?

[오답해설]

① 출발 : 목적지를 향하여 나아감

　예 기차가 <u>출발</u>하였습니다.

③ 수속 : 어떤 일을 수행하거나 처리하기 전에 거쳐야 할 과정이나 단계

　　예 나는 방금 탑승 수속을 마쳤어요.

④ 도착 : 목적한 곳에 다다름

　　예 내 친구는 지금 학교에 도착했어요.

08 '느긋한(느긋하다)'은 마음에 여유가 있고 넉넉하다는 뜻으로 반대말은 '급한(급하다)'이다.

　• 넉넉하다 : 마음이 넓고 여유가 있거나 크기 등이 기준에 차고도 남음이 있다.

　　예 그 사람은 돈도 많고 마음도 넉넉하다.

　• 이해하다 : 깨달아 알거나 잘 알아서 받아들이다.

　　예 내 친구는 어려운 문제도 빨리 이해해요.

[오답해설]

① 부지런한(부지런하다) : 어떤 일을 미루지 않고 꾸준하게 열심히 하다. ↔ 게으른(게으르다)

　　예 그는 매일 이른 새벽에 운동을 하는 부지런한 사람이에요.

② 추운(춥다) : 대기의 온도가 낮다. ↔ 더운(덥다)

　　예 사람들이 추운 날씨에 몸을 덜덜 떨었어요.

③ 어려운(어렵다) : 말이나 글이 이해하기에 까다롭다. ↔ 쉬운(쉽다)

　　예 선생님은 어려운 책을 쉽고 재밌게 읽어줍니다.

09 '가계부'는 집안 살림의 수입과 지출의 상태를 적는 것이다. 엄마가 물건을 살 때마다 지출하는 돈을 꼼꼼하게 기록하는 것을 의미하므로 '가계부'가 옳다.

　• 수입 : 돈이나 물건을 벌어들임. 또는 그런 돈이나 물건

　　예 외국의 물건을 수입하다.

　• 지출 : 어떤 목적을 위하여 돈을 지급하는 일

　　예 새로운 옷을 많이 사서 지출이 늘었다.

　• 진열하다 : 여러 사람에게 물건이나 상품을 보이기 위하여 벌여 놓다.

　　예 가게에 진열된 물건들을 모두 사고 싶어요.

[오답해설]

② 백화점 : 한 건물에 다양한 종류의 상품을 나누어 진열해 놓고 파는 큰 상점

　　예 백화점에는 온갖 물건을 다 팔아요.

③ 현금 : 현재 가지고 있는 돈 또는 나라에서 내는 지폐

　　예 나는 지금 지갑에 현금이 한 푼도 없어요.

④ 할인 : 일정한 값에서 얼마를 뺌

　　예 마트에서는 바나나를 5% 할인하여 팔고 있어요.

10 '가입했어요(가입하다)'는 조직이나 단체에 들어가는 것을 의미한다.
- 수도관 : 수돗물을 보내는 관
  - 예 오래된 <u>수도관</u>에서 나오는 물은 먹으면 안 됩니다.
- 예정하다 : 앞으로 일어날 일이나 해야 할 일을 미리 정하여 생각하다.
  - 예 우리는 봄에 고향으로 돌아갈 것을 <u>예정했어요</u>.

[오답해설]
② 막혔어요(막히다) : 길이나 통로가 통하지 못하게 하다.
  - 예 어제부터 수도관이 <u>막혀서</u> 물이 안 나와요.
③ 취소했어요(취소하다) : 예정된 일을 없애 버리다.
  - 예 감기에 걸려서 공연을 <u>취소하기로</u> 했어요.
④ 먹었어요(먹다) : 음식을 입을 통하여 배 속에 들여보내다.
  - 예 산에서 아빠가 만든 김밥을 <u>먹었어요</u>.

11 '어두워요(어둡다)'는 빛이 없어 밝지 아니한 상태로, 불을 끈 방의 상태는 '어두워요(어둡다)'가 옳다.
- 닿다 : 어떤 물건이 다른 물건에 붙어 그 사이에 빈틈이 없다.
  - 예 바다와 땅은 서로 <u>닿아</u> 있어요.

[오답해설]
① 예뻐요(예쁘다) : 생긴 모양이 아름다워 눈으로 보기에 좋다.
  - 예 방에 있는 인형은 정말 <u>예뻐요</u>.
③ 짧아요(짧다) : 한쪽 끝에서 다른 쪽 끝까지의 사이가 가깝다.
  - 예 어제 머리를 잘라서 머리카락의 길이가 <u>짧아요</u>.
④ 길어요(길다) : 닿아 있는 물건의 두 끝이 서로 멀다.
  - 예 치마가 너무 <u>길어</u> 바닥에 질질 끌려요.

12 '여권'은 외국을 여행하는 사람의 신분을 증명하는 문서로, 여행을 가려면 공항에서 여권을 보여주어야 한다.
- 신분 : 개인의 사회적인 위치
  - 예 <u>신분</u>에 맞는 행동을 하세요.
- 증명하다 : 어떤 일에 대하여 그것이 진실인지 아닌지 밝혀내다.
  - 예 그 사람이 한 말이 모두 거짓이라는 것을 <u>증명할</u> 거예요.
- 활주로 : 비행기가 뜨거나 내릴 때 달리는 길
  - 예 비행기가 <u>활주로</u>에서 벗어나 하늘을 날아요.
- 풍경 : 산이나 강, 바다 등의 자연의 모습
  - 예 높은 곳에서 보는 <u>풍경</u>은 매우 아름답습니다.

① 착륙 : 비행기가 공중에서 활주로에 내림

　예 안개가 짙어서 헬리콥터는 <u>착륙</u>에 실패했어요.

② 관광 : 다른 나라에 가서 그곳의 풍경이나 문화 등을 구경함

　예 다른 나라를 여행할 땐 가방을 잘 챙기고 <u>관광</u>을 다녀요.

④ 지갑 : 돈이나 카드를 넣을 수 있도록 만든 물건

　예 민수 씨는 <u>지갑</u>에서 돈을 꺼내 점심을 계산했어요.

13 '번잡해요(번잡하다)'는 번거롭게 뒤섞여 어수선하다는 뜻으로 비슷한 말은 '복잡해요(복잡하다)'이다.

· 뒤섞이다 : 물건이나 생각, 말이 마구 섞이다.

　예 청소를 안 해서 책상 위에 연필들이 <u>뒤섞여</u> 있어요.

· 어수선하다 : 사물이 가지런하지 않고 마구 헝클어져 있거나 마음이나 분위기가 안정되지 못하다.

　예 조카들이 놀러 와서 뛰어 다니는 바람에 집안이 <u>어수선해요</u>.

[오답해설]

① 가벼워요(가볍다) : 무게가 기준이 되는 대상의 것보다 적다.

　예 나이가 많은 사람은 <u>가벼운</u> 물건을 들어야 해요.

② 변경해요(변경하다) : 다르게 바꾸거나 새롭게 고치다.

　예 비가 많이 와서 출발 날짜가 <u>변경되었어요</u>.

③ 두꺼워요(두껍다) : 두께가 보통의 정도보다 크다.

　예 수박은 사과보다 껍질이 <u>두꺼워요</u>.

14 '머무르다'는 일시적으로 어떤 곳에 묵는다는 의미로 비슷한 말은 '숙박해요(숙박하다)'이다.

· 광장 : 많은 사람이 모일 수 있게 거리에 만들어 놓은 넓은 공간

　예 대학생들이 광장에 모여 서로 이야기를 하고 있어요.

· 만세 : 환호나 바람 등을 나타내기 위해 두 손을 높이 들면서 외치는 말과 함께 하는 동작

　예 밤에 사람들이 큰 소리로 <u>만세</u>를 외치고 있다.

[오답해설]

① 구경해요(구경하다) : 흥미나 관심을 가지고 보다.

　예 수족관에서 다양한 물고기를 <u>구경해요</u>.

② 고쳤어요(고치다) : 못 쓰게 된 물건을 손질하여 제대로 되게 하거나 잘못된 것을 바로잡다.

　예 교수님은 맞춤법에 맞게 글을 <u>고쳤어요</u>.

③ 외쳤어요(외치다) : 남의 주의를 끌기 위해 큰 소리를 지르다.

　예 많은 사람이 광장에 모여 큰 소리로 만세를 <u>외쳤어요</u>.

15 '–는' 문장 속에서 어떤 대상이 화제임을 나타내는 보조사이므로 '가'에서 원두가 화제이므로 '원두는 어떤 걸로 드릴까요?'가 들어가는 것이 가장 적절하다.

- 산미 : 식초와 같은 맛

  예 이 술에서 <u>산미</u>가 약간 느껴진다.

[오답해설]

① 만 : 다른 것으로부터 제한하여 어느 것을 한정함을 나타내는 보조사

  예 필기시험에 합격한 사람<u>만</u> 면접을 볼 수 있다.

③ 에게 : 어떤 행동이 미치는 대상을 나타내는 격 조사

  예 언니<u>에게</u> 합격 소식을 알리고 싶다.

④ 라면 : 어떠한 사실을 가정하여 조건으로 삼는 뜻을 나타내는 연결 어미

  예 내가 너<u>라면</u> 그곳에 가지 않았을 거야.

16 '–지만'은 앞의 내용과 뒤의 내용이 서로 반대되는 내용일 때 사용한다.

- 반대되다 : 의견이나 행동이 맞서거나 거스르게 되다.

  예 서로 <u>반대되는</u> 생각들로 우리는 싸웠다.

- 불확실하다 : 틀림이 없다고 믿을 만하지 않거나 확실하지 않다.

  예 그녀가 이곳에 올지는 <u>불확실해요</u>.

[오답해설]

② '–니까(으니까)' : 앞의 문장이 뒤의 문장에 대한 이유나 원인을 나타낼 때 사용한다.

  예 토요일에는 길이 <u>막히니까</u> 대중교통을 이용하세요.

③ '–면' : 불확실하거나 아직 이루어지지 않은 사실을 가정하며 말할 때 사용한다.

  예 외떨어진 산골에 <u>살면</u> 많이 무서울 거예요.

④ '–기에' : 어떤 행동의 원인이나 근거를 나타낼 때 사용한다.

  예 집 밖에서 큰 소리가 <u>나기에</u> 우리 가족은 급하게 밖으로 나갔어요.

17 '–거나'는 둘 이상의 행동 중 하나를 선택함을 나타낸다. 위의 문장에서 햇볕이 뜨거울 때 '모자를 쓴다'와 '양산을 펴다' 두 가지의 행동을 나열하여 그 가운데 하나를 선택하는 것이므로 '쓰거나'가 옳다.

- 양산 : 햇볕을 가리는 데 사용하는 물건

  예 햇볕이 너무 강해서 <u>양산</u>을 펼쳐요.

- 펴다 : 접힌 것을 젖히어 벌리거나 굽은 것은 곧게 하다.

  예 굽은 어깨를 <u>펴고</u> 다니세요.

- 가정하다 : 사실이 아니거나 분명하지 않은 것을 임시로 사실인 것처럼 정하다.

  예 커다란 집을 가졌다고 <u>가정해볼까요</u>.

- 임시 : 미리 얼마 동안으로 정하지 않는 잠시 동안

  예 사람이 없어서 가게가 <u>임시</u>로 문을 닫았어요.

• 중단되다 : 도중에 멈추게 되거나 그만두게 되다.
　예 태풍이 심해서 야구 경기가 중단되었다.

[오답해설]
② −(으)면 : 불확실하거나 아직 이루어지지 않은 사실을 가정하며 말할 때 사용한다.
　예 머리가 많이 아플 땐 두통약을 먹으면 나아질 거예요.
③ −지만 : 앞의 내용과 뒤의 내용이 서로 반대되는 내용임을 나타낼 때 사용한다.
　예 나는 키가 작지만 여동생은 키가 커요.
④ −다가 : 어떤 행동이 중단되고 다른 행동으로 전환됨을 나타낼 때 사용한다.
　예 낮에는 덥다가 저녁에는 많이 추워졌어요.

18 '−았/었다'는 상황이나 일이 과거에 일어났음을 나타낸다. 얼마 전에 짝꿍이 필리핀에서 전학
온 과거의 사실을 말하고 있으므로 '왔어요'가 옳다.
• 전학 : 다니던 학교에서 다른 학교로 옮겨 가서 배움
　예 나는 봄에 이 학교로 전학을 왔어요.
• 가능성 : 일이 이루어지거나 발전할 수 있는 성질이나 정도
　예 오늘 밤에 비가 올 가능성이 있어요.
• 능력 : 어떤 일을 해낼 수 있는 힘
　예 그 회사에 들어가기 위해선 능력을 갖추어야 해요.

[오답해설]
① −고 있다 : 어떤 행동이 끝나지 않고 진행되고 있음을 나타낸다.
　예 친구와 함께 학원에서 한국어를 공부하고 있어요.
② −ㄹ 수 있다 : 어떤 일을 할 수 있는 가능성이나 능력을 나타낸다.
　예 나는 중국어로 편지를 쓸 수 있어요.
④ −나 보다 : 말하는 사람의 추측을 나타낸다.
　예 메이 씨는 항상 일등을 하는 걸 보니 공부를 열심히 하나 봐요.

19 '−을 수밖에 없다'는 다른 방법이 없거나 당연한 결과임을 나타낸다. 버스는 이미 끊겨서 타
고 갈 수 없으므로 집에 가는 방법은 택시를 타는 방법밖에 없다.
• 끊기다 : 하던 일을 못하거나 멈추게 되다. 또는 실이나 끈처럼 이어진 것이 잘리다.
　예 밥을 먹느라 우리들의 대화가 끊겼어요.
• 부정하다 : 그렇지 않다고 단정하거나 옳지 않다고 반대하다.
　예 아빠는 뉴스에 나온 사실을 부정했어요.

[오답해설]
① −지 않다 : 어떤 동작, 상태를 부정하거나 그 행동을 할 의지가 없음을 나타낸다.
　예 부지런한 학생은 아침에 지각하지 않아요.

③ -았/었- : 어떤 일이나 사건이 과거에 일어났음을 나타낸다.

　　📝 지아 씨는 작년 여름에 한국에 <u>왔어요</u>.

④ -ㄴ 적이 있다 : 어떤 행동이 과거에 있었던 일임을 나타낸다.

　　📝 어렸을 적에 무서운 꿈을 <u>꾼 적이 있어요</u>.

20 '-더라도'는 앞의 문장을 가정하거나 인정하여도 뒤의 내용에는 관계가 없거나 영향을 끼치지 않음을 나타낸다. 제시된 대화는 시험 공부로 바쁘다는 사실은 인정하지만 그렇다고 해도 밥은 챙겨 먹으라는 의미이다.

- 가정하다 : 사실이 아니거나 분명하지 않은 것을 임시로 사실인 것처럼 정하다.

　　📝 멋진 미래를 <u>가정하고</u> 노력해요.

- 시간적 : 시간에 관한 것

　　📝 역사의 <u>시간적</u>인 배경을 알고 싶어요.

[오답해설]

① -다가 : 어떤 동작이나 상태가 중단되고 다른 동작이나 상태로 바뀜을 나타낸다.

　　📝 도서관에서 책을 <u>읽다가</u> 친구와 밥을 먹었어요.

③ -으니까 : 앞의 내용이 뒤의 내용에 대한 이유나 원인을 나타낼 때 사용한다.

　　📝 오늘은 <u>바쁘니까</u> 내일 놀아요.

④ -고 : 동작의 시간적인 순서를 나타내며 단순한 나열의 의미를 가진다.

　　📝 우리 엄마는 태국 <u>사람이고</u> 화가예요.

21 '-아/어다가'는 앞에서 한 동작의 대상을 가지고 다른 장소에서 동작을 할 때 사용한다. 제시된 대화에서 미아 씨는 먼저 계약서에 서명을 받은 후 그 계약서를 사장님께 전달해야 하므로 '받아다가'가 옳다.

- 계약서 : 계약이 이루어졌음을 알리기 위해 작성하는 서류

　　📝 집을 살 때는 <u>계약서</u>를 반드시 확인해요.

- 서명 : 자기의 이름을 써넣은 것

　　📝 중요한 문서에 그 사람의 <u>서명</u>을 받아야 해요.

- 어긋나다 : 말이나 행동이 기준에 맞지 않거나 벗어나다.

　　📝 나는 부모님의 기대에 <u>어긋난</u> 행동을 했어요.

[오답해설]

① -아/어도 : 사실이나 가정에 대한 기대가 어긋날 때 사용한다.

　　📝 우리 형은 키가 <u>작아도</u> 배구랑 농구를 잘해요.

② -는데 : 앞의 내용과 다른 결과 또는 상황이 뒤의 내용에서 나올 때 사용한다.

　　📝 나는 열심히 <u>공부하는데</u> 시험을 치면 항상 0점이에요.

③ -으니 : 앞의 내용이 뒤의 내용에 대한 이유나 원인을 나타낼 때 사용한다.

　　📝 차가운 음식을 많이 <u>먹으니</u> 배가 아프다.

22 제시된 대화에서 이 재판은 검사가 제시한 증거가 부족했다고 말했으므로 공정하지 않은 재판이었음을 알 수 있다. 따라서 공정한 재판이라고 생각하지 않음을 나타내는 '볼 수 없어요'가 옳다.

- 재판 : 옳고 그름을 따져 판단함. 또는 사법 기관이 법에 따라 판단을 내림
  - 예 나쁜 행동을 한 사람은 <u>재판</u>에서 벌을 받아요.
- 증거 : 어떤 사실을 증명할 수 있는 근거나 재료
  - 예 그 사람의 말이 틀렸다는 <u>증거</u>가 있어요.
- 공정하다 : 공평하고 올바르다.
  - 예 기자는 사실만을 적어야 하며 <u>공정해야</u> 한다.

23 '제가' 요리를 만드는 행동을 계속하고 그 시간에 상대방이 손을 씻고 오라는 의미가 되도록 '만드는 동안에'가 들어가는 것이 옳다. 'ㅡㄹ까 봐'는 만드는 일을 확실하게 결정한 것은 아니지만 그 행동을 할 생각이 있음을 나타낸다. 'ㅡ는 동안에'는 어떤 행동이 계속되는 시간을 나타내는 표현이다.

- 돌보다 : 관심을 가지고 보살피다.
  - 예 병원에 있는 남동생을 <u>돌보고</u> 있어요.

[오답해설]
① ㅡ아/어다가 : 어떤 행동의 대상을 가지고 다른 장소에서 다음의 행동을 함을 나타낸다.
  - 예 놀고 있는 동생을 <u>안아다가</u> 방에 데리고 왔어요.
③ ㅡ거나 : 둘 이상의 행동이나 사실 중 하나를 선택함을 나타낸다.
  - 예 책을 <u>읽거나</u> 숙제를 해요.
④ ㅡ더니 : 과거의 행동에 뒤이어 일어난 상황을 이어 줄 때 사용한다.
  - 예 누나는 방에 <u>들어오더니</u> 바로 침대에 누웠어요.

24 감기가 다 나은 상황을 가정하여 그 조건에 따라 출근이라는 행동을 함을 나타내므로 '감기가 다 나았다면'이 옳다. 'ㅡ는다면'은 어떤 상황을 가정하여 뒤에 따르는 문장의 행동이나 상태의 조건을 나열할 때 사용한다.

- 조건 : 어떤 일을 이루게 하거나 이루지 못하게 하기 위해 갖추어야 하는 것
  - 예 성공하기 위한 <u>조건</u>은 아주 많아요.
- 가정하다 : 사실인지 아닌지 분명하지 않은 것을 임시로 인정하다.
  - 예 이 세상에 초콜릿이 없다고 <u>가정한다면</u> 얼마나 슬플까?
- 성능 : 기계가 가진 기능
  - 예 이 자동차는 비싼 만큼 <u>성능</u>이 좋아요.
- 출근하다 : 일터로 근무하러 나가거나 나오다.
  - 예 아침 일찍이 회사에 <u>출근해요</u>.

- 용서하다 : 잘못한 일에 대해 꾸짖거나 벌을 주지 않고 덮어 주다.
  - 예 나는 거짓말을 한 친구를 <u>용서했어요</u>.

[오답해설]

① −ㄹ 수 있다 : 어떤 동작이나 일을 할 능력이 있음을 나타낸다.
  - 예 나는 자전거를 <u>탈 수 있어요</u>.
② 만큼 : 앞의 문장과 비슷한 정도나 양을 나타내는 말
  - 예 노력한 <u>만큼</u> 좋은 점수를 받을 수 있어요.
③ −으려야 : 어떤 행동을 하고자 하는 의도가 있음을 나타낸다.
  - 예 하고 싶은 말이 많아서 대화를 <u>끊으려야</u> 끊을 수가 없었어요.

25 공부하기 위해 도서관으로 갔고 도착한 후에 도서관이 열려 있지 않음을 알게 된 상황을 나타내므로 '찾아갔더니'가 옳다. '−더니'는 과거에 보거나 경험하여 알게 된 사실에 대해 뒤이은 상황을 나타낸다. 주로 앞의 문장에서는 말하는 사람이 과거에 직접 관찰한 사실을, 뒤의 문장에서는 관찰한 사실에 뒤이어 일어난 행동이나 상황을 표현한다.
- 뒤이은(뒤잇다) : 일과 일이 끊어지지 않고 곧바로 이어지다.
  - 예 번쩍이는 빛에 <u>뒤이어</u> 천둥 소리가 들렸어요.

[오답해설]

② −ㄹ 테니 : 말하는 사람의 의지를 나타낸다.
  - 예 엄마와의 약속을 <u>지킬 테니</u> 장난감을 사 주세요.
③ −느라고 : 앞에서 한 행동이 뒤의 행동에 대한 이유나 원인이 됨을 나타낸다.
  - 예 아침부터 책을 <u>읽느라고</u> 식사를 못 했어요.
④ −도록 : 뒤에 나오는 행동에 대한 목적을 나타낸다.
  - 예 아픈 친구가 <u>앉도록</u> 자리를 양보해요.

26 상대방에게 긴장한 상태가 아닌 편안한 상태가 되도록 제안하는 '편하게 하세요'가 옳다.
- 편하다 : 몸과 마음이 괴롭지 않고 좋다.
  - 예 새로운 소파에 앉으니 몸이 <u>편해요</u>.

[오답해설]

② −ㄴ 줄 모르다 : 어떤 사실이나 방법을 모른다는 뜻을 나타낼 때 사용한다.
  - 예 밖에 비가 <u>오는 줄</u> 몰랐어요.
③ 편했어요(편했다) : '편하다'의 과거 표현이다.
  - 예 어렸을 적에 할머니 집에 가면 마음이 <u>편했어요</u>.
④ −ㄹ 것이다 : 말하는 이의 전망이나 추측, 또는 주관적 소신 등을 나타내는 말이다.
  - 예 KTX는 가장 좋은 기차이기 때문에 오래 앉아있어도 <u>편할 거예요</u>.

27 공부할 때 안경을 쓰는 이유는 시력이 나쁘기 때문이므로 '나쁜 탓에'가 옳다. '-ㄴ 탓에'는 부정적인 결과에 대한 원인이나 까닭을 나타내는 표현이다.

- 강의 : 학문이나 기술에 대한 내용을 설명하여 가르침

  예 학생들은 <u>강의</u>를 듣기 위해 교실로 모였다.

- 참석하다 : 모임이나 회의 등의 자리에 참여하다.

  예 회사의 오전 회의에 <u>참석해요</u>.

- 빌려주다 : 어떤 물건이나 돈을 나중에 도로 돌려받기로 하고 얼마 동안 내어 주다.

  예 나는 친구에게 연필과 지우개를 <u>빌려주었어요</u>.

- 시력 : 물건이나 사람을 보는 눈의 능력

  예 <u>시력</u>이 좋지 않으면 안경을 써야 해요.

[오답해설]

① -지 못하다 : 어떤 행동이나 상태를 이룰 능력이 없음을 나타낸다.

  예 저는 피아노를 <u>치지 못해요</u>.

③ -라도 : 설사 그렇다고 가정하여도 다른 경우와 마찬가지로 상관없음을 나타낸다.

  예 아주 좋은 <u>보물이라도</u> 나는 훔치지 않아요.

④ -어 버렸다 : '버리다'의 과거 표현으로 앞에서 한 행동이 이미 끝났음을 나타낸다.

  예 지각을 했더니 교실에 친구들이 <u>가 버리고</u> 없었다.

28 장염으로 아픈 상황에서 감기까지 더해져서 더 아픈 상태임을 나타내는 '고생한 데다가'가 옳다. '-ㄴ 데다가'는 현재 상태에서 비슷한 상황이나 행동 또는 대상이 더해짐을 나타내는 표현이다.

- 이사 : 사는 곳을 다른 곳으로 옮기다.

  예 작은 집에서 큰 집으로 <u>이사</u>를 했어요.

- 입원하다 : 병을 고치기 위하여 일정한 기간 동안 병원에 들어가 머물다.

  예 큰 사고 때문에 병원에 <u>입원해야</u> 합니다.

- 수영하다 : 물속을 헤엄치다.

  예 나는 깊은 바다에서도 <u>수영할</u> 수 있어요.

- 똑똑하다 : 셈이 정확하거나 총명하고 분명하다.

  예 나는 공부도 잘하고 우리 반에서 가장 <u>똑똑해요</u>.

[오답해설]

① -(으)러 : 이동의 목적을 나타낸다.

  예 나는 친구를 <u>만나러</u> 놀이터에 갔어요.

③ -기에 : 어떤 행동이나 일의 원인이나 근거를 나타낸다.

  예 우리는 <u>학생이기에</u> 공부를 열심히 해야 한다.

④ 얼마나 - ㄴ지 모르다 : 어떤 사실이나 상황의 정도가 대단함을 나타낸다.

  예 작은 목걸이가 <u>얼마나 비싼지 몰라요</u>.

29 앞에서 '예쁜 한복'이라는 옷이 나왔으므로 옷을 몸에 두른다는 의미인 '입고(입다)'가 들어가는 것이 옳다.
- 차례 : 명절이나 조상 생일 등에 지내는 제사
  예 명절에는 다양한 과일과 음식으로 <u>차례</u>를 지내요.
- 세배 : 새해를 맞이하여 웃어른께 인사로 하는 절
  예 설날에 부모님께 <u>세배</u>를 올렸어요.

[오답해설]
② 먹고(먹다) : 음식을 입을 통해 배 속에 들여보내다.
  예 우리는 맛있는 국수를 <u>먹고</u> 사탕도 먹었어요.
③ 사고(사다) : 돈을 내고 어떤 물건을 자기 것으로 만들다.
  예 백화점에서 멋진 모자를 <u>사다</u>.
④ 놀고(놀다) : 재미있는 일을 하며 즐겁게 지내다.
  예 아이들이 학교 운동장에서 신나게 <u>놀다</u>.

30 외삼촌은 '우리'에게 직접 요리를 만들어주고 선물도 주는 등 여러 가지 친절한 일을 해 주므로 '다정합니다(다정하다)'가 옳다. '다정하다'는 정이 많아 따뜻하고 친절함을 나타낸다.

[오답해설]
① 게으릅니다(게으르다) : 행동이 느리고 움직이기를 싫어하는 버릇이 있다.
  예 우리 오빠는 제대로 씻지도 않고 매우 <u>게으릅니다</u>.
② 철저합니다(철저하다) : 빈틈이나 부족함이 없다.
  예 그는 항상 시간개념이 <u>철저하다</u>.
④ 깔끔합니다(깔끔하다) : 생긴 모양이 매끈하고 깨끗하다.
  예 쓰레기를 주웠더니 길이 무척이나 <u>깔끔해요</u>.

31 ㉠의 다음 문장에서 '큰 소리로 기합을 넣는 모습'이라고 묘사하고 있으므로 이와 의미가 비슷한 '우렁차게 외치며'가 옳다.
- 기합 : 어떤 특별한 힘을 내기 위한 정신과 힘의 집중. 또는 그런 집중을 위해 내는 소리
  예 태권도 동작을 할 때마다 <u>기합</u>을 넣는다.
- 우렁차게(우렁차다) : 소리가 매우 크고 힘차다.
  예 아저씨는 말하는 목소리가 <u>우렁차요</u>.
- 외치다 : 남의 주의를 끌거나 요구를 하기 위하여 큰 소리를 지르다.
  예 그는 "도둑이야!"라고 <u>외쳤다</u>.
- 약삭빠르다 : 눈치가 빠르거나 이익에 맞게 행동하는 데 재빠르다.
  예 보물은 이미 <u>약삭빠른</u> 사람들이 다 가져갔어요.
- 포근한 : 보드랍고 따뜻하여 편안한 느낌이 있다.
  예 선생님은 무섭게 생기셨지만 <u>포근한</u> 사람입니다.

① 교묘하게 피하며(피하다) : 약삭빠르게 몸을 옮기거나 만나지 않게 움직이는 표현
    예 범인은 경찰의 눈을 <u>교묘하게 피하였다</u>.
② 쌀쌀하게 대하며(대하다) : 성질이나 태도가 정이 없고 차가운 태도로 상대하는 표현
    예 그녀는 나에게 화가 나서 <u>쌀쌀하게 대했어요</u>.
④ 따뜻하게 대하며(대하다) : 분위기나 태도가 정답고 포근한 태도로 상대하는 표현
    예 엄마는 우는 아이에게 <u>따뜻하게 대하며</u> 사탕을 줬어요.

32 ㉠ 여권 : 외국을 여행하는 사람의 신분이나 국적을 증명하고 상대국에 그 보호를 의뢰하는 문서
   ㉡ 비자 : 외국인에 대한 출입국 허가의 증명
  • 주민등록증 : 일정한 거주지에 거주하는 주민임을 나타내는 증명서. 해당 지역에 주민 등록을 한 사람 가운데 만 17세 이상인 사람에게 해당 시장, 군수, 구청장이 발급한다.
    예 <u>주민등록증</u>에 넣을 증명사진이 필요하다.

33 제시된 글은 공원에 쓰레기를 버리는 사람이 많아져서 속상한 '나'와 동생이 공원에 버려진 쓰레기를 치웠다는 내용이다. 따라서 ㉠이 가리키는 곳은 쓰레기가 버려져 있던 공원이다.

34 첫 번째 문장에서 '학교 운동장 바로 옆에 위치한 이 공원'이라고 하였으므로 공원과 학교 운동장은 서로 옆에 있음을 알 수 있다. 따라서 글의 내용과 같은 것은 ①이다.
  • 외부인 : 어떤 건물이나 지역의 밖에 있는 사람
    예 우리 아파트는 <u>외부인</u>이 함부로 들어오지 못합니다.

② 꽃밭이 아닌 공원에 쓰레기가 많다.
③ 우리 동네에는 놀이터가 있는 공원이 있다.
④ 외부인이 버린 쓰레기를 나와 동생이 치웠다.

35 마지막 문장을 통해 반월당역에서 지하철 1호선을 타고 대구역에 도착함을 알 수 있으므로 ④가 옳다.
  • 구청 : 해당 구(區)의 주민들이 바라거나 필요한 것을 도와주는 일을 하는 곳
    예 아버지는 <u>구청</u>에서 주민들을 위해 일을 하세요.

① 집에서 대구역으로 가기 위해서는 버스를 한 번 타고 지하철을 한 번 타야 한다.
② 구청 앞이 아닌 건너편에서 버스를 타야 한다.
③ 대구역으로 가기 위해 지하철을 탄다.

36 글에서 출국장으로 이동하여 보안 검사를 하는데, 이때 가방 안에 위험한 물건이 없는지 확인한다고 하였으므로 ③이 옳다.

- 항공사 : 비행기로 사람이나 물건을 싣는 일과 관련된 사업을 하는 회사

  예 외국 <u>항공사</u>에서 운행하는 비행기를 탔습니다.

- 수하물 : 교통편에 손쉽게 부칠 수 있는 작고 가벼운 짐

  예 우리는 비행기에 <u>수하물</u>을 싣고 난 후 저녁을 먹으러 이동했다.

- 출국장 : 공항에서 나라의 밖으로 나가는 장소

  예 가족들과 마지막 인사를 하고 나는 <u>출국장</u>으로 들어갔다.

- 위탁하다 : 다른 사람에게 물건이나 사람의 책임을 맡기다.

  예 사람들은 은행에 돈을 <u>위탁하</u>고 은행은 맡은 돈을 관리합니다.

- 보안 검사 : 공항이나 기관 등에서 출입자들의 물건 중 무기나 위험물이 있는지 살펴서 찾아내는 일

  예 확실하게 <u>보안 검사</u>를 해서 안전하게 지낼 수 있습니다.

- 탑승객 : 배, 비행기, 차 등에 탄 손님

  예 어떤 아이가 비행기에 탄 <u>탑승객</u> 모두에게 사탕을 주었습니다.

[오답해설]

① 비행기를 타는 시간보다 두 시간 정도 일찍 도착하라고 설명했으므로 네 시에 비행기를 탄다면 두 시에 도착하는 것이 좋다.

② 공항에 도착하면 가장 먼저 하는 일은 항공사 직원에게 비행기 표를 보여주는 일이다.

④ 외국으로 여행을 가려면 역이 아닌 공항으로 가야 한다.

37 옹성, 봉수대를 예시로 들어 수원화성에 사용된 다양한 건축 기술을 설명하고 있다. 따라서 '수원화성은 다양한 건축 기술을 활용하였다'가 이 글의 중심 내용이다.

- 건축 : 집, 다리, 건물 등을 설계하여 여러 재료를 써서 세우거나 쌓아 만드는 일

  예 우리 어머니는 아파트를 <u>건축하</u>는 일을 하십니다.

- 침입 : 침범하여 들어감

  예 세균이 몸에 <u>침입하</u>는 것을 막기 위해 손을 씻어야 해요.

- 옹성 : 성을 보호하고 튼튼하게 지키기 위해 큰 성 밖에 쌓은 작은 성

  예 수원화성은 <u>옹성</u>을 설치하여 적군을 사방에서 물리칠 수 있었다.

- 봉수대 : 불을 올리던 둑

  예 옛날에는 <u>봉수대</u>를 설치하여 불과 연기를 이용해 정보를 전달했다.

- 서양 : 유럽과 남북아메리카의 여러 나라를 가리키는 말

  예 <u>서양</u>에 사는 사람들은 우리와 다른 얼굴을 하고 있다.

38 글은 높은 온도에 늘어나는 철로의 특성 때문에 철로에 틈새를 두어 연결했다는 내용이다. 따라서 이 글의 제목으로는 '철로에 틈새가 있는 이유'가 옳다.

- 간격 : 공간이나 시간이 벌어진 사이 또는 사람들과의 관계가 벌어진 정도
  예 이 버스는 십 분 <u>간격</u>으로 지나가요.
- 틈새 : 벌어져 난 틈의 사이
  예 동생은 문 <u>틈새</u>로 내 방을 쳐다보았다.
- 휘어지다 : 곧은 물체가 어떤 힘을 받아서 구부러지다.
  예 안경을 밟아서 안경테가 <u>휘어졌</u>어요.
- 탈선 : 기차나 전차 등의 바퀴가 선로를 벗어남 또는 목적 이외의 다른 길로 빠짐
  예 어제 열차가 <u>탈선</u>하는 위험한 사고가 발생했어요.

39 설날은 일 년 중 첫날인 음력 1월 1일을 명절로 이르는 말이다. 한국의 가장 큰 명절이기도 하다.

- 차례 : 명절이나 조상 생일 등에 지내는 제사
  예 명절에는 다양한 과일과 음식으로 <u>차례</u>를 지내요.

[오답해설]

① 단오 : 일 년 중 가장 좋은 명절이라는 뜻으로 음력 5월 5일을 이르는 말이다.

② 추석 : 농사가 잘된 것에 대해 감사하는 마음으로 차례를 지내는 날로 음력 8월 15일을 이르는 말이다.

④ 정월 대보름 : 한 해를 시작하고 가장 처음으로 큰 보름달이 뜨는 날로 음력 1월 15일을 이르는 말이다.

40 '통'은 배추나 수박을 세거나 편지·서류·전화를 세는 단위를 말한다. 따라서 달걀이 아닌 수박 한 통, 배추 두 통 등과 같이 써야 옳다. 달걀을 묶어 세는 단위는 '판'이라고 한다.

[오답해설]

① 켤레 : 신발이나 양말 등 짝이 되는 두 개를 한 벌로 세는 단위
  예 새로운 구두 세 <u>켤레</u>를 샀어요.

② 조각 : 떼어 내거나 떨어져 나온 부분을 세는 단위
  예 동생은 피자 한 <u>조각</u>을 먹고 나는 두 <u>조각</u>을 먹습니다.

④ 권 : 책을 세는 단위
  예 가방에는 동화책 한 <u>권</u>이 있습니다.

41 '과태료'는 해야할 일을 하지 않거나 태만히 한 사람에게 벌로 물게 하는 돈을 말한다.

- 태만하다 : 열심히 하는 마음이 없고 게으르다.
  예 자신의 업무를 <u>태만히</u> 한 사람들은 모두 좋지 않은 평가를 받았다.
- 계약 : 관련있는 사람이나 단체에서 서로 지켜야 할 의무에 대하여 글이나 말로 정하여 둠
  예 나는 아직 회사와 <u>계약</u>을 하지 못했어요.

[오답해설]

② 합의금 : 둘 이상의 사람이 서로 의견을 일치하게 하려고 주는 돈

　　예 삼촌은 경찰서에서 <u>합의금</u>을 주겠다고 말했다.

③ 보험금 : 사고가 발생하였을 때 계약에 따라 보험 회사에서 주는 돈

　　예 화재가 발생하여서 보험 회사에서는 <u>보험금</u>을 주기로 했어요.

④ 사용료 : 사용한 값으로 내는 돈

　　예 피시방은 일정 시간 동안 컴퓨터를 이용하고 <u>사용료</u>를 내는 곳이에요.

42 '119'는 화재나 긴급 상황이 발생했을 때 소방서에 연결하는 신고 번호이다.

　• 부상자 : 몸에 상처를 입은 사람

　　예 축구 경기에서 선수끼리 충돌하여 <u>부상자</u>가 생겼다.

　• 간첩 : 한 국가나 단체의 정보나 비밀을 몰래 알아내어 다른 국가나 단체에 알려주는 사람

　　예 만약 <u>간첩</u>을 발견하면 바로 신고를 해야 합니다.

[오답해설]

① 117 : 학교 · 여성폭력 등이 발생했을 때 관련 기관에 연결하는 신고 번호이다.

② 112 : 해당 지역의 경찰청에 연결하는 신고 번호이다.

③ 111 : 간첩 신고를 하는 번호이다.

43 '세종대왕'은 '백성을 위한 글'이라는 뜻의 훈민정음을 만들어 반포하였다.

　• 백성 : 예전에 일반 국민을 이르는 말

　　예 왕은 <u>백성</u>들을 위한 일을 해야 한다.

　• 반포 : 세상에 널리 퍼트려 모두 알게 함

　　예 그 왕은 훈민정음을 <u>반포</u>하였다.

　• 전성기 : 권력이나 살림살이의 형편이 한창 왕성한 시기

　　예 고구려의 <u>전성기</u>에 왕은 땅을 크게 넓혔다.

　• 민족 : 한 지역에서 오랜 세월 동안 같이 살면서 언어와 문화를 함께하는 사회 집단

　　예 북한에 사는 사람들도 우리와 같은 <u>민족</u>이다.

　• 건국하다 : 나라를 세우다

　　예 고조선을 <u>건국</u>한 왕은 단군왕검이고 조선을 <u>건국</u>한 왕은 태조이다.

[오답해설]

① 광개토대왕 : 고구려의 전성기를 이끈 왕

③ 단군왕검 : 우리나라 민족의 시작인 고조선의 첫 임금

④ 태조 이성계 : 조선을 건국한 왕

44 김대중 대통령은 남북 평화와 민주주의 발전에 힘쓴 공로를 인정받아 2000년에 노벨 평화상을 수상했다.

- 공로 : 일을 마치거나 목적을 이루는 데 들인 노력과 수고

  📖 그의 이 기업에서 큰 공로를 세운 사람이에요.

- 인정받다 : 확실히 그렇다고 여김을 받다.

  📖 그는 회사에서 능력을 인정받았다.

- 수상하다 : 상을 받다.

  📖 그녀는 각종 대회에서 수상한 경력이 있다.

- 직권남용 : 주어진 일이나 자기 권한에서 벗어난 행동을 하는 것

  📖 내가 한 행동은 직권남용이라는 죄에 해당한다.

- 탄핵 : 일반적인 절차에 의한 관직의 박탈이 사실상 어려운 대통령, 국무의원, 법관 등을 국회에서 결의하여 해임하거나 처벌하는 일. 또는 그런 제도

  📖 그 사람은 대통령의 탄핵을 요구했다.

- 수립하다 : 국가, 정부, 제도, 계획 등을 만들어 세우다.

  📖 모든 방법을 이용해서 완벽한 계획을 수립했다.

- 집권 : 권력이나 정권을 잡음

  📖 큰 전쟁을 겪고 난 후 왕이 다시 집권하게 되었다.

[오답해설]

① 문재인 대통령 : 대한민국 현 대통령이다.

② 박근혜 대통령 : 대한민국 최초의 여성 대통령이나 직권남용 등을 이유로 탄핵되었다.

③ 이승만 대통령 : 대한민국의 초대 대통령이다.

45 일반쓰레기는 종량제 봉투에 담아 정해진 장소에 내놓아야 한다. 쓰레기 종량제 봉투는 구청이 아닌 일반 슈퍼마켓이나 마트에서 구매할 수 있다.

- 전용 : 남과 같이 쓰지 않고 혼자서만 쓰거나 한 가지 목적으로만 씀

  📖 이 도로는 버스 전용 도로입니다.

- 신고하다 : 사람이 어떤 사실을 기관이나 단체 등에 보고하다.

  📖 불이 난 건물을 보고 소방서에 신고했어요.

- 분리배출 : 쓰레기 따위를 종류별로 나누어서 버림

  📖 플라스틱과 캔은 반드시 분리배출을 하여야 한다.

46 결혼식 날 손님들에게 대접하던 음식은 잔치국수이다. 잔치국수는 신랑과 신부의 인연이 오래도록 이어지기를 바라는 마음을 담고 있다. '국수 먹으러 간다'라는 표현은 결혼식에 간다는 표현으로 사용된다.

- 대접하다 : 음식을 차려 모시다.

  📖 집에 온 손님에게 맛있는 요리를 대접해요.

- 인연 : 사람들 사이에 맺어지는 관계

  예 친구와의 <u>인연</u>을 소중히 해야 합니다.
- 이어지다 : 끊어지지 않고 계속되다.

  예 경기장에서 <u>이어지는</u> 박수 소리가 크게 들렸다.

47 글의 마지막 줄에서 많은 회사가 직원들의 스트레스 감소를 위해 개인시간을 존중하고 있다고 하였으므로 ③이 옳다.

- 회식 : 여러 사람이 모여 함께 음식을 먹음

  예 오늘 저녁에는 회사 사람들과의 <u>회식</u>이 있어요.
- 동아리 : 같은 취미나 뜻을 가지고 모여서 이룬 모임

  예 우리 <u>동아리</u>는 그림을 그리는 사람들을 위한 모임이에요.
- 낯설다 : 본 기억이 없어 익숙하지 않다.

  예 엄마의 고향에는 온 적이 없어서 <u>낯설어요</u>.
- 사교성 : 다른 사람과 사귀기를 좋아하거나 쉽게 사귀는 성질

  예 나는 <u>사교성</u>이 좋아 처음 보는 사람과도 금방 친해진다.
- 반강제적 : 거의 억지로 권력을 써서 다른 사람의 의사를 무시하고 원하지 않는 일을 시키는 것

  예 학교에서는 학생들에게 <u>반강제적</u>으로 기부금을 요구했다.
- 단합 : 많은 사람이 마음과 힘을 하나로 뭉침

  예 도시에 사는 사람보다 마을 사람들이 <u>단합</u>이 잘된다.
- 도모하다 : 어떤 일을 이루기 위하여 방법을 세우다.

  예 서로 간의 이익을 <u>도모합니다</u>.

[오답해설]

① '동아리를 하는 사람에게도 회식이 낯설지 않을 것'이라는 문장을 통해 동아리 사람들과 밥을 먹는 자리도 회식으로 볼 수 있다는 것을 알 수 있다.

② 과거에는 회식에 참여하지 않으면 사교성이 부족한 사람으로 생각했다.

④ 과거가 아닌 최근 회사의 단합보다 개인시간을 중요하게 생각한다.

48 글에서 코로나바이러스를 예방하는 방법으로 세균 차단만큼 중요한 것은 개인의 면역력이라고 말하고 있으므로 글의 주제는 ①이다.

- 예방하다 : 병이나 재해를 미리 대비하여 막다.

  예 병원에 가서 감기를 <u>예방해요</u>.
- 차단하다 : 다른 것과의 관계나 접촉을 막거나 끊다.

  예 여름철에는 뜨거운 햇볕을 <u>차단하는</u> 모자를 써야 한다.
- 강화하다 : 수준이나 정도를 더 높이다.

  예 경찰관은 순찰을 크게 <u>강화했습니다</u>.

49 주어진 글의 빈칸 앞에 내용은 사이버명예훼손은 인터넷 공간의 특성상 시간이나 공간의 제약이 없기 때문에 피해가 크고, 이를 바로잡기 어렵다고 한다. 따라서 빈칸에는 오프라인에서 발생하는 명예 훼손보다 처벌이 더욱 '무겁게 한다'가 들어가는 것이 가장 자연스럽다.

- 모욕 : 깔보고 욕되게 함
  - 예 많은 사람들 앞에서 모욕을 당했다.
- 악성 : 악한 성질
  - 예 확인되지 않은 악성 소문을 내면 안 된다.
- 제약 : 조건을 붙여 내용을 제한함
  - 예 단체 생활에는 여러 가지 제약이 있다.
- 오프라인 : 인터넷과 같은 가상공간이 아닌 실재하는 공간
  - 예 온라인뿐만 아니라 오프라인 매장에서도 상품을 판매하고 있다.
- 처벌 : 형벌에 처함
  - 예 아동성범죄의 처벌 수위를 높여야 한다.

50 민 씨는 열심히 준비한 한국어능력시험에 합격하기를 소망하고 있다. 따라서 말하는 사람의 희망을 나타내는 표현으로 '합격하면 좋겠어요'가 적절하다.

- 도전하다 : 정면으로 맞서 싸움을 걸거나 어려운 일 등에 나서서 맞서다.
  - 예 그는 어려운 시험에 다시 도전해요.
- 힘들다 : 어렵거나 곤란하다.
  - 예 동생은 무거운 짐을 들고 힘들게 걸었어요.
- 준비하다 : 미리 마련하여 갖추다.
  - 예 시골에 갈 때 모자와 외투를 준비해요.
- 반드시 : 틀림없이 꼭
  - 예 저는 한국에서 반드시 좋은 회사에 다닐 거에요.
- 소망하다 : 어떤 일을 바라다.
  - 예 행복하게 살기를 소망해요.

02 동계 올림픽은 스키 점프, 피겨 스케이팅, 쇼트트랙, 컬링 등 눈과 얼음에서 할 수 있는 종목으로 경기를 펼치지만 하계 올림픽보다는 규모가 작은 편입니다.

03 저는 올림픽 종목 중 쇼트트랙 경기를 가장 좋아합니다. 경기 진행이 빠르고 추월이 많이 발생하는 경기라 끝나는 순간까지 긴장감을 늦출 수 없기 때문입니다.
- 국제 : 여러 나라가 모여서 이루거나 함
  - 예 한국은 <u>국제</u> 기아 난민 대책 기구 회의에 참석한다.
- 개최 : 모임이나 회의를 주최하여 엶
  - 예 곧 10시부터 회담이 <u>개최</u>된다.
- 펼치다 : 펴서 드러내다.
  - 예 육상 경기를 <u>펼치</u>다.
- 규모 : 사물이나 현상의 크기나 범위
  - 예 내년부터 행사 <u>규모</u>를 축소해야 겠어.

04 만 원권에는 세종대왕의 초상화가 그려져 있습니다. 세종대왕은 한글을 만들었습니다.

05 온라인 대화를 할 땐 서로의 얼굴을 직접 볼 수 없다고 해서 함부로 말하면 안 됩니다. 상대를 존중하고 예의를 지켜 신중하게 생각하고 글을 써야 합니다. 그리고 상대가 뜻을 파악하기 어려운 말은 줄이고 공손한 말투를 사용해야 합니다.

PART 01

PART 02

PART 03

사회통합프로그램 사전평가
실전모의고사 4회 정답 및 해설

[객관식 · 주관식 정답 및 해설]

01	02	03	04	05	06	07	08	09	10	11	12	13	14	15	16	17	18	19	20
②	④	④	①	①	②	④	①	②	①	④	④	④	①	③	①	③	②	④	①

21	22	23	24	25	26	27	28	29	30	31	32	33	34	35	36	37	38	39	40
③	①	③	④	④	①	②	②	①	③	①	③	①	②	④	①	②	①	①	④

41	42	43	44	45	46	47	48
①	①	③	②	②	②	②	①

49	세울 수 있습니다
50	자주 갈 걸 그랬어요

01 사진 속 물건은 '안경'이다. 안경은 시력이 나쁜 눈을 잘 보이게 하기 위하여나 바람, 먼지, 강한 햇빛 따위를 막기 위하여 눈에 쓰는 물건이다.

[오답해설]
① 돋보기 : 작은 것을 크게 보이도록 알의 배를 볼록하게 만든 안경
  예 글씨가 작아 돋보기를 사용해야 겠다.
③ 선글라스 : 강렬한 햇빛 따위로부터 눈을 보호하기 위하여 쓰는, 색깔 있는 안경
  예 선글라스를 끼고 운전한다.
④ 망원경 : 두 개 이상의 볼록 렌즈를 맞추어서 멀리 있는 물체 따위를 크고 정확하게 보도록 만든 장치
  예 전망대에 올라 망원경으로 풍경을 보았다.

02 '한테'는 어떤 행동이 미치는 대상임을 나타내는 조사이다. 시계를 선물한다는 행동이 미치는 대상이 '미아 씨'이므로 빈칸에는 '한테'가 들어가야 한다.

[오답해설]
① 는 : 어떤 대상이 다른 것과 대조됨을 나타내는 조사
  예 다른 것은 다 괜찮은데, 두부는 먹지 말아요.
② 에서 : 앞말의 행동이 이루어지고 있는 장소를 나타내는 말로 만들어 주는 조사
  예 우리는 창고에서 물건을 정리했어요.
③ 처럼 : 모양이 서로 비슷하거나 같음을 나타내는 조사
  예 에디 씨는 아이처럼 잠들었어요.

03 '벗어요(벗다)'는 사람이 자기 몸 또는 몸의 일부에 착용한 물건을 몸에서 떼어 낸다는 의미이다. 이와 의미가 반대인 단어는 '옷을 몸에 꿰거나 두르다'라는 의미의 '입어요(입다)'이다.

  • 외투 : 추위를 막기 위해 겉옷 위에 입는 옷을 통틀어 이르는 말

    예 오늘 날씨가 추우니까 <u>외투</u>를 꼭 챙기세요.

[오답해설]

① 싫어요(싫다) : 마음에 들지 아니하다. ↔ 좋아요(좋다)

  예 저는 그 사람이 <u>싫어요</u>.

② 느려요(느리다) : 어떤 동작을 하는 데 걸리는 시간이 길다. ↔ 빨라요(빠르다)

  예 우리 동네는 인터넷이 너무 <u>느려요</u>.

③ 추워요(춥다) : 몸이 떨리고 움츠러들 만큼 찬 느낌이 있다. ↔ 더워요(덥다)

  예 밖은 한여름이지만 냉동창고 안은 정말 <u>추워요</u>.

04 '재미있어요(재미있다)'는 아기자기하게 즐겁고 유쾌한 기분이나 느낌이 있다는 뜻이다. 이와 반대의 의미를 가진 단어는 '넌더리가 날 정도로 지루하고 싫다'라는 뜻의 '지겨워요(지겹다)'이다.

[오답해설]

② 싸요(싸다) : 물건값이나 사람 또는 물건을 쓰는 데 드는 비용이 보통보다 낮다. ↔ 비싸요(비싸다)

  예 오늘은 참외가 정말 <u>싸요</u>.

③ 어색해요(어색하다) : 격식이나 규범, 관습 등에 맞지 않아 자연스럽지 않다. ↔ 자연스러워요(자연스럽다)

  예 야라 씨가 쓴 문장은 조금 <u>어색해요</u>.

④ 무거워요(무겁다) : 무게가 나가는 정도가 크다. ↔ 가벼워요(가볍다)

  예 종이가 물에 젖어서 너무 <u>무거워요</u>.

05 '공연'은 음악이나 무용, 연극 등을 많은 사람 앞에서 보이는 일을 말한다. 가수를 보러 간다고 하였으므로 가수의 음악 공연을 보러 간다고 보는 것이 가장 자연스럽다.

  • 가수 : 노래를 부르는 것이 직업인 사람

    예 레브 씨는 고향에서 유명한 <u>가수</u>였어요.

[오답해설]

② 수영 : 스포츠나 놀이로서 물속을 헤엄치는 일

  예 이번 여름엔 바닷가에 가서 <u>수영</u>을 할 거예요.

③ 연설 : 여러 사람 앞에서 자기의 주장 또는 의견을 말하는 것

  예 오늘 행사에서는 대통령의 <u>연설</u>이 있을 계획이다.

④ 명절 : 해마다 일정하게 지키어 즐기거나 기념하는 때

  예 단오는 설날, 추석과 함께 우리나라에서 가장 중요한 <u>명절</u>이었다.

06 '지금'은 말을 하는 바로 이때를 의미하는 말이다. '-고 있다'를 이용하여 어떤 동작이 진행되고 있음을 나타내었으므로 빈칸에는 '지금'이 들어가야 한다.

[오답해설]
① 아까 : 조금 전에
  예 조엘 씨가 타야 할 버스는 아까 지나갔어요.
③ 대체로 : 전체적으로 보아서. 또는 일반적으로
  예 우리나라의 남쪽 지방은 대체로 평지가 많아요.
④ 거의 : 어느 한도에 매우 가까운 정도로
  예 이제 서울에 거의 도착했다.

07 '참석'은 '모임이나 회의 따위의 자리에 참여함'을 말한다. 이와 반대 의미의 단어는 '어떤 자리에 참가하지 않거나 참석하지 않음'을 말하는 '불참'이다.
• 세미나 : 전문인 등이 특정한 주제로 행하는 연수회나 강습회
  예 이번 세미나의 주제는 따로 공지하겠습니다.

[오답해설]
① 출석 : 어떤 자리에 나아가 참석함
  예 1시 회의에 출석해야 합니다.
② 동석 : 자리를 같이함
  예 동석하게 되어 영광입니다.
③ 참가 : 모임이나 단체 또는 일에 관계하여 들어감
  예 공모전 참가 신청은 오늘까지이다.

08 '안전해요(안전하다)'는 위험이 생기거나 사고가 날 염려가 없다는 의미이다. 이와 반대의 의미를 가진 단어는 해로움이나 손실이 생길 우려가 있다는 뜻의 '위험한(위험하다)'이다.

[오답해설]
② 뜨거운(뜨겁다) : 손이나 몸에 상당한 자극을 느낄 정도로 온도가 높다. ↔ 차가운(차갑다)
  예 뜨거운 국물을 먹다가 입천장을 데었다.
③ 바쁜(바쁘다) : 일이 많거나 또는 서둘러서 해야 할 일로 인해 다른 겨를이 없다. ↔ 한가한(한가하다)
  예 연말은 항상 바쁜 시기예요.
④ 밝은(밝다) : 불빛 등이 환하다. ↔ 어두운(어둡다)
  예 창문으로 밝은 빛이 들어왔다.

09 '등록금'은 학교 혹은 학원 등에 등록할 때 내는 돈을 말한다. 일반적으로는 대학교를 다니기 위해 내는 수업료 등을 등록금이라고 한다.

- 사립 : 개인이 자신의 자금으로 공익의 사업 기관을 설립하여 유지함

  예 우리 학교는 개인이 운영하는 <u>사립</u> 학교이다.
- 국립 : 공공의 이익을 위하여 나라의 예산으로 세우고 관리함

  예 서울대학교는 대표적인 <u>국립</u> 대학교이다.
- 출연 : 연기, 공연, 연설 등을 하기 위해 무대나 연단에 나감

  예 이 드라마에는 인기 연예인 A가 <u>출연</u>한대요.

[오답해설]

① 월급 : 한 달을 단위로 하여 지급하는 급료

  예 이번 달에는 <u>월급</u>이 적게 들어왔다.

③ 적금 : 금융 기관에 일정 금액을 일정 기간 동안 내서 모은 다음에 찾는 저금

  예 다음 달이면 <u>적금</u>을 받을 수 있다.

④ 출연료 : 출연에 대하여 지급되는 보수

  예 유재석 씨는 우리나라에서 가장 많은 <u>출연료</u>를 받는 연예인일 거예요.

10 '차지한다(차지하다)'는 비율이나 비중 등을 이룬다는 의미이다. 우리나라 전체 영토에서 산지의 비율이 70%라는 의미이므로 빈칸에는 '차지한다'가 들어가야 한다.

[오답해설]

② 체험한다(체험하다) : 자기가 몸소 겪다.

  예 오늘은 다 같이 도자기 굽기를 <u>체험</u>했어요.

③ 참여한다(참여하다) : 어떤 일에 끼어들어 관계하다.

  예 에리이 씨도 이번 체험활동에 <u>참여</u>해요.

④ 관리한다(관리하다) : 시설이나 물건의 유지, 개량 등의 일을 맡아 하다.

  예 물건 창고는 마인 씨가 <u>관리</u>해요.

11 '복잡해요(복잡하다)'는 복작거려 혼란스럽다는 의미로 '거리가 사람들로 복잡하다'와 같이 사용할 수 있다. 병원에 신체검사를 하러 온 사람들이 많아 병원이 복작거리고 혼란스럽다는 말을 하고 있으므로 빈칸에는 '복잡해요'가 들어가야 한다.

- 신체검사 : 건강 상태를 알기 위하여 신체의 각 부분을 검사하는 일

  예 대한민국은 의료보험을 통해 일정 기간마다 무료로 <u>신체검사</u>를 할 수 있게 해 준다.

[오답해설]

① 정당해요(정당하다) : 이치에 맞아 올바르고 마땅하다.

  예 이번 판결은 <u>정당</u>하다.

② 편리해요(편리하다) : 편하고 이로우며 이용하기 쉽다.

  예 한국의 배달음식은 정말 <u>편리</u>해요.

③ 복사해요(복사하다) : 문서나 그림, 사진 등을 복사기를 이용해 같은 크기로, 또는 확대 · 축소하여 복제하다.

  예 야라 씨, 이 서류 좀 복사해 주세요.

12 '버릇'은 오랫동안 자꾸 반복하여 몸에 익어 버린 행동을 말한다. 평소에 습관적으로 보이는 행동도 버릇에 속하지만, 어떤 특정한 상황에 처하거나 감정이 생겼을 때 반복적으로 나타나는 행동을 말하기도 한다.
  • 긴장 : 마음을 조이고 정신을 바짝 차림

    예 그는 결승전을 앞두고 긴장을 하고 있었다.

[오답해설]
① 표현 : 생각이나 느낌 등을 언어나 몸짓 따위의 형상으로 드러내어 나타냄

    예 노래는 단순히 음정과 박자가 아니라 감정의 표현이 가장 중요하다.
② 역할 : 자기가 마땅히 하여야 할 직책이나 임무

    예 손님을 응접실로 안내하는 게 내 역할이다.
③ 조건 : 어떤 일을 이루게 하거나 이루지 못하게 하기 위하여 갖추어야 할 상태나 요소

    예 커피나무는 적절한 조건이 갖추어진 곳에서만 자란다.

13 '마음먹었어요(마음먹다)'는 무엇인가를 하겠다는 생각을 한다는 의미이다. 이와 비슷한 의미의 단어는 '할 일에 대하여 어떻게 하기로 마음을 굳게 정하다'라는 뜻을 가진 '결심했어요(결심하다)'이다.
  • 금연 : 담배를 피우던 사람이 의식적으로 피우지 않음

    예 올해는 반드시 금연에 성공할 거예요.

[오답해설]
① 준비했어요(준비하다) : 미리 마련하여 갖추다.

    예 오늘 행사를 위해 이것저것 많이 준비했어요.
② 후회했어요(후회하다) : 이전의 잘못을 깨치고 뉘우치다.

    예 어제 일찍 잠들지 않은 것을 후회했어요.
③ 처리했어요(처리하다) : 사무나 사건 등을 절차에 따라 정리하여 치르거나 마무리를 짓다.

    예 어제 맡기고 가신 업무는 잘 처리했어요.

14 '활용해야(활용하다)'는 '충분히 잘 이용하다'라는 뜻이다. 이와 비슷한 의미를 가진 단어는 '사용해요(사용하다)'로 '일정한 목적이나 기능에 맞게 쓰다'라는 뜻이다.

[오답해설]
② 출간해요(출간하다) : 서적이나 회화 등을 인쇄하여 세상에 내놓다.

    예 드디어 제 첫 번째 책을 출간해요.

③ 악용해요(악용하다) : 알맞지 않게 쓰거나 나쁜 일에 쓰다.

　예 좋은 제도를 악용하는 사람 때문에 다른 사람들이 피해를 봐요.

④ 찾아요(찾다) : 현재 주변에 없는 것을 얻거나 사람을 만나려고 여기저기를 뒤지거나 살피다. 또는 그것을 얻거나 그 사람을 만나다.

　예 이어폰 한 쪽이 없어져서 지금 찾고 있어요.

15 '-으로'는 움직임의 방향을 나타내는 조사이다. '가'는 일이 끝난 후 무엇을 하는지 물었고, '나'는 마트에 들렀다가 '집'을 향해 갈 예정이므로 '집으로 가려고요.'라고 대답하는 것이 옳다.

[오답해설]

① 까지 : 어떤 일이나 상태 따위에 관련되는 범위의 끝임을 나타내는 보조사

　예 오늘 몇 시까지 영업하나요?

② 이고 : 두 가지 이상의 사실을 대등하게 벌여 놓는 연결 어미

　예 이것은 책이고 그것은 펜이다.

④ 마다 : 앞말이 가리키는 시기에 한 번씩

　예 올림픽은 4년마다 열린다.

16 '-더니'는 과거의 일이나 행동에 뒤이어 일어난 상황을 이어 주는 말이다. 즉, 사무실에 간다는 행동에 뒤이어 아무도 없다는 상황이 일어난 것이다. 따라서 빈칸에는 '갔더니'가 들어가야 한다.

[오답해설]

② -으니까 : '-으니'를 강조하는 말로, 앞말이 뒷말의 원인이나 근거, 전제 등이 됨을 나타내는 말이다.

　예 약속했으니까 꼭 다시 와야 해요.

③ -ㄹ 텐데 : 말하는 사람의 추측을 나타내는 표현으로, 뒷말에는 보통 추측한 내용과 관련되거나 반대되는 내용을 제시한다.

　예 지금쯤이면 부장님이 도착하셨을 텐데요.

④ -(으)ㄹ 수 없다 : 어떤 상황이나 일을 할 수 없음을 나타낼 때 사용하는 말이다.

　예 저는 아직 한국어로 공부할 수 없어요.

17 '-(어)지다'는 앞말이 뜻하는 상태가 됨을 나타내는 말로, '붉어지다' 혹은 '작아지다'와 같이 특정한 상태로 변하게 되었음을 나타낸다. 여기에 말하는 이의 전망이나 추측 또는 주관적인 소신 등을 나타내는 말인 '-ㄹ 것이다'가 결합하여 앞으로 날씨가 추운 상태로 변하게 될 것임을 전망 혹은 추측하는 '추워질 거예요'가 된다.

[오답해설]

① -았/었다 : 말을 하는 시점에서 사건이나 행위가 이미 일어났음을 나타내는 말이다.
   예 이미 회의가 끝났어요.

② -지 않다 : 앞말이 뜻하는 행동을 부정하는 뜻을 나타내는 말이다. 여기에 말을 하는 시점에서 사건이나 행위가 이미 일어났음을 나타내는 말인 '-았/었다'가 결합하여 '-지 않았다'가 된다.
   예 작년 겨울에는 이렇게 춥지 않았어요.

④ -을 따름이다 : 오로지 그것뿐이고 그 이상은 아님을 나타내는 말이다.
   예 그는 그저 바다를 바라볼 따름이었다.

18 '-어 놓다'는 어떤 행위를 완료한 상태가 변하지 않고 그대로 유지되고 있음을 나타낸다. 행위의 결과가 지속되고 있음을 강조할 때 사용한다. 숙소를 예약한 상태가 변하지 않고 그대로 유지되고 있음을 나타내고 있으므로 빈칸에는 '예약해 놓은'이 들어가야 한다.

[오답해설]

① -더니 : 과거의 일이나 행동에 뒤이어 일어난 상황을 이어 주는 말로, 주로 앞말의 내용이 뒷말의 원인이 된다.
   예 집에 들어갔더니 강아지들이 반겨주었다.

③ -는 동안 : 어떤 일이 어느 한때에서 다른 한때까지 이어질 때 쓰는 말이다.
   예 집에 가는 동안 계속 생각해 봤어요.

④ -하고 해서 : 앞말이 뒷말의 내용의 이유 중 하나임을 나타내는 표현이다.
   예 잠도 안 오고 해서 맥주를 한 캔 마셨어요.

19 '-어 주다'는 도움을 주는 어떤 행위를 함을 나타내는 표현이다. 여기에 어떤 행동에 대한 약속이나 의지를 나타내는 말인 '-ㄹ게'가 결합하여 '-어 줄게'가 된다. 통화하는 상대를 민호로 바꾸어 주겠다는 의미이므로 빈칸에는 '바꿔 줄게요'가 들어가야 한다.

[오답해설]

① -(으)ㄹ 수 없다 : 어떤 상황이나 일을 할 수 없음을 나타낼 때 사용하는 말이다.
   예 돈이 없어 아직은 PC를 바꿀 수 없어요.

② -잖아 : 말하는 사람이 듣는 사람에게 어떤 상황을 확인시키거나 그 상황을 고쳐 주려는 듯한 의도를 나타낼 때 사용하는 말이다.
   예 배탈이 날 수 있으니까 아이스크림을 너무 많이 먹지 말라고 했잖아요.

③ -나 싶다 : 말하는 사람의 추측이나 회의를 나타내는 표현이다.
   예 추운 곳에서 일했더니 감기에 걸렸나 싶어요.

20 '-(으)ㄴ 적이 있다'는 어떤 행위가 과거에 있었던 일임을 나타내어 과거의 사건이나 경험을 이야기할 때 사용하는 말이다. 태국에 갔던 경험이 있는지를 묻고 있으므로 빈칸에는 '가 본 적 있어요'가 들어가야 한다.

[오답해설]

② -려고 하다 : 어떠한 행동을 할 의도나 욕망을 가지고 있음을 나타내는 말이다.

　예 내일부터는 조금 더 일찍 일어나려고 해요.

③ -(으)ㄹ 것 같다 : 말하는 사람이 어떤 일에 대해 추측하고 있음을 나타내는 말이다.

　예 이 영화 정말 재미있을 것 같아요.

④ -ㄴ 줄 알다(모르다) : 어떤 사실이나 방법에 대해 알거나 혹은 모른다는 의미를 나타낼 때 쓰는 말이다.

　예 이렇게까지 심하게 다친 줄 몰랐어요.

21 '-어야' 혹은 '-아야'는 앞말의 일이나 행동 등이 뒷말이 일어나기 위한 조건임을 나타내는 말로, 앞말의 형태에 따라 '어'나 '아'가 탈락하여 '-야'와 같은 형태로 나타날 수 있다. 한국어능력시험 3급을 따는 것이 회사에 지원하기 위한 조건임을 나타내고 있으므로 빈칸에는 '따야'가 들어가야 한다.

• 지원하다 : 어떤 일이나 조직에 뜻을 두어 한 구성원이 되기를 바라다.

　예 저는 영업 부서에 지원했어요.

• 필요하다 : 반드시 요구되는 바가 있다.

　예 우리 팀에 새 직원이 필요해요.

[오답해설]

① -려면 : '어떤 의사를 실현하려고 한다면'의 뜻을 나타내는 말로, 주로 그 의사를 실현하기 위해 필요한 행동이나 상황 등이 뒤에 이어진다.

　예 농구 선수가 되려면 키가 커야 한다.

② -자마자 : 앞말의 동작이 이루어지자 잇따라 곧 뒷말의 사건이나 동작이 일어남을 나타내는 말이다.

　예 핸들을 잡은 손을 놓자마자 자전거가 휘청였다.

④ -느라고 : 앞의 사태가 뒤의 사태의 목적이나 원인이 됨을 나타내는 말이다.

　예 나타샤 씨는 늦잠을 자느라고 회사에 지각했어요.

22 '-고(야) 말다'는 앞말이 뜻하는 행동이 끝내 실현됨을 나타내는 말이다. 일을 이루어 낸 데에 대해 긍정적인 생각이나 혹은 부정적이고 아쉬운 느낌이 있음을 함께 나타낸다. 과제를 끝내다 해 낸 것에 대한 긍정적인 생각을 나타내고 있으므로 빈칸에는 '해 내고 말았어요'가 들어가야 한다.

② -으면 좋겠다 : 말하는 사람이 앞으로 어떤 일이 일어나거나 어떤 상황이 되기를 바랄 때, 혹은 현실과 반대되는 상황을 소망할 때 사용하는 말이다.

　예 로또에 당첨되었으면 좋겠어요.

③ -ㄹ 수밖에 없다 : 앞말이 의미하는 것 말고는 다른 방법이나 가능성이 없음을 나타내는 말이다.

　예 차가 없어서 대중교통을 이용할 수밖에 없어요.

④ -ㄹ 걸 그랬다 : 지난 행동을 후회하면서 하지 않은 일을 가정할 때 사용하는 말이다.

　예 평소에 책을 조금 더 많이 볼 걸 그랬어요.

23 '-ㄴ 반면에'는 앞말의 내용과 뒷말의 내용이 서로 반대가 됨을 나타내는 말로, '형은 성격이 급한 반면 동생은 성격이 느긋하다'와 같이 사용할 수 있다. 그런데 고등학생들은 일반적으로 성인이 아니며, 성인이라고 하더라도 성인이라는 사실과 술을 살 수 없다는 사실이 서로 반대가 되지도 않는다. 따라서 이 부분은 까닭이나 근거를 나타내는 말인 '-므로'를 사용하여 '성인이 아니므로'라고 쓰는 것이 더 적절하다.

① '-아/어 놓다'는 어떤 행위를 완료한 상태가 변하지 않고 그대로 유지되고 있음을 나타낸다. 행위의 결과가 지속되고 있음을 강조할 때 사용한다.

　예 지금까지 봤던 영화의 티켓을 모두 모아 놓았어요.

② -ㄹ 텐데 : 말하는 사람의 추측을 나타내는 표현으로, 뒷말에는 보통 추측한 내용과 관련되거나 반대되는 내용을 제시한다.

　예 넘어진 부분이 많이 아플 텐데 잘 갈 수 있을지 걱정이에요.

④ -ㄴ지 모르다 : 감탄적으로 강조하여 '매우 그러하다'의 뜻을 나타내는 말이다.

　예 갑자기 크게 소리를 지르셔서 얼마나 놀랐는지 몰라요.

24 '-기 위해'는 앞말의 행동이 뒷말의 상황이나 행동이 발생하게 된 목적이나 의도임을 나타낼 때 사용하는 말이다. 그런데 '차가 많이 막히는 상황'은 사고가 나는 목적이라고 볼 수는 없으며, 일반적으로는 사고가 난 상황으로 인해 발생한 결과라고 보는 것이 자연스럽다. 따라서 이 부분에는 어떤 부정적인 결과에 대한 원인이나 까닭을 나타내는 표현인 '-ㄴ 바람에'를 사용하여 '사고가 나는 바람에'가 들어가는 것이 더 적절하다.

① -니까 : 앞말이 뒷말의 원인이나 근거, 전제 등이 됨을 나타내는 말로 '-니'를 강조한 말이다.

　예 날씨가 많이 더우니까 그늘에 가서 쉬어요.

② -ㄹ 수 있다 : 어떤 일을 이루거나 어떤 일이 발생하는 것이 가능함을 나타내는 말이다.

　예 불을 너무 세게 하면 재료가 탈 수 있어요.

③ –만 아니면 : 명사의 뒤에 붙어 앞의 명사가 가리키는 내용이 피할 수 없는 조건이나 이유 임을 나타내는 말이다.

예 저는 <u>공포 영화만 아니면</u> 영화는 다 좋아해요.

25 '–더라도'는 가정이나 양보의 뜻을 강하게 나타내는 말이다. 힘든 일이 있는 상황을 가정해도 꿈을 포기하지는 않을 것임을 이야기하고 있다. 따라서 빈칸에는 '있더라도'가 들어가야 한다.

[오답해설]

① –자마자 : 앞말의 동작이 이루어지자 잇따라 곧 뒷말의 사건이나 동작이 일어남을 나타내는 말이다.

예 눈을 <u>뜨자마자</u> 커다란 얼굴이 보여 깜짝 놀랐다.

② –는 만큼 : 앞말이 뒷말에 대한 근거나 이유가 됨을 나타내는 말이다.

예 전 세계적으로 감염병이 <u>유행하는 만큼</u> 개인의 위생에 신경을 써야 해요.

③ –으니까 : '–으니'를 강조하는 말로, 앞말이 뒷말의 원인이나 근거, 전제 등이 됨을 나타내는 말이다.

예 바툼 씨가 슈퍼에 <u>갔으니까</u> 지금 빨리 깜짝 파티를 준비해요.

26 '–(으)ㄹ 것 같다'는 추측이나 불확실한 단정임을 나타내는 말이다. 차가 막혀서 파티에 늦을 것임을 추측하거나 불확실하게 단정하고 있으므로 빈칸에는 '늦을 것 같아요'가 들어가야 한다.

[오답해설]

② –ㄹ 뻔하다 : 앞말이 뜻하는 상황이 실제 일어나지는 않았지만 그럴 가능성이 매우 높았음을 나타내는 말이다.

예 조금만 더 늦게 일어났으면 <u>지각할 뻔했어요.</u>

③ –더라 : 말하는 이가 과거에 직접 경험하여 알게 된 사실을 그대로 옮겨 와 전달한다는 뜻을 나타내는 말이다.

예 제가 어제 이걸 냉장고에 <u>넣어 놓았더라고요.</u>

④ –기로 하다 : 어떤 행위에 대해 그렇게 할 것을 계획하거나 결정했음을 나타내는 말이다.

예 내일은 오웬 씨와 공원에 <u>가기로 했어요.</u>

27 '–다시피'는 앞말의 내용이 듣는 사람이 이미 알고 있는 것임을 나타내거나 앞말의 동작에 가까운 것임을 나타내는 말이다. 그런데 필요한 비용을 모으는 것이 수리하는 동작과 가까운 모양이나 상태가 될 수는 없다. 따라서 '수리하다시피'는 적절하지 않으며, 이곳에는 '경우'의 뜻을 나타내는 말인 의존명사 '데'를 사용하여 '수리하는 데'가 들어가야 한다.

[오답해설]

① –ㄹ지 : 추측에 대한 막연한 의문이 있는 채로 그것을 뒷말의 사실이나 판단과 관련시키는 데 쓰는 말이다.

예 무엇을 해야 <u>할지</u> 잘 모르겠어요.

③ −다가는 : 어떤 일을 하는 과정이 다른 일이 이루어지는 원인이나 근거가 됨을 나타내는 말이다.

　　예 그렇게 <u>뛰다가는</u> 넘어져서 다칠 거야.

④ −더라도 : 가정이나 양보의 뜻을 강하게 나타내는 말이다.

　　예 중간에 <u>포기하더라도</u> 일단은 해 볼 거예요.

28 '−에 비하면'은 앞말이 비교의 대상 또는 기준이 되어 뒷말의 내용과 같은 평가가 있음을 나타낼 때 사용하는 말로 '수학은 다른 과목에 비하여 점수가 높았다'와 같이 사용할 수 있다. 그런데 '하루 만에 다 써 버렸다'는 말이 월급을 받았다는 사실에 대한 평가가 될 수는 없으며, 따라서 '받은 데에 비하면'은 적절하지 않다. 이곳에는 어떤 일이 있었던 때로부터 지금까지의 동안을 나타내는 말인 의존명사 '지'를 사용하여 '받은 지'가 들어가는 것이 적절하다.

[오답해설]

① −러 : 가거나 오거나 하는 동작의 목적을 나타내는 말이다.

　　예 저는 감기약을 <u>사러</u> 약국에 갔어요.

③ −느니 : 앞의 상황보다는 뒤의 상황을 선택하겠다는 뜻을 나타내는 말이다.

　　예 시미즈 씨가 운전하는 차를 <u>타느니</u> 차라리 버스를 타고 갈게요.

④ −고는 하다 : 어떤 일이 반복적으로 일어날 때 사용하는 말이다.

　　예 겨울이면 다 같이 스키를 타러 <u>가고는 했어요.</u>

29 '검색했습니다(검색하다)'는 책이나 컴퓨터 등에서 목적에 따라 필요한 자료를 찾아낸다는 뜻이다. 인터넷을 통해 미술관에서 지켜야 할 유의사항을 찾아내었으므로 ㉠에는 '검색했습니다'가 들어가는 것이 가장 적절하다.

• 예의 : 존경의 뜻을 표하기 위해 예로써 나타내는 말투나 몸가짐

　　예 웃어른께는 항상 <u>예의</u>를 지켜야 한다.

• 유의 : 마음에 새겨 두어 조심하며 관심을 가짐

　　예 유리 그릇을 다룰 때는 깨지지 않도록 <u>유의</u>가 필요하다.

[오답해설]

② 구입했습니다(구입하다) : 물건 등을 사들이다.

　　예 어제 이번 소풍에서 먹을 도시락을 <u>구입했어요.</u>

③ 작성했습니다(작성하다) : 서류나 원고 등을 만들다.

　　예 지난 월요일에 다녀온 미팅 보고서를 <u>작성했습니다.</u>

④ 감상했습니다(감상하다) : 주로 예술 작품을 이해하여 즐기고 평가하다.

　　예 제 취미는 영화를 <u>감상하는</u> 것입니다.

30 ㉠ 뒤에서 동고서저라고 했으므로 동쪽이 '높고'가 ㉠에 들어가는 것이 알맞다.
- 산지 : 들이 적고 산이 많은 지대
  - 예 이곳은 구릉성 산지로 비교적 낮다.
- 분포 : 일정한 범위에 흩어져 퍼져 있음
  - 예 석탄의 분포 및 매장량을 알 수 있다.
- 동고서저 : 지형이나 기압 따위가 동쪽 지역은 높고 서쪽 지역은 낮은 상태
  - 예 한반도는 전형적인 동고서저의 배치이다.

[오답해설]
① 낮고(낮다) : 높낮이로 잴 수 있는 수치나 정도가 기준이 되는 대상이나 보통 정도에 미치지 못하는 상태에 있다.
  - 예 구두의 굽이 낮아 편하다.
② 좁고(좁다) : 면이나 바닥 따위의 면적이 작다.
  - 예 길이 좁고 험하다.
④ 넓고(넓다) : 면이나 바닥 따위의 면적이 크다.
  - 예 좀 더 넓은 회의실은 없나요?

31 근로자의 날은 5월 1일로, 법정 공휴일이 아닌 '유급휴일'이기 때문에, 사업주 재량이나 회사 내부 사정에 따라 쉬는 여부를 정하게 된다. 시·군·구청, 학교, 공무원 등의 공공기관은 정상적으로 운영되지만, 은행의 경우 은행원이 근로기준법의 적용을 받는 근로자들이기 때문에 근로자의 날은 휴무이다. 다만 은행이 관공서 소재지 내에 있는 경우에는 정상 영업을 하게 되고, 이때 근무하는 은행원은 휴일근무 수당을 받게 된다.
- 지위 : 개인의 사회적 신분에 따르는 위치나 자리
  - 예 지위가 높아질수록 책임감이 따른다.
- 연대의식 : 여럿이 함께 무슨 일을 하거나 함께 책임을 지려는 의식.
  - 예 연대의식을 갖고 지속적인 관계를 유지하자.

32 ㉠ 뒤에 경기도, 동부, 서도, 남도 등으로 나눠 지역별로 전해 내려오는 민요가 서로 다르다고 설명하고 있다. 따라서 ㉠에는 ③이 들어가야 가장 자연스럽다.
- 오래전 : 상당한 시간이 지나간 과거
  - 예 그와는 오래전부터 알던 사이다.
- 전하다 : 지금 또는 이후에 이어지거나 남겨지다.
  - 예 그에게 합격 소식을 전하다.
- 가락 : 소리의 높낮이가 길이나 리듬과 어울려 나타나는 음의 흐름
  - 예 한 가락 구성지게 불러 봐.
- 발달 : 학문, 기술, 문명, 사회 따위의 현상이 보다 높은 수준에 이름
  - 예 인터넷의 발달로 생활이 편리해졌다.

- 독자적 : 남에게 기대지 아니하고 혼자서 하는 것

  예 이번 일은 독자적으로 진행하였다.
- 방법 : 어떤 일을 해 나가거나 목적을 이루기 위하여 하는 수단이나 방식

  예 좋은 방법이 있으면 알려줘.
- 지역 : 일정하게 구획된 어느 범위의 토지

  예 지역마다 김치의 맛과 종류가 다르다.
- 가사 : 가요, 가곡 등으로 불릴 것을 전제로 하여 쓰인 글

  예 그 노래의 가사가 너무 슬프다.

33 ㉠의 바로 앞 문장에서 '저는 멋진 가수가 되고 싶습니다'라고 했으므로 꿈은 '가수'를 가리키고 있다.

- 장래 희망 : 하고자 하는 일이나 직업에 대한 희망

  예 나의 장래 희망은 경찰관이다.
- 부럽다 : 남의 좋은 일을 보고 자기도 그런 일을 이루었으면 하고 바라는 마음이 있다.

  예 내일부터 휴가인 친구가 너무 부럽다.
- 학원 : 학생들에게 교육을 실시하는 기관

  예 학원에는 여러 학교의 학생들이 모인다.

[오답해설]

② 그림 : 선이나 색을 써서 사물의 형상이나 이미지를 평면 위에 나타낸 것

  예 그는 집을 배경으로 그림을 그렸다.

③ 화가 : 그림을 그리는 것을 직업으로 하는 사람

  예 이 그림은 화가의 대표작이다.

④ 노래 : 가사에 곡조를 붙여 목소리로 부를 수 있게 만든 음악

  예 이번에 새로 나온 노래가 너무 좋다.

34 다섯 번째 문장에서 '꿈을 이루기 위해 저는 오늘도 열심히 노래를 부릅니다'라고 했으므로 글의 내용과 같은 것은 ②이다.

[오답해설]

① 본문의 내용으로는 알 수 없다.

③ 언니는 그림을 잘 그린다.

④ 나는 노래를 잘 부르지만 그림을 잘 그리는지는 알 수 없다.

35 마지막 문장에서 '오늘 저녁에 맛있는 떡볶이를 먹기로 했다'고 했으므로 글의 내용과 같은 것은 ④이다.

- 수업 : 교사가 학생에게 지식이나 기능을 가르쳐 줌
  예 <u>수업</u> 시간에는 잡담하지 마세요.
- 기숙사 : 학교나 회사에 딸려 있는 숙식을 제공하는 시설
  예 집이 멀어 <u>기숙사</u>를 신청하였다.
- 혼자 : 한 명만 있는 상태
  예 <u>혼자</u> 여행하며 쉬고 싶다.
- 룸메이트 : 기숙사나 하숙에서 같은 방을 쓰는 사람
  예 <u>룸메이트</u>와 성격이 비슷해 잘 지내고 있다.
- 함께 : 한꺼번에 같이, 서로 더불어
  예 자전거 타러 <u>함께</u> 갈래?
- 맛있다 : 음식의 맛이 좋다.
  예 지난번에 먹은 삼겹살이 진짜 <u>맛있었</u>다.

[오답해설]
① 태국 치앙마이에서 진학을 위해 한국으로 왔다.
② 룸메이트의 다른 가족은 필리핀 마닐라에 계속 살고 그녀의 남동생은 함께 한국에 왔다.
③ 혼자 한국에 왔다.

36 첫 번째 문장에서 '강아지 두 마리와 고양이 한 마리 그리고 닭이 하나 있습니다'고 했으므로 총 네 마리의 동물을 키우고 있다. 따라서 글의 내용과 같은 것은 ①이다.

- 볏 : 닭이나 새의 이마 위에 세로로 붙은 살 조각으로 붉은 색이다.
  예 닭이 <u>볏</u>을 세우며 달아난다.
- 부리 : 새나 짐승의 주둥이로 뾰족하고 딱딱한 물질로 되어 있다.
  예 새의 <u>부리</u>에 쪼이면 피가 날 수 있다.
- 수탉 : 닭의 수컷
  예 <u>수탉</u>은 몸집이 거대하다.
- 섞여(섞다) : 두 가지 이상의 것을 합치다.
  예 두 페인트 색을 <u>섞어서</u> 사용하였다.
- 암탉 : 닭의 암컷
  예 <u>암탉</u>은 알을 낳는다.

[오답해설]
② 강아지는 흰색 털을 지닌 아롱이와 갈색 털을 지닌 다롱이가 있다.
③ 노란 병아리는 자라나서 수탉이 되었다.
④ 고양이는 검은색, 흰색, 갈색 세 가지 색이 섞여 있으며 이름은 본문에서 알 수 없다.

37 마지막 문장에서 '서로 예의를 지켜서 기분 좋은 생활을 해야 한다'라고 했고, 앞부분에 예의를 지키는 예들이 나오므로 글의 중심 내용은 ②가 가장 적절하다.

- 다녀오다 : 어느 곳에 갔다가 돌아오다.
  예 방학을 맞아 바다에 <u>다녀왔다</u>.
- 장난 : 재미로 하는 짓
  예 모든 <u>장난</u>에는 정도가 있다.
- 더불다 : 둘 이상의 사람이 함께하다.
  예 이웃과 <u>더불어</u> 사는 세상이다.
- 필요하다 : 반드시 요구되는 바가 있다.
  예 <u>필요한</u> 만큼 가져다 쓰세요.
- 지키다 : 규정, 약속 등을 어기지 않고 그대로 실행하다.
  예 우리 반의 규칙을 잘 <u>지켜줬으면</u> 좋겠다.
- 크다 : 보통 정도를 넘다.
  예 기대한 만큼 실망도 <u>큰</u> 법이다.
- 사이좋다 : 서로 정답고 친하다.
  예 형제가 <u>사이좋게</u> 지내는 모습이 보기 좋다.
- 안부 : 편안하게 잘 지내고 있는지에 대한 소식
  예 오랜만에 <u>안부</u>가 궁금해서 연락했어요.
- 편식 : 어떤 특정한 음식만을 가려서 즐겨 먹음
  예 아이들이 <u>편식</u>하는 습관을 고쳐야 한다.

38 두 번째 문장에서 '직업을 통해 세 가지 역할을 수행하고 있다'고 했고, 이후 직업의 세 가지 역할을 순서대로 나열하고 있으므로 글의 제목은 ①이 가장 적절하다.

- 독립적 : 남에게 의존하지 않은 것
  예 부모님으로부터 <u>독립적</u>인 생활이 필요하다.
- 보상 : 어떤 것에 대한 대가로 갚음
  예 그동안의 노고에 대해 <u>보상</u>을 받다.
- 지속적 : 어떤 상태가 오래 계속되는 것
  예 <u>지속적</u>인 야근으로 예민해져 있다.
- 수행 : 생각하거나 계획한 대로 일을 해냄
  예 직무 <u>수행</u> 능력을 향상시켜야 한다.
- 잠재력 : 겉으로 드러나지 않고 속에 숨어 있는 힘
  예 <u>잠재력</u>을 일깨워야 한다.
- 발휘 : 재능, 능력 따위를 떨치어 나타냄
  예 그의 능력을 <u>발휘</u>하여 위기를 극복했다.

- 자아실현 : 자아의 본질을 완전히 실현하는 일
  - 예 중년의 자아실현에 대한 욕구가 늘어나고 있다.
- 원만하다 : 일의 진행이 순조롭다.
  - 예 까다로운 일인데 원만하게 진행되고 있어 다행이다.
- 생계유지 : 살아 나갈 방법을 찾아서 계속 이어 나감
  - 예 생계유지를 위해 계속 일을 하고 있다.
- 안정되다 : 일정한 상태가 유지되다.
  - 예 안정된 직업 대신 하고 싶은 일에 도전하다.
- 관계 : 사람, 사물, 현상 등 서로 관련을 맺거나 관련이 있음
  - 예 노사 간의 관계를 잘 풀어야 한다.

39 '고조선'은 단군왕검이 세운 우리나라 최초의 국가이다. 단군왕검은 한민족의 맨 처음 조상으로 받들어지고 있다.
- 세우다 : 나라나 기관 등을 처음으로 생기게 하다.
  - 예 동네에 성당을 세우다.
- 역사상 : 역사에 나타나 있는 바
  - 예 그는 대회 역사상 최연소 우승자이다.
- 최초 : 맨 처음
  - 예 그는 최초로 유럽 무대에 진출하였다.

[오답해설]
② 백제 : 시조는 온조왕으로 한강 유역에 자리 잡아 4세기 근초고왕 때 영토를 확장하여 전성기를 맞았다.
  - 예 백제는 화려하고 섬세한 문화가 발달했다.
③ 고려 : 왕건이 궁예를 내쫓고 개성에 도읍하여 세운 나라로 삼국유사, 삼국사기 등의 역사서가 있다.
  - 예 고려청자는 푸른 색이 도는 도자기에 다른 색의 흙을 채워 만든 무늬가 특징이다.
④ 가야 : 시조는 김수로왕으로 낙동강 하류에서 여러 작은 나라가 연맹하여 수립되었다.
  - 예 가야는 풍부한 철을 바탕으로 성장할 수 있었다.

40 '천 냥 빚도 말로 갚는다'는 말만 잘하면 어려운 일이나 불가능해 보이는 일도 해결할 수 있다는 말이다. 이는 '가'에서 매일 천 원씩 모아 지금은 부자가 되었다는 말과는 맞지 않는다. 따라서 아무리 작은 것이라도 모으면 나중에 큰 덩어리가 됨을 비유하는 말인 '티끌 모아 태산'이 더 적절하다.
- 속담 : 예로부터 민간에 전해 오는 쉬운 격언
  - 예 속담이나 격언을 보면 조상들의 지혜를 엿볼 수 있다.

- 쓰이다 : 사용되거나 이용되다.
  - 예 요즘 QR코드는 실내로 들어갈 때 쓰인다.

[오답해설]
① 갈수록 태산 : 어떤 일이 갈수록 점점 더 힘들어짐을 이르는 말
  - 예 주민들의 반대로 개발 사업이 갈수록 태산이다.
② 그림의 떡 : 아무리 마음에 들어도 이용하거나 차지할 수 없는 경우를 이르는 말
  - 예 나에게 해외여행은 그림의 떡이다.
③ 원숭이도 나무에서 떨어진다 : 아무리 익숙하고 잘하는 사람이라도 간혹 실수할 때가 있음을 비유적으로 이르는 말
  - 예 유명한 가수가 노래 배틀 프로그램에서 탈락하다니 원숭이도 나무에서 떨어지는구나.

41 한국은 '원'이라는 화폐 단위를 사용한다. 화폐 단위는 화폐의 수량을 계산하는 데 기준이 되는 단위를 가리키는 경제용어이다.
- 화폐 : 상품 교환 가치의 기준이 되며 그것의 교환을 매개하는 일반화된 수단
  - 예 백화점이나 대형 마트에서는 상품권이 화폐와 같이 쓰인다.
- 단위 : 수량을 수치로 나타낼 때 기초가 되는 일정한 기준
  - 예 무게의 단위는 g, kg, t이 있다.

[오답해설]
② 달러 : 미국의 화폐 단위
  - 예 1달러는 약 1,192원의 환율이다.
③ 위안 : 중국의 화폐 단위
  - 예 1위안은 약 170원의 환율이다.
④ 엔 : 일본의 화폐 단위
  - 예 1엔은 약 1,111원의 환율이다.

42 '사모님'은 스승의 부인, 남의 부인, 윗사람의 부인 등을 높여서 부르는 말이다. 즉, 여자를 부를 때 사용하는 호칭이다.
- 호칭 : 이름 지어 부름
  - 예 그녀는 그를 선배님이라는 호칭 대신 대리님이라고 불렀다.

[오답해설]
② 형님 : 형의 높임말, 아내의 오빠를 부르는 말
  - 예 형님께 도움을 청해 봐야겠다.
③ 오빠 : 같은 부모에게서 태어난 손위 남자 형제, 혹은 남이지만 손위 남자를 정답게 부르는 말
  - 예 이번 주에 오빠와 만나기로 했다.

④ 아저씨 : 성인 남자, 아버지의 친형제를 제외한 남자, 결혼하지 않은 아버지의 남동생

　　예 <u>아저씨</u>, 여기 물 좀 주세요.

43 '간접선거'는 일반 선거인에 의하여 선출된 중간 선거인이 피선거인을 뽑는 선거이다. 우리나라는 다른 사람을 대신해서 투표할 수 없는 '직접선거'를 원칙으로 하고 있다.
- 원칙 : 어떤 행동이나 이론 등에서 일관되게 지켜야 하는 기본적인 규칙이나 법칙

　　예 종교 사원에서는 노출이 있는 옷을 입지 않는 것이 <u>원칙</u>이다.

[오답해설]
① 비밀선거 : 투표 내용을 다른 사람이 알 수 없다.

　　예 우리 반은 <u>비밀선거</u> 방식으로 반장을 뽑았다.
② 보통선거 : 일정한 나이가 되면 차별 없이 누구에게나 선거권을 부여한다.

　　예 나이에 관계없이 동등한 투표권을 갖는 <u>보통선거</u> 제도를 요구했다.
④ 평등선거 : 누구에게나 똑같이 한 표가 주어진다.

　　예 교육, 재산, 세금에 따라 여러 장의 투표권을 받는 행위는 <u>평등선거</u> 원칙을 어긴 것이다.

44 '오천 원권'에는 율곡 이이와 오죽헌과 오죽, 신사임당의 초충도가 그려져 있다.
- 초상화 : 사람의 얼굴을 중심으로 그린 그림

　　예 길에서 <u>초상화</u>를 그려 주는 사람을 봤다.
- 지폐 : 종이로 인쇄하여 만든 화폐

　　예 동전을 <u>지폐</u>로 바꾸었다.

[오답해설]
① 천 원권 : 퇴계 이황과 명륜당, 매화, 계상정거도가 그려져 있다.

　　예 백 원 10개를 <u>천 원권</u>으로 교환해 주세요.
③ 만 원권 : 세종대왕과 일월오봉도, 용비어천가, 혼천의가 그려져 있다.

　　예 천 원 10장을 <u>만 원권</u>으로 교환해 주세요.
④ 오만 원권 : 신사임당과 목포도도, 초충도수병의 가지 그림, 월매도, 풍죽도가 그려져 있다.

　　예 만 원 5장을 <u>오만 원권</u>으로 교환해 주세요.

45 조선 시대에는 '유교 사상'을 바탕으로 나라를 다스렸다. 동학은 우리나라의 독자적인 종교로 철종 때(19세기 중반) 최제우가 양반 사회의 모순을 해소하고, 서양 세력인 서학에 대항하기 위해서는 종교적 힘을 길러야 한다며 창시하였다. 농민을 중심으로 사회적 모순을 바로잡으며 부패한 정치를 개혁하려는 사회 운동으로 번져가려고 하자 조정은 최제우를 체포, 처형하였다. 훗날 동학농민운동의 사상적 토대가 된다.
- 위화도 회군 : 이성계가 위화도에서 회군하여 왕을 내쫓고 조선을 건국하였다.

　　예 이성계는 4불가론을 이유로 <u>위화도 회군</u>을 하였다.

- 정권 : 정치상의 권력
  예 정권을 차기 정부에 넘겨주다.
- 건국 : 나라가 세워짐
  예 대조영이 발해를 건국하였다.
- 근본 : 사물의 본질이나 본바탕
  예 이 제도는 근본부터 잘못되었다.
- 신분제 : 봉건 시대에 숙명적이고 세습적으로 고정된 계급 제도
  예 신분제가 붕괴되면서 천민들의 신분이 상승되는 경우가 많았다.
- 국난 : 나라가 존립하기 어려울 정도로 위태로운 나라 전체의 어려움
  예 이런 국난을 국민 여러분들과 함께 해쳐 나가겠다.

46 대한민국의 정치는 국민들이 선출한 대표들이 국가의 의사를 결정하는 민주주의인 '간접민주주의'를 채택하고 있다.
- 주권 : 가장 주요한 권리
  예 우리 민족은 해방이 되어 일본으로부터 주권을 되찾을 수 있었다.
- 직접민주주의 : 국가 의사의 결정과 집행에 국민이 직접 참여하는 민주주의
  예 직접민주주의는 법안 발의 등을 투표를 통해 결정하기 때문에 시간이 걸린다.
- 채택하다 : 의견, 제도를 골라서 다루거나 뽑아 쓰다.
  예 이번에 채택된 아이디어를 모아 사장님께 전달하였다.
- 지도자 : 남을 가르쳐 이끄는 사람
  예 어느 단체나 지도자가 필요하다.
- 선출하다 : 여럿 가운데 골라내다.
  예 이번에 새롭게 임원들을 선출하였다.

47 마지막 문장에서 '사람의 성격을 꿰뚫어 증명하는 과학적 검사인지는 알 수 없지만'이라고 하였으므로 ②의 내용은 글의 내용과 다르다.
- 유행 : 많은 사람들의 추종을 받아 널리 퍼짐
  예 올 여름 유행은 통이 넓은 바지이다.
- 외향적 : 마음의 움직임을 적극적으로 나타내는 것
  예 동생은 외향적이고 활달하다.
- 내향적 : 성격이 내성적이고 사교적이지 않은 것
  예 친구는 내향적인 성격이다.
- 직관 : 대상을 직접적으로 파악하는 것
  예 직관을 가져도 파악하기 어렵다.
- 판단 : 사물을 인식하여 논리나 기준 등에 따라 판정을 내림
  예 옳고 그름을 판단해야 한다.

- 선호하다 : 여럿 가운데 특별히 좋아하다
  - 예 소비자들이 점점 더 중형차를 선호하고 있다.
- 지표 : 방향이나 목적, 기준을 나타내는 표지
  - 예 강연 내용을 내 삶의 지표로 삼는다.
- 유명인 : 이름이 세상에 널리 알려진 사람
  - 예 유명인은 어디를 가나 주목받는다.
- 유발하다 : 어떤 것이 다른 일을 일어나게 하다.
  - 예 새로운 발명품은 나의 호기심을 유발한다.
- 꿰뚫다 : 어떤 일의 내용이나 본질을 잘 알다.
  - 예 그의 눈빛은 마치 나를 꿰뚫어 보는 것 같았다.
- 파악 : 어떤 대상의 내용이나 본질을 확실하게 이해하여 아는 것
  - 예 사람을 파악하는 것은 시간이 꽤 걸린다.
- 틀림없다 : 조금도 어긋나는 일이 없다.
  - 예 틀림없이 5시까지 오기로 했다.

48 첫 번째 문장에서 '한탄강이 우리나라 네 번째 유네스코 세계지질공원으로 지정됐다'고 했고, 뒤에 세계지질공원의 정의와 한탄강이 지정된 이유에 대해 설명하고 있다. 따라서 이 글의 주제는 ①이 가장 적절하다.
- 빚다 : 어떤 결과나 현상을 만들다.
  - 예 물의를 빚어 죄송합니다.
- 자연 생태 : 자연의 상태에서 이루어진 지리적, 지질적 환경과 그 조건에서 생물이 생활하고 있는 일체의 현상
  - 예 자연 생태 학습장이 마련되어 있다.
- 고고학 : 유물과 유적을 통하여 옛 인류의 생활, 문화를 연구하는 학문
  - 예 고고학자는 새로운 자료를 발굴하였다.
- 지질학 : 지구의 구성 물질, 형성 과정, 과거에 살았던 생물을 연구하는 학문
  - 예 지질학자는 고대 화석을 분석하였다.
- 세계유산 : 유네스코가 세계 문화 및 자연 유산 보호 협약에 따라 지정하고 있는 세계적 자산
  - 예 조선 왕릉은 세계유산에 등재되었다.
- 생물권보전지역 : 자원을 자연 상태 그대로 보존하고 이에 대한 연구를 다각적으로 추진하기 위해 유네스코가 지정한 지역
  - 예 최초로 설악산이 생물권보전지역으로 지정되었다.
- 청정 : 맑고 깨끗함
  - 예 청정 지역은 오염이 되지 않도록 관리해야 한다.
- 분출하다 : 액체나 기체 상태의 물질이 솟구쳐서 뿜어져 나오다.
  - 예 마그마를 분출한다.

- 장관 : 훌륭하고 장대한 광경
  - 예 바닷가에서 본 노을은 장관을 이룬다.
- 명소 : 경치나 고적으로 널리 알려진 곳
  - 예 정동진은 해돋이 명소로 유명하다.
- 소재 : 주요 건물 등이 자리 잡고 있는 곳
  - 예 수도권 소재의 대학에 다니고 있다.

49 주어진 글의 빈칸 앞에서는 날씨를 미리 알면 그에 맞춰 옷차림과 계획을 바꾸기도 한다고 그 예시를 들어 설명하고 있다. 따라서 빈칸에는 '어떤 일을 이루거나 어떤 일이 발생하는 것이 가능함을 나타내는 말'인 '세울 수 있습니다'가 가장 자연스럽다.

50 '나'의 대답을 들은 '가'가 '여행은 최대한 자주 가는 게 좋다'고 이야기하였으므로 여행을 가는 횟수에 대해 이야기하였음을 알 수 있다. 즉, '나'는 이번 여행으로 여행이 즐겁다는 것을 느끼고, 그동안 여행을 더 자주 가지 못했음을 조금 후회하고 있음을 나타내고 있다. 따라서 빈칸에는 '지난 행동을 후회하면서 하지 않은 일을 가정할 때 사용하는 말'인 '-ㄹ 걸 그랬다'를 사용하여 '자주 갈 걸 그랬어요'가 들어가는 것이 가장 자연스럽다.
- 주말 : 한 주의 끝 무렵
  - 예 이번 주말에는 비가 온다.
- 즐겁다 : 흐뭇하고 기쁘다.
  - 예 친구와 대화하는 것은 항상 즐겁다.
- 조금 : 적은 정도나 분량
  - 예 저는 아까 많이 먹어서 조금 주세요.
- 최대한 : 일정한 조건에서 가능한 가장 많이
  - 예 이번 휴가는 최대한 길게 쓸 예정이다.
- 자주 : 같은 일을 잇따라 잦게
  - 예 우리 자주 만나요.

02 장마철에 대비하여 집안의 습기를 제거할 수 있는 방법은 젖은 신발은 통풍이 잘 되는 곳에 두고 신문지를 구겨서 신발 안쪽에 깊숙이 넣어 두는 것입니다. 또한 옷장에도 습기가 차지 않도록 옷 사이사이에 종이를 넣거나 제습제를 넣어 둡니다. 마지막으로 에어컨의 제습 기능을 작동해 집안 전체의 습기를 줄일 수 있습니다.

03 저는 한국의 사계절 중 봄을 가장 좋아합니다. 너무 춥지도 덥지도 않은 계절이라 산책하기도 좋고, 예쁜 꽃들도 많이 피기 때문입니다. 다른 어떤 계절보다 생기있어 보이는 봄이 가장 좋습니다.

- 장마 : 여름철에 여러 날을 계속해서 비가 내리는 현상이나 날씨
  예 자주 침수되는 지역은 장마에 대비해야 한다.
- 내내 : 처음부터 끝까지 계속해서
  예 그녀는 집에 오는 내내 울었다.
- 달리 : 사정이나 조건 따위가 서로 같지 않게
  예 아침과는 달리 오후에는 밝은 표정을 짓고 있다.
- 습기 : 물기가 많아 젖은 듯한 기운
  예 습기가 많으면 공기가 끈끈하다.
- 통풍 : 바람이 통함
  예 통풍이 잘 되는 곳에 과일을 보관해야 한다.
- 깊숙이 : 위에서 밑바닥까지
  예 나는 모자를 깊숙이 내려 썼다.
- 닿다 : 어떤 물체가 다른 물체에 맞붙어 사이에 빈틈이 없게 되다.
  예 날씨가 더울 때는 서로 닿기만 해도 짜증이 난다.
- 곰팡이 : 어둡고 습기가 많은 곳에 서식하는 균
  예 지하실에는 곰팡이가 잘 생긴다.
- 효과적 : 어떤 목적을 지닌 행위에 의하여 보람이나 좋은 결과가 드러나는 것
  예 효과적인 다이어트 방법을 찾았다.
- 제습 : 습기를 없앰
  예 에어컨은 냉방뿐 아니라 제습 기능도 유용하다.
- 법정기념일 : 법률로 규정한 기념일
  예 부부의 날은 법정기념일이다.
- 인상적 : 인상이 강하게 남는 것
  예 그의 작품은 인상적이었다.

04 어버이날은 5월 8일이고, 낳아 주시고 길러 주신 아버지와 어머니의 사랑을 기념하여 제정한 날입니다. 보통은 부모님께 선물이나 용돈을 드리고 같이 식사를 하는 등 시간을 보내는 것으로 알고 있습니다.

05 저는 국립중앙박물관에 가 본 적이 있습니다. 한국의 역사와 문화를 알고 싶었고, 제대로 알려면 박물관을 가는 것이 가장 좋다고 생각했습니다. 구석기시대부터 근대에 이르기까지 다양한 유물, 사진, 영상 등이 잘 정리되어 있어 이해하기 쉬웠습니다. 특히 고려시대의 청자만이 갖고 있는 푸른빛과 문양이 매우 아름다워 가장 인상적이었습니다.

CHAPTER 05

사회통합프로그램 사전평가
실전모의고사 5회 정답 및 해설

[객관식 · 주관식 정답 및 해설]

01	02	03	04	05	06	07	08	09	10	11	12	13	14	15	16	17	18	19	20
②	①	①	④	④	①	①	①	③	②	④	①	②	①	②	①	④	③	①	②

21	22	23	24	25	26	27	28	29	30	31	32	33	34	35	36	37	38	39	40
①	④	②	①	①	④	④	③	①	②	③	②	④	③	②	④	③	②	③	④

41	42	43	44	45	46	47	48
①	②	③	①	④	②	②	①

49	영향을 받습니다
50	내릴지도 몰라요

01 사진 속 물건은 '청소기'이다. 청소기는 전동기를 이용한 흡인력으로 먼지 등을 빨아들여 청소하는 기구이다.

[오답해설]
① 다리미 : 주름이나 구김을 펴고 줄을 세우는 데 쓰는 도구
  예 정장 바지는 <u>다리미</u>를 이용해 주름을 잡아야 한다.
③ 전자레인지 : 마이크로파의 성질을 이용하여 식품을 가열하는 조리 기구
  예 자취할 때 <u>전자레인지</u>는 꼭 필요하다.
④ 식기세척기 : 그릇, 접시와 같은 식기를 자동으로 닦고 말리는 전기 기구
  예 <u>식기세척기</u>는 소음이 크지만 편리하다.

02 '만'은 다른 것으로부터 제한하여 어느 것을 한정함을 나타내는 말이다. 빨간색 펜을 제외하고 다른 색갈의 펜은 없다고 하였으므로 '빨간색 펜만 있어요.'가 가장 적절하다.

[오답해설]
② 만큼 : 앞말과 비슷한 정도나 한도임을 나타내는 조사
  예 하루 씨는 여느 가수<u>만큼</u> 노래를 잘해요.
③ 같이 : 앞말이 지니는 전형적인 특징과 비슷하거나 같음을 나타내는 조사
  예 음료수에서 한약<u>같이</u> 쓴 맛이 났다.
④ 까지 : 어떤 일이나 상태 등에 관련되는 범위의 끝임을 나타내는 조사
  예 저 책상 끝<u>까지</u> 선을 그어 주세요.

03 '찬성해요(찬성하다)'는 어떤 행동이나 견해, 제안 등이 옳거나 좋다고 생각해 수긍한다는 의미이다. 이와 반대의 의미를 가진 말은 '어떤 행동이나 견해, 제안 등에 따르지 않고 맞서 거스르다'라는 의미의 '반대해요(반대하다)'이다.

- 의견 : 어떤 대상에 대하여 가지는 생각

  예 이번 결과에 대해 여러 가지 <u>의견</u>이 있다.

[오답해설]

② 더워요(덥다) : 몸에서 땀이 날 만큼 체온이 높은 느낌이 있다. ↔ 추워요(춥다)

　예 지금 운동을 하고 와서 너무 <u>더워요</u>.

③ 즐거워요(즐겁다) : 마음에 거슬림이 없이 흐뭇하고 기쁘다. ↔ 괴로워요(괴롭다)

　예 아이들이 노는 모습만 보아도 <u>즐거워요</u>.

④ 똑똑해요(똑똑하다) : 사리에 밝고 총명하다. ↔ 멍청해요(멍청하다)

　예 흐엉 씨 강아지는 정말 <u>똑똑해요</u>.

04 '수더분해요(수더분하다)'는 성질이 까다롭지 않아 순하고 너그럽다는 뜻이다. 이와 반대되는 단어는 '까다로워요(까다롭다)'이다. '까다롭다'는 성미나 취향 등이 원만하지 않고 별스럽게 까탈이 많다는 의미이다.

[오답해설]

① 앉아요(앉다) : 사람이나 동물이 윗몸을 바로 한 상태에서 엉덩이에 몸무게를 실어 다른 물건이나 바닥에 몸을 올려놓다. ↔ 서요(서다)

　예 서 있지 말고 거기 의자에 <u>앉아요</u>.

② 넓어요(넓다) : 면이나 바닥 등의 면적이 크다. ↔ 좁아요(좁다)

　예 우리 학교 운동장은 정말 <u>넓어요</u>.

③ 아름다워요(아름답다) : 보이는 대상이나 음향, 목소리 등이 균형과 조화를 이루어 눈과 귀에 즐거움과 만족을 줄 만하다. ↔ 추해요(추하다)

　예 이곳은 바다가 정말 <u>아름다워요</u>.

05 '분리배출'은 쓰레기 따위를 종류별로 나누어서 버리는 것을 말한다. 쓰레기를 종이와 비닐, 캔 등으로 나누어야 한다고 했으므로 빈칸에는 '분리배출'이 들어가야 한다.

[오답해설]

① 환경오염 : 자연의 파괴와 각종 공장 등에서 배출하는 가스나 폐수, 농약 등으로 동식물이나 인간의 생활 환경이 더럽혀지는 일

　예 <u>환경오염</u>으로 강물이 더러워지고 있다.

② 보험금 : 보험 사고가 발생했을 때 보험 계약에 따라 보험 회사에서 지급하는 돈

　예 교통사고를 당했지만, <u>보험금</u> 덕분에 생활에 큰 지장은 없었다.

③ 출근 : 일터로 근무하러 나가거나 나옴

　　예 월요일마다 출근 생각에 괴롭다.

06 '매우'는 '보통 정도보다 훨씬 더'라는 의미이다. 영어와 중국어를 보통 이상으로 잘 한다는 의미이므로 빈칸에는 '매우'가 들어가야 한다.

[오답해설]

② 어서 : 일이나 행동을 지체 없이 빨리 하기를 재촉하는 말

　　예 여기서 헤매지 말고 어서 앞으로 가렴.

③ 미리 : 어떤 일이 생기기 전에. 또는 어떤 일을 하기에 앞서

　　예 빨리 놀러 가고 싶어 짐도 미리 싸 놓았다.

④ 이따 : 조금 지난 뒤에

　　예 이따 전화할 테니 그때 알려주세요.

07 '계약'은 '관련되는 사람이나 조직체 사이에서 서로 지켜야 할 의무에 대하여 글이나 말로 정하여 둠. 또는 그런 약속'을 의미한다. 이와 반대 의미의 단어는 '약속이나 계약 따위가 깨어짐'을 말하는 '해약'이다.

[오답해설]

② 공약 : 정부, 정당 등이 어떤 일에 대하여 국민에게 실행할 것을 약속함

　　예 A 후보의 공약이 제일 괜찮더라.

③ 이별 : 서로 갈리어 떨어짐

　　예 남자친구와 이별 후 밖에 나가지 않고 있다.

④ 협약 : 협상에 의하여 조약을 맺음

　　예 새로운 회사와 협약을 맺는다.

08 '늦은(늦다)'은 기준이 되는 때보다 뒤져 있다는 의미이다. 이와 반대의 의미를 가진 단어는 기준을 잡은 때보다 앞서거나 빠르다는 의미인 '이른(이르다)'이다.

　• 등교하다 : 학생이 학교에 가다.

　　예 오늘은 모의고사가 있어 일찍 등교해요.

[오답해설]

② 깨끗한(깨끗하다) : 가지런히 잘 정돈되어 말끔하다. ↔ 지저분한(지저분하다)

　　예 책상이 매우 깨끗하다.

③ 못생긴(못생기다) : 생김새가 보통에 미치지 못하다. ↔ 예쁜(예쁘다)

　　예 나는 이 못생긴 인형이 정말 좋다.

④ 시끄러운(시끄럽다) : 듣기 싫게 떠들썩하다. ↔ 조용한(조용하다)

　　예 우리 동네는 술집이 많아 매우 시끄러운 곳이다.

09 '봉사'는 국가나 사회 또는 남을 위하여 자신을 돌보지 않고 몸을 움직여 행동하는 것을 말한다. 주민센터에 가서 어려운 사람들을 위한 행동을 했다고 하였으므로 빈칸에는 '봉사 활동'이 들어가야 한다.

[오답해설]

① 학습 : 배워서 익힘

　　예 오늘도 학생들은 <u>학습</u>에 매진하고 있다.

② 연주 : 악기를 다루어 곡을 표현하거나 들려주는 일

　　예 그의 <u>연주</u>에 잠시 놀랐다.

④ 자기 활동 : 자기 자신을 발전시키려는 충동이나 흥미, 개성 등으로 인한 학습자의 자발적인 활동

　　예 전 요즘 <u>자기 활동</u>으로 영상 편집을 배우고 있어요.

10 '유창해요(유창하다)'는 말을 하거나 글을 읽는 것이 물 흐르듯이 거침이 없다는 뜻이다. 외국에서 살다가 왔는데도 한국어가 능숙하고 자연스럽다는 말을 하고 있으므로 빈칸에는 '유창해요'가 들어가야 한다.

[오답해설]

① 활발해요(활발하다) : 생기 있고 힘차며 시원스럽다.

　　예 아이리 씨는 성격이 <u>활발해요</u>.

③ 신기해요(신기하다) : 믿을 수 없을 정도로 색다르고 놀랍다.

　　예 그 마술은 몇 번을 보아도 <u>신기해요</u>.

④ 다양해요(다양하다) : 모양, 빛깔, 형태, 양식 등이 여러 가지로 많다.

　　예 이곳은 주문할 수 있는 음식의 종류가 <u>다양해요</u>.

11 '때워요(때우다)'는 '간단한 음식으로 끼니를 대신하다'라는 의미이다. 식사를 적당히 한다는 말을 하고 있으므로 빈칸에는 '때워요'가 들어가야 한다.

[오답해설]

① 활용해요(활용하다) : 충분히 잘 이용하다.

　　예 전에 주신 장바구니를 잘 <u>활용해요</u>.

② 지나가요(지나가다) : 어디를 거치거나 통과하여 가다.

　　예 이 열차는 대구를 <u>지나가요</u>.

③ 서툴러요(서투르다) : 일 등에 익숙하지 못해 다루기에 빈틈이 있다.

　　예 쓰엉 씨는 아직 기계를 다루는 데 <u>서툴러요</u>.

12 '가치'는 사물이 지니고 있는 쓸모를 말한다. 장승이 마을의 수호신으로서 사람들에게 좋은 영향을 미침과 동시에 역사적으로도 중요한 쓸모가 있음을 말하고 있다.

[오답해설]

② 기대 : 일이 원하는 대로 이루어지기를 바라면서 기다림

　　예 아이는 선물을 받을 기대가 가득한 눈으로 나를 쳐다보았다.

③ 변화 : 사물의 성질, 모양, 상태 등이 바뀌어 달라짐

　　예 스마트폰이 나오면서 우리 생활에 많은 변화가 나타났다.

④ 의견 : 어떤 대상에 대하여 가지는 생각

　　예 설문조사를 통해 다양한 의견을 모으고 있어요.

13 '늘어나고(늘어나다)'는 부피나 분량 등이 본래의 정도보다 더 커지거나 길어지거나 많아진다는 뜻이다. 이와 비슷한 의미를 가진 단어는 '양이나 수치가 늘다'라는 뜻의 '증가하고(증가하다)'이다.

　• 폭력 : 남을 거칠고 사납게 제압할 때 쓰는 주먹이나 발 또는 몽둥이 등의 수단이나 힘

　　예 집안에서 폭력을 당하는 사람들이 많아요.

　• 접하다 : 가까이 대하다.

　　예 여행을 통해 다양한 문화를 접할 수 있다.

[오답해설]

① 준비하고(준비하다) : 미리 마련하여 갖추다.

　　예 저녁 식사를 준비하고 있어요.

③ 해결하고(해결하다) : 제기된 문제를 잘 풀어 밝히거나 얽힌 일을 잘 처리하다.

　　예 기계 고장 문제를 해결했어요.

④ 물러서고(물러서다) : 있던 자리에서 뒷걸음으로 피하여 옮겨 서다.

　　예 위험하니까 안전선 밖으로 물러서요.

14 '어려우면(어렵다)'는 어떤 일을 하기가 까다로워서 힘에 겹다는 뜻이다. 이와 비슷한 말은 '사정이 몹시 딱하고 어렵다'는 뜻의 '곤란하니까(곤란하다)'이다.

　• 회의 : 여럿이 모여 의논함. 또는 그런 모임

　　예 오늘 저녁에는 중요한 회의가 있어요.

[오답해설]

② 느긋하니까(느긋하다) : 마음에 흡족하여 여유가 있고 넉넉하다.

　　예 일을 모두 끝내서 느긋해요.

③ 순탄하니까(순탄하다) : 삶 등이 아무 탈 없이 순조롭다.

　　예 저는 큰 어려움 없이 순탄한 삶을 살았어요.

④ 가난하니까(가난하다) : 살림살이가 넉넉하지 못하여 몸과 마음이 괴로운 상태에 있다.

　　예 고향에 있는 가족들이 가난하니까 제가 열심히 일해서 도와주어야 해요.

15 '(이)랑'은 둘 이상의 사물을 같은 자격으로 이어 주는 접속 조사이다. 여동생과 본인이 싸운 것이기 때문에 '여동생이랑 싸웠거든요.'가 가장 자연스럽다.

[오답해설]
① 며 : 두 가지 이상의 동작이나 상태를 나열할 때 쓰는 연결 어미
　　예 나는 직장인이며 학생이다.
③ 을/를 : 행동의 간접적인 목적물이나 대상임을 나타내는 격 조사
　　예 선생님은 나를 예뻐해 주신다.
④ (으)로서 : 지위나 신분 또는 자격을 나타내는 격 조사
　　예 선생으로서 마땅히 해야 할 일을 했다.

16 '-기로 하다'는 어떤 행위에 대해 그렇게 할 것을 계획하거나 결정했음을 나타내는 말이다. 친구와 옷을 살 것을 계획했음을 나타내고 있기 때문에 빈칸에는 '사기로 했어요'가 들어가는 것이 가장 적절하다.

[오답해설]
② '-고 있다' : 어떤 동작이 진행되고 있음을 나타내는 말로 '지금' 무엇을 하고 있는지를 설명할 때 사용한다.
　　예 지금은 텐트를 설치하고 있어요.
③ -은 적이 있다 : 어떤 행위가 과거에 있었던 일임을 나타내어 과거의 사건이나 경험을 이야기할 때 사용하는 말이다.
　　예 저도 강릉에 간 적이 있어요.
④ -을 따름이다 : 오로지 그것뿐이고 그 이상은 아님을 나타내는 말이다.
　　예 전 그저 최선을 다할 따름이에요.

17 '어서'는 이유나 근거를 나타낼 때 쓰는 말이다. 잠을 못 잔 이유가 '밤에 아기가 계속 울음'이기 때문에 빈칸에는 '울어서'가 들어가야 한다.

[오답해설]
① -(으)려고 : 뒷말의 행동을 하는 의도나 목적을 나타내는 말이다.
　　예 나무를 심으려고 산에 가요.
② -고 : 앞말의 동작이 이루어져 지속되는 상태로 뒷말의 동작이 일어남을 나타내는 말이다.
　　예 어머니는 나를 업고 병원까지 달려가셨어요.
③ -면서 : 두 가지 이상의 움직임이나 상황 등이 동시에 일어나고 있음을 나타내는 말이다.
　　예 사쿠 씨는 노래를 부르면서 요리를 했어요.

18 '-다시피'는 듣는 사람이 이미 알고 있거나 보고 들은 일에 대해 말할 때 사용하는 말이다. '가'가 교수님이 강의실에 없다는 사실을 이미 보아서 알고 있는 상태이므로 빈칸에는 '보셨다시피'가 들어가야 한다.

① -ㄴ다면 : 어떤 사실을 가정해 조건으로 삼는 뜻을 나타내는 말이다.

　📷 해가 서쪽에서 뜬다면 내가 그 일을 하지요.

② -느라고 : 앞말의 사태가 뒷말의 사태의 목적 혹은 원인이 됨을 나타내는 말이다.

　📷 마리아 씨는 웃음을 참느라고 고개를 들지 못했어요.

④ -거나 : 나열된 동작이나 상태, 대상들 중 어느 것이든 선택될 수 있음을 나타내는 말이다.

　📷 여기선 고기를 굽거나 밥을 할 수 있어요.

19 '-지 못하다'는 앞말이 뜻하는 상태에 미치지 않음을 나타내는 말이다. 빈칸 뒤에서 '걱정이에요'라고 말하고 있으므로 노래를 '잘 부르는' 상태에 미치지 않는다는 의미가 되어야 하며, 따라서 빈칸에는 '부르지 못해서'가 들어가야 한다.

•동호회 : 같은 취미를 가지고 함께 즐기는 사람들의 모임

　📷 지난 주말에 자전거 동호회에 가입했어요.

② -어 보다 : 어떤 행위를 경험했음을 나타낼 때 쓰는 말이다.

　📷 저는 매운 떡볶이를 먹어 봤어요.

③ -게 되다 : 어떤 상황이 외부의 영향을 받아 어떤 결과에 이르거나 상태가 변화함을 나타내는 말이다.

　📷 저는 한국의 대학교에 입학해서 한국에 오게 되었어요.

④ -ㄹ까 봐 : 앞말이 뜻하는 상황이 될까 걱정하거나 두려워함을 나타내는 말이다.

　📷 비가 올까 봐 우산을 가져왔어요.

20 '-ㄹ 수 있다'는 어떤 일을 이루거나 어떤 일이 발생하는 것이 가능함을 나타내는 말이다. 한국의 지하철이 복잡해서 외국인의 경우 어려움을 느끼는 것이 가능함을 나타내고 있으므로 빈칸에는 '어려울 수 있어요'가 들어가야 가장 자연스럽다.

① -ㄹ 리가 없다 : 앞말이 나타내는 행동 등이 일어나는 이유나 이치 등이 없음을 나타내는 말이다.

　📷 루나 씨가 친구를 때렸을 리가 없어요.

③ -으면 좋겠다 : 말하는 사람이 앞으로 어떤 일이 일어나거나 어떤 상황이 되기를 바랄 때, 혹은 현실과 반대되는 상황을 소망할 때 사용하는 말이다.

　📷 여기가 집이었으면 좋겠어요.

④ -(으)면 안 되다 : 어떤 행위를 하지 못하게 하거나 어떤 상태가 되는 것을 금지할 때 사용하는 말이다.

　📷 여기서 주무시면 안 돼요.

21 '–고자'는 어떤 행동을 할 의도나 욕망을 가지고 있음을 나타내는 말이다. 정부에서 일자리를 늘리려는 의도를 가지고 새로운 정책을 세운 것이므로 빈칸에는 '늘리고자'가 들어가야 한다.

[오답해설]

② –거든 : 앞말을 뒷말에 대한 가정하여 조건으로 삼을 때 사용하는 말로, 뒷말에는 주로 명령이나 요청, 부탁하는 내용이 온다.

   📗 아침에 일어나거든 창문을 열어주세요.

③ –더라도 : 가정이나 양보의 뜻을 나타낼 때 쓰는 말이다.

   📗 집에 가더라도 붕대는 풀지 마세요.

④ –다시피 : 어떤 동작이나 상태에 가까움을 나타내는 말이다.

   📗 그는 거의 뛰다시피 걸어가고 있었다.

22 '–ㄹ 것이다'는 말하는 이의 전망이나 추측 또는 주관적인 소신 등을 나타내는 말이다. 매운 음식을 못 먹어서 대신 다른 음식을 먹겠다는 것을 의미하고 있으므로 빈칸에는 '먹을 거예요'가 들어가야 한다.

[오답해설]

① –ㄹ 수 있다 : 어떤 일을 이루거나 어떤 일이 발생하는 것이 가능함을 나타내는 말이다.

   📗 오늘까지 주어진 일을 다 끝낼 수 있다.

② –ㄹ 걸 그랬다 : 지난 행동을 후회하면서 하지 않은 일을 가정할 때 사용하는 말이다.

   📗 아까 물을 좀 더 마실 걸 그랬어요.

③ –대요 : 다른 사람에게 들어 알고 있는 사실을 상대에게 옮겨 전할 때 쓰는 말이다.

   📗 아주머니께서 집 뒤편에 키쿄 씨가 있대요.

23 '–더라면'은 과거의 사실을 실제와 다르게 가정해 보는 뜻을 나타내는 말이다. 그런데 뒤의 문장에서 '호응을 받았어요'라고 하여 호응을 받았다는 사실이 이미 과거에 일어났음을 밝히고 있다. 따라서 의미상 서로 어울리지 않는다. 이 부분은 '앞말의 동작이 이루어지자 잇따라 곧 뒷말의 사건이나 동작이 일어남을 나타내는 말'인 '–자마자'를 이용하여 '개봉하자마자'가 들어가야 한다.

• 상견례 : 공식적으로 서로 만나 보는 예

   📗 입학식에서 신입생과 재학생이 상견례를 하였다.

• 개봉하다 : 새 영화를 처음으로 상영하다.

   📗 다음주에 기대하던 영화가 개봉한대요.

• 승객 : 차, 배, 비행기 등의 탈것을 타는 손님

   📗 승객 여러분께서는 안전벨트를 반드시 착용해주시기 바랍니다.

[오답해설]

① -ㄴ 동안 : 어떤 일이 어느 한때에서 다른 한때까지 이어질 때 쓰는 말이다.

　예 시험을 <u>준비하는 동안</u> 친구들도 만나지 않았어요.

③ -ㄴ 후에 : 앞말의 행동이 뒷말의 행동보다 시간상 앞섬을 나타내며, 시간 순서에 따른 행위를 나열할 때 사용하는 말이다.

　예 점심 식사를 <u>한 후에</u> 차를 마시도록 해요.

④ -ㄹ 따름이다 : 오로지 그것뿐이고 그 이상은 아님을 나타내는 말이다.

　예 그의 죽음에 모두가 <u>슬퍼할 따름</u>이었다.

24 '-(으)려고'는 뒷말의 행동을 하는 의도나 목적을 나타내는 말이다. 그런데 넘어지기 위해 조심한다는 말은 의미상 자연스럽지 않다. 이 부분에는 앞말의 움직임을 금지하는 말인 '-지 않다'와 앞의 내용이 뒤에서 가리키는 목적이 됨을 나타내는 말인 '-게'를 함께 사용하여 '넘어지지 않게'가 들어가는 것이 가장 자연스럽다.

[오답해설]

② -어야 되다 : 어떤 행위를 할 의무가 있거나 어떤 상태가 되어야 할 필요가 있음을 나타내는 말이다.

　예 늦어도 오늘 저녁 9시까지는 <u>들어와야 돼요.</u>

③ 로부터 : 어떤 행동의 출발점이나 그 행동이 비롯되는 대상을 나타낼 때 쓰는 말이다.

　예 미소 씨의 <u>어머니로부터</u> 선물이 왔어요.

④ -더니 : 과거의 사태나 행동에 뒤이어 일어난 상황을 이어 주는 말이다.

　예 오랜만에 <u>운동했더니</u> 온몸이 쑤신다.

25 '-듯'은 뒷말의 내용이 앞말의 내용과 거의 같음을 나타내는 말이다. 허들을 넘어가는 모습이 고양이가 담장을 넘어가는 모습과 거의 같다는 의미이므로 빈칸에는 '넘어가듯'이 들어가야 한다.

[오답해설]

② -으므로 : 앞의 내용이 뒤에 오는 내용의 이유나 근거임을 나타낼 때 사용하는 말이다.

　예 여름에는 피부가 탈 수 <u>있으므로</u> 자외선 차단제를 발라야 해요.

③ -도록 : 앞말의 내용이 뒤에서 가리키는 사태의 목적이나 결과, 방식, 정도 등이 됨을 나타내는 말이다.

　예 알갱이가 물에 잘 <u>녹도록</u> 저어 주세요.

④ -고도 : 앞말의 사실이나 내용과 반대가 되는 말이 뒤에 오거나, 혹은 뒷말의 사실이나 내용이 앞말의 사실이나 내용과 비슷한 또 다른 특성이 있음을 나타낼 때 사용하는 말이다.

　예 전화기를 그렇게 많이 <u>잃어버리고도</u> 또 아무 데나 놓아두는구나.

26 '-ㄴ지 모르다'는 감탄적으로 강조하여 '매우 그러하다'의 뜻을 나타내는 말이다. 할아버지께서 혼을 내실 때 너무나 무서웠음을 이야기하고 있으므로 '무서웠는지 몰라요'가 들어가야 한다.

[오답해설]

① -ㄹ 뻔하다 : 앞말이 뜻하는 상황이 실제 일어나지는 않았지만 그럴 가능성이 매우 높았음을 나타내는 말이다.
  예 늦게 일어나는 바람에 회사에 지각할 뻔했다.
② -ㄴ 척하다 : 앞말이 뜻하는 행동이나 상태를 거짓으로 그럴듯하게 꾸밈을 나타내는 말이다.
  예 집에 아무도 없는 척했어요.
③ -지 않다 : 앞말이 뜻하는 행동이나 상태를 부정하는 뜻을 나타내는 말이다.
  예 아무도 움직이지 않았어요.

27 '-ㄹ까 봐'는 앞말이 뜻하는 상황이 될까 걱정하거나 두려워함을 나타내는 말이다. 그런데 이 문장에서 '두 시간이 지난 상황'이 될까 걱정이 되어 두려워한다는 것은 의미상 자연스럽지 않다. 여기서는 '앞말의 상황에 상관없이 뒷말의 상황이 일어남을 나타내는 말'인 '-ㄴ데도'를 사용하여 '두 시간이 지났는데도'가 들어가는 것이 가장 자연스럽다.

[오답해설]

① -(으)ㄹ 뿐 아니라 : 앞말의 내용에 더해 뒷말의 내용이 일어날 때 쓰는 말이다.
  예 후타바 씨는 똑똑할 뿐 아니라 예쁘기도 해요.
② -기는 하다 : 앞말이 뜻하는 행동을 일단 긍정하거나 강조함을 나타내는 말이다.
  예 밥을 먹기는 하지만 많이 먹지는 않았다.
③ -든지 : 주로 '-든지 -든지' 구성으로 쓰여 나열된 동작이나 상태, 대상들 중에서 어느 것이든 선택될 수 있음을 나타내는 말이다.
  예 밥을 다 먹었으면 이제 청소를 하든지 설거지를 하든지 해라.

28 '-려면'은 '어떤 의사를 실현하려고 한다면'의 뜻을 나타내는 말로, 주로 그 의사를 실현하기 위해 필요한 행동이나 상황 등이 뒤에 이어진다. 그런데 '지칠 줄 몰랐어요'는 과거에 일어난 일이므로 '노래하다'라는 의사를 실현하기 위한 조건이 될 수 없다. 이 부분은 어떠한 사실이나 느낌을 나타내면서 뒤이어 이에 상반되거나 또 다른 특성이 있음을 나타내는 말인 '-고도'를 사용하여 '노래하고도'가 들어가도록 하는 것이 가장 자연스럽다.

[오답해설]

① -어야겠- : 어떤 행위나 상황에 대한 추측을 나타내는 표현으로, 그러한 상황이 되어야 할 것이라고 추측할 때 사용한다.
  예 까먹지 않으려면 어딘가에 메모를 해야겠다.
② -ㄴ 채로 : '이미 있는 상태 그대로 있다'라는 뜻이다.
  예 그는 그 자리에 멈추어 선 채로 아무 말도 하지 않았다.

④ -ㄴ다면 : 어떤 사실을 가정해 조건으로 삼는 뜻을 나타내는 말이다.
　　예 이번 열차를 <u>타지 못한다면</u> 지각을 할 거야.

29 　㉠ 보통 선거 : 선거일 기준으로 만 18세 이상의 국민이면 누구나 투표할 수 있다.
　　㉡ 평등 선거 : 누구나 한 사람이 한 표씩만 행사할 수 있다.
　　• 직접 : 중간에 제삼자나 매개물이 없이 바로 연결되는 관계
　　　예 내가 그를 <u>직접</u> 만나서 이야기를 하고 싶다.
　　• 참여 : 어떤 일에 끼어들어 관계함
　　　예 이번 행사에 관심 있는 분들은 <u>참여</u>해주세요.
　　• 맡기다 : 어떤 일에 대한 책임을 지고 담당하게 하다.
　　　예 그녀에게 중요한 임무를 <u>맡겼</u>다.
　　• 채택하다 : 작품, 의견, 제도 따위를 골라서 다루거나 뽑아 쓰다.
　　　예 회의를 통해 새로운 결의안을 <u>채택하였</u>다.
　　• 공정하다 : 공평하고 올바르다.
　　　예 <u>공정하게</u> 나누어야 한다.

30 　'주의하다'는 '마음에 새겨 두고 조심하다'라는 뜻이다. 이를 '앞말이 뜻하는 행동을 하거나 앞말이 뜻하는 상태가 되는 것이 필요함을 나타내는 말'인 '-어야 하다'와 함께 사용하여 '주의해야 합니다'라고 쓸 수 있다.
　　• 오르내리다 : 올라갔다 내려갔다 하다.
　　　예 엘리베이터가 고장 나서 8층까지 걸어서 <u>오르내렸어요</u>.
　　• 한눈팔다 : 마땅히 볼 데를 보지 않고 다른 데를 보다.
　　　예 수업이 끝나면 <u>한눈팔지</u> 말고 바로 집으로 오세요.

　　[오답해설]
　　① 노력해야(노력하다) : 목적을 이루기 위해 몸과 마음을 다하여 애를 쓰다.
　　　예 이번 시험에서 좋은 성적을 받기 위해 <u>노력했</u>다.
　　③ 건강해야(건강하다) : 정신적으로나 육체적으로 아무 탈이 없고 튼튼하다.
　　　예 저희 고양이는 둘 모두 <u>건강해요</u>.
　　④ 기대해야(기대하다) : 어떤 일이 원하는 대로 이루어지기를 바라면서 기다리다.
　　　예 이번 연말 파티는 <u>기대해도</u> 좋아요.

31 　'몸소'는 '직접 제 몸으로'라는 말이다. 앞에서 아버지가 직접 자전거를 탔다고 하였으므로 아버지가 직접 자신의 몸으로 자전거 타는 모습을 보여주었음을 알 수 있다. 따라서 ㉠에 들어갈 말은 '몸소 보여주시고'이다.
　　• 유심히 : 주의가 깊게
　　　예 그는 기계가 돌아가는 모습을 <u>유심히</u> 보았다.

- 살펴보다 : 두루두루 자세히 보다.
  - 📵 선생님께서는 아이들의 얼굴을 한 명씩 살펴보았다.

[오답해설]
① 모양을 차리시고(모양을 차리다) : 일정한 격식이나 형식을 갖추다.
  - 📵 어설픈 행사인 줄 알았는데 꽤 모양을 차렸다.
② 목에 핏대를 세우시고(목에 핏대를 세우다) : 목의 핏대에 피가 몰려 얼굴이 붉어지도록 화를 내거나 흥분하다.
  - 📵 아버지는 슈퍼 주인과 목에 핏대를 세운 채 싸우고 계셨다.
④ 몸 둘 바를 모르시고(몸 둘 바를 모르다) : 고맙거나 어렵거나 두렵거나 하여 어찌할 바를 모르다.
  - 📵 너무 칭찬을 많이 해 주셔서 몸 둘 바를 모르겠어요.

32 ㉠의 뒤에서는 북두칠성과 카시오페이아자리를 이용하여 북극성의 위치를 찾는 방법을 말해주고 있다. 따라서 ㉠에는 '북극성을 찾으려면'이 들어가야 한다.
- 연장하다 : 주어진 선분을 한쪽 방향 또는 양쪽 방향으로 늘이다.
  - 📵 선분 AB를 두 배 연장하면 선분 CD의 길이와 같아진다.

[오답해설]
① 별자리의 이름을 알아내는 방법은 나타나 있지 않다.
③ 북극성의 특징에 대해서는 ㉠의 앞에서 설명하고 있다. 따라서 ㉠에 들어가기엔 적절하지 않다.
④ 나침반을 이용하는 방법은 글에 나타나 있지 않다.

33 두 번째 문장에서 모임 장소는 서울역 건너편에 있는 레스토랑이라고 하였다. 모임 장소와 약속 장소를 동일한 의미로 사용하고 있으므로 ㉠은 레스토랑이다.

34 네 번째 문장에서 이번 모임이 동호회가 영화 한 편을 만든 것을 축하하기 위해 열렸다고 이야기하였다. 따라서 동호회에서 기념하기 위해 모임을 열었다는 말은 글의 내용과 같다.
- 건너편 : 마주 대하고 있는 저편
  - 📵 내가 가려는 병원은 카페 건너편에 있다.

[오답해설]
① 동호회 모임은 오늘 저녁에 있다.
② 레스토랑 건너편이 아니라 바로 옆에 큰 커피숍이 있다고 하였다.
④ 늦지 않게 택시를 타고 약속 장소로 간다고 말하였다.

35 두 번째 문장에서 태권도 팀에는 1학년 네 명, 2학년 세 명, 3학년 두 명, 그리고 감독 선생님이 있다고 하였다. 따라서 태권도 팀은 총 열 명으로 구성되어 있다.

- 구성하다 : 몇 가지 부분이나 요소들을 모아 일정한 전체를 짜 이루다.
  - 예 곤충은 머리, 가슴, 배로 <u>구성되어 있다</u>.

[오답해설]
① 태권도 팀은 매일 강당에 모여 연습을 한다고 하였다.
③ 수업이 끝난 오후 여섯 시에 모여 연습을 한다고 하였다.
④ 이번 여름에 열린 전국 대회에서 처음으로 일 등을 했다고 하였다.

36 발표 장소인 예문대학교는 사거리에서 왼쪽으로 가면 나온다고 이야기하였다. 따라서 글의 내용과 같다.

- 깜빡하다 : 기억이나 의식 등이 잠깐 흐려지다.
  - 예 냉장고에 음료수를 넣어 둔 것을 <u>깜빡했다</u>.
- 지나치다 : 어떤 곳을 머무르거나 들르지 않고 지나가거나 지나오다.
  - 예 다른 생각을 하다가 버스 정류장을 <u>지나쳤다</u>.

[오답해설]
① 사거리에서 길을 잃은 것이 아니라 버스에서 내리는 것을 깜빡하여 치나쳤고, 그 때문에 지각을 했다.
② 마지막 문장에서 발표 시간보다 삼십 분 늦게 도착하였다고 이야기하였다. 발표 시간은 오전 열 시이므로 도착 시간은 열 시 삼십 분이다.
③ 팀원들에게 연락을 하기 위해 휴대 전화를 찾았지만 없었다고 이야기하였다. 즉, 팀원들과 전화를 하지 못했다.

37 최근 우리나라의 많은 강 주변에 '큰빗이끼벌레'가 발견되는데, 큰빗이끼벌레는 생태계를 무너트리고, 하천의 생태계를 악화시킨다고 이야기하였다. 따라서 글 전체의 내용을 아우르는 제목으로는 '큰빗이끼벌레로 인해 생태계가 파괴된다'가 가장 적절하다.

- 우려 : 근심하거나 걱정함. 또는 그 근심과 걱정
  - 예 그의 행동에 많은 사람들이 <u>우려</u>를 나타내고 있다.
- 외래종 : 다른 나라에서 들어온 씨나 품종
  - 예 황소개구리는 우리나라의 생태계를 파괴하는 대표적인 <u>외래종</u>이다.
- 폐사하다 : 주로 짐승이나 어패류가 갑자기 죽게 되다.
  - 예 갑작스러운 더위로 수많은 돼지들이 <u>폐사하였다</u>.
- 악화하다 : 일의 형세가 나쁜 쪽으로 바뀌다.
  - 예 미유 씨가 화를 내는 바람에 상황만 더 <u>악화되었어요</u>.
- 내뿜다 : 속에 있는 것을 밖으로 향하여 세차게 밀어 내다.
  - 예 그는 담배 연기를 <u>내뿜었다</u>.

① 강 주변의 환경 오염에 대해 이야기하고 있긴 하지만, 다양한 오염의 원인 중 큰빗이끼벌레에 대해 주로 이야기하고 있으므로 글의 중심내용으로는 적절하지 않다.

③ 오염된 강이 사람에게 어떠한 영향을 미치는지는 글에서 언급하고 있지 않다.

④ 큰빗이끼벌레가 죽으면서 암모니아를 내뿜는다고 하였을 뿐, 하천에 암모니아를 내뿜는 미생물이 많다는 이야기는 하지 않았다.

38 축제가 무엇을 말하는지 그 정의를 첫 번째 문장에서 이야기한 후, 캐나다의 윈터 카니발, 타이의 송끄란, 뉴질랜드의 마오리 족 축제 등 세계의 다양한 축제를 소개하고 있다. 따라서 글의 제목으로 가장 적절한 것은 '세계의 다양한 축제'이다.

• 시기 : 적당한 때나 기회

   📖 지금이 배추를 수확하기에 가장 좋은 <u>시기</u>이다.

① 세계의 축제에 대해 소개하고 있을 뿐, 그것을 계절별로 구분하고 있지는 않다.

② 소개된 축제 중 원주민과 관련이 있는 것은 뉴질랜드의 '마오리 족' 축제뿐이다. 따라서 제목으로는 적절하지 않다.

④ 축제가 무엇인지에 대해 간단하게 이야기하기는 하였으나 그 의의와 특징에 대해서 설명하는 글은 아니다.

39 영남 지방은 현재의 경상북도와 경상남도를 아우르는 이름이다. 대구광역시는 경상북도 남부 중앙에 위치한 도시로 우리나라에서 가장 유명한 분지 도시이다. 분지는 주위가 산지로 둘러싸여 있고 그 안은 평평한 지역을 말하는 것으로, 여름철에 매우 높은 기온을 보이는 것이 특징이다.

• 아우르다 : 여럿을 모아 한 덩어리나 한 판이 되게 하다.

   📖 이 음식은 동서양의 요리를 <u>아우른</u> 특별한 음식이에요.

① 인천광역시 : 서해안 제1의 항구 도시이자 인천국제공항이 위치한 대한민국의 관문

   📖 <u>인천광역시</u>는 경기도 중서부에 있는 광역시이다.

② 대전광역시 : 충청남도 동남부에 위치한 충청 지역의 핵심 도시로 군 행정과 과학의 중심 도시

   📖 <u>대전광역시</u>는 한국 중앙부에 있는 광역시이다.

④ 부산광역시 : 대한민국의 동남단에 위치한 광역시로 대한민국의 제2의 도시이자 제1의 항구 도시

   📖 <u>부산광역시</u>의 동쪽과 남쪽에는 바다가 있다.

40 국경일은 나라의 경사스러운 날을 기념하기 위해 법률로써 지정한 날로 3·1절(3월 1일), 제헌절(7월 17일), 광복절(8월 15일), 개천절(10월 3일), 한글날(10월 9일)이 이에 해당한다. 광복절은 1945년 일제의 억압으로부터 독립하여 임시정부의 법통을 계승한 현재의 대한민국 정부 수립을 축하하는 날이다. 단군의 개국을 기념하고 민족의 자긍심을 고취하는 날은 '개천절'이다.

- 위업 : 위대한 사업이나 업적
   예 한글의 창제는 세종대왕의 많은 <u>위업</u> 중에서도 으뜸가는 업적이다.
- 선양하다 : 명성이나 권위 등을 널리 떨치게 하다.
   예 우리는 우리나라의 권위와 위력을 <u>선양하기</u> 위해 노력해야 한다.
- 선열 : 나라를 위하여 싸우다 죽은 사람
   예 우리나라의 독립을 위해 싸웠던 <u>선열</u>들에게 감사하는 마음을 가져야 한다.
- 기리다 : 뛰어난 업적이나 바람직한 정신, 위대한 사람 등을 친찬하고 기억하다.
   예 우리 조상들의 업적을 <u>기려야 한다</u>.
- 제정 : 제도나 법률 등을 만들어서 정함
   예 제헌절은 우리나라의 헌법 <u>제정</u>을 기리고 축하하는 날이다.
- 개국 : 새로 나라를 세움
   예 고려는 <u>개국</u> 후 수도를 지금의 철원 지역으로 옮겼다.
- 자긍심 : 스스로에게 긍지를 가지는 마음
   예 이미르 씨는 충분히 잘하고 있으니까 조금 더 <u>자긍심</u>을 가져도 돼요.
- 고취하다 : 힘을 내도록 격려하여 용기를 북돋다.
   예 대한민국 국민으로서 자부심을 갖도록 <u>고취해야 한다</u>.

41 아내의 언니를 부르는 호칭은 '처형'이다.

[오답해설]
② 처제 : 아내의 여동생을 부르는 호칭
   예 나는 <u>처제</u>에게 반말은 하지 않는다.
③ 아주버님 : 남편의 형을 부르는 호칭
   예 아까 <u>아주버님</u>이 다녀가셨다.
④ 아가씨 : 남편의 여동생을 부르는 호칭
   예 남편의 여동생인 <u>아가씨</u>는 나와 동갑이다.

42 '조선왕조실록'은 국보이며 총 1,893권 888책으로 이루어진 세계 최대의 역사책으로, 기록이 상세하고 양이 방대하다는 점을 인정받아 유네스코 세계 기록 유산으로 등재되었다.

- 편년체 : 역사 서술 체제의 하나. 역사적 사실을 연대순으로 기록하는 기술 방법이다.
   예 이것은 <u>편년체</u>로 기술한 책이다.

① 훈민정음 : 훈민정음은 '백성을 가르치는 올바른 소리'란 뜻이다. 세종대왕이 백성들의 불편을 덜어 주고 우리말의 자주성과 주체성을 확립하기 위해 새로운 문자인 훈민정음을 창제하여 1446년 공포하였다.

　예　훈민정음은 국보 제70호이다.

③ 직지심체요절 : 고려 우왕 때인 1377년에 인쇄된 금속 활자본이다. 금속 활자로 인쇄된 책 가운데 세계에서 가장 오래되었다.

　예　직지심체요절은 청주 흥덕사에서 금속활자로 인쇄하였다.

④ 동의보감 : 1610년 허준이 저술한 의학서적으로, 동아시아 의학을 집대성한 것으로 평가받는다.

　예　동의보감은 나무 활자의 형식으로 간행하였다.

43 '백두산'은 현재의 북한 양강도와 중국 지린성의 경계에 있는 산으로 한반도에서 가장 높은 산이며 단군왕검이 내려온 우리 민족의 성지로 여겨지는 산이다. 높이는 2,744m이며 정상에는 천지가 있다.

① 한라산 : 제주특별자치도의 중앙에 있는 산으로 남한에서 가장 높은 산이다. 정상에는 백록담이 있다.

　예　한라산은 신생대 초부터 용암을 분출하였다.

② 금강산 : 강원특별자치도의 북쪽, 현재 북한 지역에 해당하는 곳에 위치한 산으로 그 풍경이 아름다운 것으로 유명하다. 계절마다 다른 풍경을 보인다고 하여 각 계절별로 서로 다른 이름으로 불리는데, 봄에는 금강산, 여름에는 봉래산, 가을에는 풍악산, 겨울에는 개골산이라고 불린다.

　예　금강산 만이천봉이 절경을 이룬다.

④ 설악산 : 강원특별자치도에 위치한 산으로 남한에서는 한라산, 지리산에 이어 세 번째로 높은 산이며, 금강산 못지않은 풍경을 지니고 있다고 하여 제2의 금강산이라 불린다.

　예　단풍이 든 설악산은 그림이 따로 없다.

44 한복은 우리나라 고유의 전통 복장으로 직선과 곡선이 조화를 이루어 아름다운 모습을 보인다. 삼국시대부터 약 1,600여 년간 이어져 왔으며, 계절별로 재료를 다르게 사용하여 여름에는 시원하게, 겨울에는 따뜻하게 입을 수 있다.

② 한옥 : 한국의 전통 주택으로 주로 나무와 흙, 돌, 짚 등을 이용하여 만든다. 사용되는 재료에 따라 초가집, 기와집, 너와집 등으로 구분된다.

　예　우아하고 고풍스러운 한옥이 있다.

③ 한식 : 우리나라 전통의 음식을 일컫는 말이다. 김치와 같은 발효음식이나 된장, 고추장 등 장류, 다양한 나물 음식 등이 대표적이다.
　예 양식보다는 한식이 내 입맛에 맞는다.

④ 한글 : 조선시대 제4대 국왕인 세종대왕이 창제한 우리나라의 글자로, 글자를 만든 사람과 반포한 날짜, 글자를 만든 원리까지 모두 밝혀진 세계에서 유일한 글자이다.
　예 한글은 매우 독창적이고 과학적으로 만들어졌다.

45 국적을 가지고 있는 국민이라면, 모두가 동등하게 정치에 참여할 수 있다. 따라서 특별한 자격을 지니지 않은 보통의 시민이어도 민원 신청 등을 통해 정치에 참여할 수 있다.
- 주권 : 가장 주요한 권리
　예 대한민국의 주권은 국민에게 있다.
- 실현하다 : 꿈, 기대 등을 실제로 이루다.
　예 그동안의 목표를 드디어 실현했다.
- 행사하다 : 권리의 내용을 실현하다.
　예 투표를 통해 내가 가지고 있는 권리를 행사한다.
- 영향력 : 어떤 사물의 효과나 작용이 다른 것에 미치는 힘
　예 그는 회사에서 다른 사람에게 미치는 영향력이 큰 사람이다.

46 대한민국의 시장경제체제는 사유재산을 보장하여 각자 노동의 대가가 자신에게 돌아오며, 이에 따라 일에 대한 동기가 높아지고 개인의 창의성이 발휘된다. 그러나 이로 인해 사람 간의 빈부격차가 커질 수 있으며, 정부는 이러한 빈부격차를 줄이기 위해 노력한다.
- 사유재산 : 개인 또는 사법인이 자유의사에 따라 관리·사용·처분할 수 있는 동산이나 부동산
　예 어떤 나라는 사유재산을 인정하지 않고 개인의 재산을 국가가 가져가기도 해요.
- 발휘되다 : 재능, 능력 등이 떨쳐져 나타나다.
　예 건강이 좋지 않아서 이번 시험에서 실력이 제대로 발휘되지 못했어요.
- 빈부격차 : 한 사회에서, 가난한 사람과 부유한 사람이 지닌 재산의 차이
　예 최근 정보 통신 기술이 발달하면서 정보에 대한 빈부격차 현상이 발생하고 있어요.

[오답해설]
① 정부는 다양한 법과 행정명령, 복지 제도 등을 통해 사회적 약자를 보호한다.
③, ④ 대한민국은 직업 선택의 자유를 헌법으로 보장하고 있다.

47 한국의 카페 수는 2011년 약 27,000개에서 2021년 약 85,000개로 10년 동안 약 3배 넘게 증가하였다.
- 소비하다 : 돈이나 물자, 시간, 노력 등을 들이거나 써서 없애다.
　예 우리나라는 술을 매우 많이 소비하는 나라이다.

- 달하다 : 일정한 표준, 수량, 정도 등에 이르다.

  예 서울특별시의 인구는 약 천만 명에 달한다.
- 앞지르다 : 발전, 능력 등이 남보다 높은 수준에 있거나 남을 능가하다.

  예 인터넷 관련 기술은 우리나라가 세계 대부분의 나라를 앞지르고 있다.

[오답해설]

① 한국은 세계에서 커피를 가장 많이 소비하는 나라 중 하나라고 이야기하였을 뿐, 몇 번째로 많이 소비하는지는 이야기하지 않았다.

③ 1인당 커피 소비량이 아니라 카페 시장 규모가 일본을 앞지르고 세계 3위가 되었다고 이야기하였다.

④ 카페가 인기를 끄는 이유로 공원이 해야 할 휴식 공간의 역할을 카페가 대신하고 있기 때문이라고 이야기하였다.

48 글의 첫 부분에서 캠핑카 열풍에 대해 이야기한 후, 캠핑카를 이용할 때 주의해야 할 점으로 '면허에 맞는 캠핑카 선택', '안전운전', '전기와 물 관리' 등을 이야기하고 있다. 따라서 글의 주제로 가장 적절한 것은 '캠핑카를 이용할 때 주의해야 할 점'이다.

- 쾌적하다 : 기분이 상쾌하고 즐겁다.

  예 창문을 열어 놓았더니 바람이 불어서 쾌적하다.
- 적합하다 : 일이나 조건 등에 꼭 알맞다.

  예 키류 씨는 이번 일에 가장 적합한 사람이에요.

[오답해설]

② 자신이 가지고 있는 면허에 적합한 캠핑카를 선택해야 한다고 하였지만, 각 면허별로 어떤 캠핑카를 운전할 수 있는지에 대해서는 설명하지 않았다.

③ 두 번째 문장에서 캠핑카의 장점을 설명하였다. 그러나 그 문장을 제외하면 나머지는 캠핑카 이용 시의 주의사항에 대한 이야기이므로 글의 주제로 보기는 어렵다.

④ 캠핑카를 이용할 때 전기를 잘 관리해야 한다고 이야기하였으나, 안전하게 전기를 충전하는 방법에 대해서는 이야기하지 않았다.

49 주어진 글의 빈칸 앞에서는 수면의 중요한 역할에 대해 설명하고 있고, 빈칸 뒤에서는 적절한 수면의 패턴을 갖기 위해 부모와 주변 환경까지도 그에 맞춰야 한다고 한다. 따라서 빈칸에는 '영향을 받습니다'가 들어가는 것이 가장 자연스럽다.

50 '장마'는 여름철에 여러 날을 계속해서 비가 내리는 날씨를 말한다. '나'는 장마라서 비가 많이 내릴 것을 걱정하고 있는데, '나'의 말을 들은 '가'가 '만약 비가 많이 내리면'이라고 이야기하고 있으므로 '나'는 빈칸에서 비가 많이 내리는 상황을 확신하는 것이 아니라 추측하고 있음을 알 수 있다. 따라서 빈칸에는 어떤 일이 일어날 것을 추측할 때 사용하는 말인 '-ㄹ지도 모르다'를 사용하여 '내릴지도 몰라요'가 들어가는 것이 가장 자연스럽다.

02 아궁이에 불을 때면 불기운이 방 밑을 지나면서 방바닥 전체의 온도를 높여 주고 마지막에 굴뚝으로 그 연기가 빠져 나가는 원리입니다.

03 저는 집을 구할 때 채광을 주로 봅니다. 햇빛이 들어오지 않으면 집 전체가 너무 어두워 춥고, 빨래가 잘 마르지 않는 등 불편한 점들이 있기 때문입니다.
- 고유 : 본래부터 가지고 있는 특유한 것
  예 한복은 한국 고유의 옷이다.
- 난방 : 실내의 온도를 높여 따뜻하게 하는 일
  예 11월부터 난방을 켜기 시작했다.
- 굴뚝 : 불을 땔 때 연기가 밖으로 빠져나가도록 만든 구조물
  예 굴뚝으로 밥 짓는 연기가 피어올랐다.
- 데우다 : 식었거나 찬 것을 덥게 하다.
  예 국은 따뜻하게 데워서 먹어라.
- 재 : 불에 타고 남는 가루 모양의 물질
  예 아궁이의 재가 날리지 않도록 조심해라.

04 대한민국의 글자인 한글은 세종대왕이 만들었습니다. 한글은 글자를 만든 사람과 시기, 글자를 만든 이유가 모두 알려져 있는 유일한 글자입니다.

05 한국에서는 한밤중에 휘파람을 불면 뱀이 나온다고 믿는 미신이 있다고 들었습니다. 태국에서는 수요일에 머리를 자르면 운이 나빠진다고 생각해서 수요일에는 머리를 자르지 않는 미신이 있습니다. 이 미신은 옛날 어떤 왕족이 수요일마다 머리를 잘라서, 일반 국민은 수요일에 머리를 자르지 못하게 했기 때문에 생겨난 거라고 합니다.

MEMO

〈OMR 답안 작성법〉

※ 반드시 검정색 수성사인펜 사용

① 본인이 신청한 해당 평가에 체크한다.

시험통합프로그램 기본소양 평가(답안지 □사전평가 □중간평가 □종합평가)

외국인 등록번호

② 자신의 외국인 등록번호를 쓴다.

③ 외국인 등록번호와 동일한 숫자를 칠한다.

④ 자신의 영문이름을 쓴다.

영문이름

※ 주관식(단답형) 답은 뒷면에 기입하십시오.

시험지 유형 Ⓐ Ⓑ

⑤ 문제지 유형에 체크한다.

객관식

⑥ 답안지의 모든 기재 및 표기 사항은 '컴퓨터용 흑색 사인펜'으로만 작성해야 한다
(컴퓨터용 흑색 사인펜 및 수정테이프 지원 가능).

※ 감독지만 기입하십시오.

주관식1 주관식2 구술평가 감독 사인

〈답안 작성 예시〉

사회통합프로그램 기본소양 평가답안지 ■ 사전평가 □ 중간평가 □ 종합평가

	주관식1		주관식2	구술형점수	감독 서명

외국인등록번호

영문 이름: Chen Jia Mei

시험지 유형

※ 주관식(단답형) 답은 뒷면에 기입하십시오.

객관식

주관식 1

주관식 2

사회통합프로그램 기본소양 평가답안지 □ 사전평가 □ 중간평가 □ 종합평가

※ 감독자만 기입하십시오.

주관식1	주관식2	구술형점수	감독 서명
⓪①②③④⑤	⓪①②③④⑤	⓪①②③	⓪①②③④⑤⑥⑦⑧⑨
⓪①②③④⑤	⓪①②③④⑤		

※ 주관식(단답형) 답은 뒷면에 기입하십시오.

외 국 인 등 록 번 호

영문 이름	
시험지 유형	Ⓐ Ⓑ

객 관 식

1	①②③④
2	①②③④
3	①②③④
4	①②③④
5	①②③④
6	①②③④
7	①②③④
8	①②③④
9	①②③④
10	①②③④
11	①②③④
12	①②③④
13	①②③④
14	①②③④
15	①②③④
16	①②③④
17	①②③④
18	①②③④
19	①②③④
20	①②③④
21	①②③④
22	①②③④
23	①②③④
24	①②③④
25	①②③④
26	①②③④
27	①②③④
28	①②③④
29	①②③④
30	①②③④
31	①②③④
32	①②③④
33	①②③④
34	①②③④
35	①②③④
36	①②③④
37	①②③④
38	①②③④
39	①②③④
40	①②③④
41	①②③④
42	①②③④
43	①②③④
44	①②③④
45	①②③④
46	①②③④
47	①②③④
48	①②③④

주관식 1

주관식 2

사회통합프로그램 기본소양 평가답안지 □사전평가 □중간평가 □종합평가

외국인등록번호

⓪	⓪	⓪	⓪	⓪	⓪		⓪	⓪	⓪	⓪	⓪	⓪	⓪
①	①	①	①	①	①		①	①	①	①	①	①	①
②	②	②	②	②	②		②	②	②	②	②	②	②
③	③	③	③	③	③		③	③	③	③	③	③	③
④	④	④	④	④	④		④	④	④	④	④	④	④
⑤	⑤	⑤	⑤	⑤	⑤		⑤	⑤	⑤	⑤	⑤	⑤	⑤
⑥	⑥	⑥	⑥	⑥	⑥		⑥	⑥	⑥	⑥	⑥	⑥	⑥
⑦	⑦	⑦	⑦	⑦	⑦		⑦	⑦	⑦	⑦	⑦	⑦	⑦
⑧	⑧	⑧	⑧	⑧	⑧		⑧	⑧	⑧	⑧	⑧	⑧	⑧
⑨	⑨	⑨	⑨	⑨	⑨		⑨	⑨	⑨	⑨	⑨	⑨	⑨

주관식 1

주관식 2

시험지 유형
ⓐ
ⓑ

영문 이름

※ 주관식(단답형) 답은 뒷면에 기입하십시오.

객관식

문번	①	②	③	④
1	①	②	③	④
2	①	②	③	④
3	①	②	③	④
4	①	②	③	④
5	①	②	③	④
6	①	②	③	④
7	①	②	③	④
8	①	②	③	④
9	①	②	③	④
10	①	②	③	④
11	①	②	③	④
12	①	②	③	④
13	①	②	③	④
14	①	②	③	④
15	①	②	③	④
16	①	②	③	④
17	①	②	③	④
18	①	②	③	④
19	①	②	③	④
20	①	②	③	④
21	①	②	③	④
22	①	②	③	④
23	①	②	③	④
24	①	②	③	④
25	①	②	③	④
26	①	②	③	④
27	①	②	③	④
28	①	②	③	④
29	①	②	③	④
30	①	②	③	④
31	①	②	③	④
32	①	②	③	④
33	①	②	③	④
34	①	②	③	④
35	①	②	③	④
36	①	②	③	④
37	①	②	③	④
38	①	②	③	④
39	①	②	③	④
40	①	②	③	④
41	①	②	③	④
42	①	②	③	④
43	①	②	③	④
44	①	②	③	④
45	①	②	③	④
46	①	②	③	④
47	①	②	③	④
48	①	②	③	④

※ 감독자만 기입하십시오.

	주관식1	주관식2	구술점수	감독자 서명
	⓪ ① ② ③ ④ ⑤	⓪ ① ② ③ ④ ⑤		
	⓪ ① ② ③ ④ ⑤	⓪ ① ② ③ ④ ⑤		
	⓪ ① ② ③	⓪ ① ② ③		
	⓪ ① ② ③ ④ ⑤ ⑥ ⑦ ⑧ ⑨			

주관식1 주관식2 구술합점수

사회통합프로그램 기본소양 평가답안지 □ 사전평가 □ 중간평가 □ 종합평가

외 국 인 등 록 번 호

시험지
유형   Ⓐ   Ⓑ

영문
이름

객 관 식

※ 주관식(단답형) 답은 뒷면에 기입하십시오.

주관식 1

주관식 2

※ 감독자만 기입하십시오.

주관식1	주관식2	구술형점수	감독서명

2025 귀화시험
사회통합프로그램 사전평가 모의고사

——

초 판 발 행	2020년 8월 05일
개정4판1쇄	2024년 5월 20일

저 자	대한민국귀화시험자격연구소
발 행 인	정용수
발 행 처	(주)예문아카이브
주 소	서울시 마포구 동교로 18길 10 2층
T E L	02) 2038-7597
F A X	031) 955-0660

등 록 번 호   제2016-000240호

정 가   15,000원

홈페이지 http://www.yeamoonedu.com

I S B N   979-11-6386-298-7   [13300]